ABHANDLUNGEN DER AKADEMIE
DER WISSENSCHAFTEN DER DDR

Veröffentlichungen
der
Wissenschaftlichen
Räte

W 4
1988

Sozialistische ökonomische Integration und wissenschaftlich-technischer Fortschritt

Akademie-Verlag Berlin

ABHANDLUNGEN
DER AKADEMIE DER WISSENSCHAFTEN DER DDR
Abteilung Veröffentlichung der Wissenschaftlichen Räte
Jahrgang 1988

Tagung des Wissenschaftlichen Rates
für die wirtschaftswissenschaftliche Forschung
bei der Akademie der Wissenschaften der DDR
gemeinsam mit seinem Hauptgebietsrat
für Fragen der sozialistischen ökonomischen Integration
vom 14. Juni 1988

Theoretische Fragen der Nutzung der sozialistischen ökonomischen Integration zur Meisterung des wissenschaftlich-technischen Fortschritts

Akademie-Verlag Berlin 1988

Herausgegeben im Auftrage des Präsidenten
der Akademie der Wissenschaften der DDR
von Vizepräsident Prof. Dr. sc. nat. Dr. h.c. H. H. Emons

Verantwortlich für dieses Heft:
Akademiemitglied Prof. Dr. sc. oec. Dr. h.c. Helmut Koziolek
Vorsitzender des Wissenschaftlichen Rates
für die wirtschaftswissenschaftliche Forschung
bei der Akademie der Wissenschaften der DDR

ISBN 3-05-000890-3
ISSN 0138-421 X
Redaktionsschluß: 1. Juli 1988
Erschienen im Akademie-Verlag, Leipziger Str. 3–4, DDR - Berlin, 1086

Linzenznummer: 202 · 100/373/88
Printed in the German Democratic Republik
Gesamtherstellung: TASTOMAT, Landhausstraße, Eggersdorf, 1275
LSV 0335
Bestellnummer: 755 0624 (2001/88/4/W)
01250

INHALTSVERZEICHNIS

* schriftlich eingereichte Beiträge

1. THESEN

Die Thesen wurden von der Leitung des Wissenschaftlichen Rates für Fragen der sozialistischen ökonomischen Integration, Prof. Dr. Willi Kunz (Vorsitzender), Prof. Dr. Rudolf Brauer, Prof. Dr. Manfred Engert, Prof. Dr. Gerhard Proft, Prof. Dr. Norbert Peche, Prof. Dr. Dieter Schulmeister, Prof. Dr. Renate Weiß, erarbeitet.
Es waren weiterhin beteiligt: Dr. E. G. Neumann, Dr. H.-J. Peters, Dr. H. Polten, Prof. Dr. H. Swoboda, Dr. H. Andermann, Prof. Dr. Fröhlich.

Theoretische Fragen der Nutzung der sozialistischen ökonomischen Integration zur Meisterung des wissenschaftlich-technischen Fortschritts

Thesen

1. Die weitere Gestaltung der entwickelten sozialistischen Gesellschaft macht es zwingend erforderlich, die sozialistische ökonomische Integration für die Beschleunigung des wissenschaftlich-technischen Fortschritts in der DDR und in den anderen Mitgliedsländern des RGW effektiver zu nutzen. Die Intensivierung der eigenen Volkswirtschaft ist der Hauptbeitrag jedes Landes zur Stärkung der sozialistischen Gemeinschaft.
2. Die revolutionären Veränderungen im System der Produktivkräfte in den Mitgliedsländern des RGW sind mit Konsequenzen für den Gesamtprozeß der sozialistischen Vergesellschaftung in der dialektischen Wechselwirkung von Produktivkräften und Produktionsverhältnissen verbunden. Sie bestimmen maßgeblich die gesellschaftliche Arbeitsteilung in den Volkswirtschaften der Mitgliedsländer des RGW und zwischen ihnen.
3. Die wirksamere Nutzung der sozialistischen Vergesellschaftung von Produktion und Arbeit erfordert und bewirkt dynamische Wandlungsprozesse in der volkswirtschaftlichen Strukturentwicklung der RGW-Länder, besonders in deren Produktions- und Außenhandelsstrukturen. Sie stellt neue Anforderungen an ihre gegenseitige Paß- und Ergänzungsfähigkeit.
4. Die neuen Reproduktionsbedingungen, die im Gefolge der wissenschaftlich-technischen Revolution entstehen, erfordern ein qualitativ neues Herangehen an die Ökonomie der Zeit für die volkswirtschaftliche Reproduktion. Kriterium für die Ökonomie der Zeit ist letztlich das Maß der Anerkennung der gesellschaftlich verausgabten Arbeit bei der Realisierung der Produkte auf dem Weltmarkt.
5. Die Koordinierung der Volkswirtschaftspläne ist das Hauptinstrument zur Abstimmung der Wirtschaftspolitik auf den durch gegenseitige Zusammenarbeit verbundenen Gebieten der RGW-Länder sowie Grundlage für die Ausarbeitung der Volkswirtschaftspläne.
6. Die Hauptrichtungen des wissenschaftlich-technischen Fortschritts prägen zunehmend den Inhalt der internationalen Arbeitsteilung im RGW. Das Ziel besteht darin, die Intensivierung zielstrebig durchzusetzen, durch Beschleunigung des wissenschaftlich-technischen Fortschritts die Produktivität der gesellschaftlichen Arbeit wesentlich zu erhöhen und den spezifischen Aufwand bei Energie und Rohstoffen je Einheit Nationaleinkommen beträchtlich zu senken.
7. Wesentliche Bedingung für das Erreichen der Effektivitätsziele bilden langfristige Entwicklungsstrategien der Kombinate der DDR unter Einschluß der internationalen sozialistischen Arbeitsteilung.
8. Bei der verstärkten Nutzung der sozialistischen ökonomischen Integration für die Beschleunigung des wissenschaftlich-technischen Fortschritts gewinnen die internationalen Ware-Geld-Beziehungen der RGW-Länder und ihre planmäßige Entwicklung weiter an Bedeutung.
9. Wesentliche Veränderungen in den Absatz- und Bezugsbedingungen auf den RGW-Märkten vollziehen sich im Ergebnis der von den Parteien und Regierungen beschlossenen Wirtschaftsstrategien und der Veränderungen in den Wirtschaftsmechanismen.
10. Die beschleunigte Entwicklung des wissenschaftlich-technischen Fortschritts in den Kombinaten macht es notwendig, die Ergebnisse der Außenwirtschaft entsprechend den volkswirtschaftlichen Erfordernissen stärker in die wirtschaftliche Rechnungsführung und die Eigenerwirtschaftung einzubeziehen.
11. Die Entwicklung und Vertiefung der internationalen Arbeitsteilung in Wissenschaft, Technik und Produktion sowie der Austausch vor allem technisch anspruchsvoller Erzeugnisse bedingen die Anwendung zweckmäßiger Formen der Zusammenarbeit. Eine entscheidende Rolle spielt dabei die Entwicklung von Direktbeziehungen.
12. Intensivierung und wissenschaftlich-technischer Fortschritt führen zu einer erhöhten Nachfrage der UdSSR und anderer sozialistischer Länder nach komplexen Problemlösungen zur Modernisierung und Rekonstruktion vorhandener Produktionsanlagen. Der Export solcher komplexer Problemlösungen bringt neue Anforderungen an die Marktarbeit der Kombinate und Außenhandelsbetriebe mit sich.

Ausführungen zu den Thesen

Der XI. Parteitag der SED schätzte ein, daß die Gemeinschaft der sozialistischen Staaten in den letzten Jahren weiter vorangekommen ist. „Unsere Länder traten in einen neuen, höheren Abschnitt ihrer Entwicklung ein und nehmen Aufgaben von großer Tragweite für die Zukunft in Angriff."[1] Diese Aufgaben werden vor allem durch die Notwendigkeit bestimmt, Wissenschaft und Technik und dabei insbesondere die Entwicklung und Anwendung der Schlüsseltechnologien in einem solchen Tempo zu beschleunigen, daß eine schnelle Erhöhung der Arbeitsproduktivität und auf dieser Grundlage ökonomisches Wachstum erzielt und dadurch die sozialistische Gesellschaft in der historischen Auseinandersetzung mit dem Imperialismus und im Kampf um die Sicherung des Friedens allseitig weiter gestärkt wird.

Das schließt ein, die sozialistische ökonomische Integration für die umfassende Intensivierung in den Volkswirtschaften der beteiligten Länder noch weitaus stärker zu nutzen. Wesentlich ist dabei die schnelle Erzielung von Weltspitzenleistungen durch arbeitsteilige bzw. gemeinsame wissenschaftlich-technische Zusammenarbeit sowie die beschleunigte technologische und ökonomische Verwertung mit höchster Effektivität.

In dem auf dem XI. Parteitag der SED beschlossenen Programm wird der weiteren Vertiefung der sozialistischen ökonomischen Integration der Mitgliedsländer des Rates für Gegenseitige Wirtschaftshilfe eine hervorragende Bedeutung beigemessen. „Sie ist eine entscheidende Bedingung für die stabile ökonomische und soziale Entwicklung der Deutschen Demokratischen Republik. Die weitere Entwicklung und ständige Vertiefung der Zusammenarbeit der Deutschen Demokratischen Republik mit der Union der Sozialistischen Sowjetrepubliken spielt dabei eine ausschlaggebende Rolle. Die sozialistische ökonomische Integration der Mitgliedsländer des Rates für Gegenseitige Wirtschaftshilfe entspricht der gemeinsamen Verantwortung der Mitgliedsländer des RGW für die Entwicklung des Sozialismus. Sie ist ein wichtiges Mittel, um planmäßig das Wirtschafts- und Wissenschaftspotential der sozialistischen Staaten zu vereinen und die proportionale Entwicklung zu gewährleisten. Sie fördert die Entwicklung der sozialistischen Weltwirtschaft und stärkt den Sozialismus im ökonomischen Wettbewerb mit dem Kapitalismus. Die Deutsche Demokratische Republik wird weiterhin einen wirksamen Beitrag für die Vertiefung der wirtschaftlichen und wissenschaftlich-technischen Zusammenarbeit der Mitgliedsländer des Rates für Gegenseitige Wirtschaftshilfe leisten."[2]

Der XI. Parteitag beschloß, den Kurs der Einheit von Wirtschafts- und Sozialpolitik fortzuführen. Dabei wird das Augenmerk insbesondere jenen Wirtschaftsbereichen gewidmet, die das Tempo bestimmen und in denen noch mehr als bisher die Wissenschaft mit der Produktion und die Produktion mit der Wissenschaft verbunden wird. Das gilt vor allem für die Meisterung der Spitzentechnologien. Die Industrie der DDR kann sich „auf wissenschaftliche Ergebnisse und eine breite Palette von Erfahrungen, vor allem auf die mikroelektronische Basis stützen. Von großer Bedeutung ist zugleich die Zusammenarbeit mit der Sowjetunion und den anderen Ländern des RGW."[3]

Die Teilnehmer der Wirtschaftsberatung der Mitgliedsländer des RGW auf höchster Ebene in Moskau vom 12. bis 14. Juni 1984 waren sich darüber einig, „daß die Weiterentwicklung und Vervollkommnung der Zusammenarbeit, die Vertiefung der Spezialisierung und Kooperation zwischen den Mitgliedsländern des RGW dazu beitragen wird, durch gemeinsame Anstrengungen die aktuellen Probleme ihrer ökonomischen Entwicklung zu lösen, darunter die Sicherung des Bedarfs an Energie, Rohstoffen und Nahrungsmitteln, die Beschleunigung der Entwicklung und Überleitung fortgeschrittener technischer und technologischer Lösungen, die bessere Nutzung der materiellen und Arbeitskräfteressourcen sowie des Produktions- und wissenschaftlich-technischen Potentials. Das wird zum ökonomischen und sozialen Fortschritt jedes Landes, zur Erhöhung des materiellen und geistigen Lebensniveaus ihrer Völker, zur Festigung der Stärke, der Einheit und der Geschlossenheit der sozialistischen Länder beitragen."[4]

Ausgehend davon stellte der XI. Parteitag der SED fest, daß wir uns bei all unseren Plänen und ihrer Realisierung auf feste Vereinbarungen über die weitere Vertiefung der sozialistischen ökonomischen Integration stützen können. „Die brüderliche Zusammenarbeit mit der UdSSR wird immer stärker von den Erfordernissen der Intensivierung geprägt, woraus sich höhere Anforderungen an das wissenschaftlich-technische Niveau der Erzeugnisse, an die Qualität und an die gewissenhafte Einhaltung der Verträge ergeben."[5] „Im Rahmen der sozialistischen ökonomischen Integration wird auch die Zusammenarbeit der DDR mit allen Ländern des RGW erweitert."[6]

Diese klare Orientierung der SED zur weiteren Vertiefung und Vervollkommnung der sozialistischen ökonomischen Integration mit der UdSSR und den anderen Mitgliedsländern des RGW beruht auf der Erkenntnis, daß die sozialistische ökonomische Integration als ein objektiver Prozeß des Sozialismus zunehmend ein Wesensmerkmal der entwickelten sozialistischen Gesellschaft sowie eine entscheidende Bedingung für die stabile ökonomische und soziale Entwicklung in der DDR wird. Die SED leistet insbesondere seit ihrem VIII. Parteitag im Zusammenhang mit der Ausarbeitung der Konzeption von der entwickelten sozialistischen Gesellschaft und in enger Kampfgemeinschaft mit der KPdSU und den anderen Bruderparteien einen bedeutenden Beitrag dazu, daß bewährte, effektive Formen der sozialistischen ökonomischen Integration ausgebaut und auch neue Formen der Zusammenarbeit zum Nutzen der beteiligten Länder erprobt und angewandt werden. Dazu gehören die konstruktiven Vorschläge auf der 3. Tagung des Zentralkomitees der SED zur weiteren Gestaltung der ökonomischen und wissenschaftlich-technischen Zusammenarbeit zwischen der DDR und der UdSSR sowie mit den anderen RGW-Ländern. Besonders hervorgehoben wurde „daß die zwischen unseren Ländern vereinbarten Programme und konkreten Abkommen immer stärker von den Erfordernissen des wissenschaftlich-technischen Höchststandes und der Intensivierung der Produktion geprägt werden. 33 Zweigprogramme der Zusammenarbeit zwischen den Ministerien sowie 167 Regierungs- und Ministerabkommen bilden eine stabile und langfristig gesicherte Grundlage der Zusammenarbeit. Über 100 Regierungs- und Ministerabkommen beinhalten die Entwicklung und Anwendung von Spitzentechnologien und modernsten Erzeugnissen.

Damit leisten wir zugleich einen wichtigen Beitrag zur Erfüllung des RGW-Komplexprogramms des wissenschaftlich-technischen Fortschritts. Die sich daraus für die DDR herleitenden Aufgaben sind fester Bestandteil unserer Pläne. Unsere Partei sieht in der ständigen Vertiefung dieser Zusammenarbeit eine entscheidende Garantie der stabilen Entwicklung der Volkswirtschaft der DDR und wird sie auch künftig mit allen Mitteln fördern und voranbringen.“[7]

Diese Zusammenarbeit beruht in zunehmendem Maße auf einer Forschungs- und Produktionskooperation, die nahezu alle Zweige erfaßt. Gemeinsam nehmen die DDR und die UdSSR große Zukunftsvorhaben in Angriff, wie sie vor allem im „Langfristigen Programm der Entwicklung der Zusammenarbeit zwischen der DDR und der UdSSR auf dem Gebiet von Wissenschaft, Technik und Produktion für den Zeitraum bis zum Jahr 2000“ enthalten sind. Die UdSSR sichert weiterhin stabile Rohstofflieferungen an die DDR, die für die Volkswirtschaft der DDR von lebenswichtiger Bedeutung sind.

Von großer Bedeutung für erweiterte Formen der Zusammenarbeit sind die Abkommen, die zwischen der Sowjetunion und der DDR zu Direktbeziehungen unterzeichnet wurden. Mit ihnen wurden Direktbeziehungen zwischen Kombinaten, Betrieben und Organisationen der DDR und Vereinigungen, Betrieben und Organisationen der UdSSR und die Bildung gemeinsamer Kollektive von Spezialisten der DDR und der UdSSR vereinbart. Diese Abkommen eröffnen neue Möglichkeiten, um durch die planmäßige Vereinigung von geistigen und materiellen Potenzen unserer Länder einen hohen Zuwachs an Nationaleinkommen, höchstmögliche ökonomische Effekte für die beteiligten Volkswirtschaften zu erzielen. Sie orientieren auf eine aktive Mitwirkung der Kombinate, Vereinigungen und Betriebe, um schnell wissenschaftlich-technische Spitzenleistungen zu erreichen, das Produktionssortiment zu erneuern und die Produktion zu rationalisieren.[8]

1. Die weitere Gestaltung der entwickelten sozialistischen Gesellschaft macht es zwingend erforderlich, die sozialistische ökonomische Integration für die Beschleunigung des wissenschaftlich-technischen Fortschritts in der DDR und in den anderen Mitgliedsländern des RGW effektiver zu nutzen. Die Intensivierung der eigenen Volkswirtschaft ist der Hauptbeitrag jedes Landes zur Stärkung der Gemeinschaft.

Die Gesellschaftsstrategie der SED formuliert die weitere Entwicklung des Sozialismus als einen Prozeß tiefgreifender politischer, ökonomischer, sozialer und geistig-kultureller Wandlungen. Diese Wandlungen vollziehen sich auf der dem Sozialismus eigenen sozialökonomischen Grundlage. Sie beruhen auf der bewußten Ausnutzung der ökonomischen Gesetze des Sozialismus und sind auf die weitere Ausprägung der Triebkräfte und Potenzen des Sozialismus und damit auf dessen Festigung gerichtet.

Die materielle Grundlage für diesen Prozeß bildet der Übergang der Volkswirtschaft zur intensiv erweiterten Reproduktion und nunmehr deren umfassende und dauerhafte Gestaltung unter den Bedingungen der wissenschaftlich-technischen Revolution. Die Intensivierung bildet den Kern der Wirtschaftsstrategie der SED, wobei die revolutionären Veränderungen im System der gesellschaftlichen Produktivkräfte die zentrale Frage sind. Diese Veränderungen führen in engster Wechselwirkung mit der ständigen Vervollkommnung der sozialistischen Produktionsverhältnisse zu einer neuen Qualität des Zusammenhangs von wissenschaftlich-technischem, ökonomischem und sozialem Fortschritt. Es entstehen die Voraussetzungen und Notwendigkeiten für eine neue Qualität der sozialistischen ökonomischen Integration als eines Grundprozesses der entwickelten sozialistischen Gesellschaft.

Wissenschaftlich-technische Revolution, Intensivierung der Volkswirtschaft und sozialistische ökonomische Integration nehmen eine zentrale Stellung in der Gesellschaftsstrategie der SED ein. Die ökonomische Strategie der SED ist darauf gerichtet, durch Spitzenleistungen in Wissenschaft und Technik, Beherrschung der Schlüsseltechnologien, Durchsetzung einer hohen Erneuerungsrate in der Produktion und durch eine höhere Veredlung der eingesetzten Energieträger und Rohstoffe ein stabiles und dynamisches Leistungswachstum zu erzielen und auf dieser Grundlage ständig die Einheit von ökonomischem und sozialem Fortschritt zu gewährleisten. Der Inhalt der sozialistischen ökonomischen Integration als eines Teilprozesses der sozialistischen Vergesellschaftung von Produktion und Arbeit wird von den objektiven Erfordernissen und vom tatsächlichen Verlauf der intensiv erweiterten Reproduktion in den Mitgliedsländern des RGW bestimmt.

Veränderungen im System der internationalen Arbeitsteilung wie auch im Mechanismus der Zusammenarbeit ergeben sich ursächlich aus den Anforderungen der intensiv erweiterten Reproduktion. Sie sind gebunden an die realen Prozesse der Intensivierung in den jeweiligen Mitgliedsländern des RGW und an die konzeptionelle Umsetzung dieser Erfordernisse in der Wirtschaftsstrategie der jeweiligen marxistisch-leninistischen Parteien dieser Länder.

Die DDR findet bei der Verwirklichung ihrer Wirtschaftsstrategie und ihrer aktiven Teilnahme an der Integration folgende Bedingungen vor:

Erstens steht die Mehrzahl der europäischen Mitgliedsländer des RGW prinzipiell vor der gleichen Notwendigkeit, die Volkswirtschaft auf den Typ der intensiv erweiterten Reproduktion zu überführen. Die Grundinteressen dieser Länder stimmen dabei überein. Gleichermaßen haben sich in einem längeren Prozeß Intensivierungskonzepte und -strategien herausgebildet, die sich in den auf höchster Ebene im Jahre 1984 vereinbarten Grundrichtungen der weiteren ökonomischen Entwicklung sowie der Zusammenarbeit widerspiegeln. Die damit verbundenen Aufgaben erfüllt jedes Land unter spezifischen Bedingungen mit seinen Methoden bei erweiterter Nutzung der internationalen sozialistischen Arbeitsteilung.

Zweitens sind die objektiven und subjektiven Bedingungen für die Intensivierung in den europäischen Mitgliedsländern des RGW sehr differenziert. Die Intensivierung verläuft ungleichmäßig, mit unterschiedlichen Prioritäten und Rangfolgen, und vor allem sind mit unterschiedlichen realen Möglichkeiten einheitliche bzw. gleiche Intensivierungsaufgaben zu lösen. Das beeinflußt den Inhalt, das Tempo und vor allem die Realisierbarkeit entsprechender gemeinsamer Maßnahmen im Rahmen der sozialistischen ökonomischen Integration. Es entstehen auch differenzierte Vorschläge zur weiteren Gestaltung der internationalen Zusammenarbeit.

Für die Wahrung der gemeinsamen und spezifischen Interessen der Mitgliedsländer des RGW, die Durchsetzung der Intensivierungskonzepte und der darauf aufbauenden internationalen Vereinbarungen ist die Abstimmung der wissenschaftlich-technischen Politik und der Wirtschaftspolitik unabdingbar. Dabei sind tatsächliche Veränderungen in den wissenschaftlich-technischen Potentialen der einzelnen Länder von ausschlaggebender Bedeutung. Insofern ist die konsequente Durchsetzung der Intensivierung im eigenen Lande entsprechend den vereinbarten Hauptentwicklungsrichtungen des wissenschaftlich-technischen Fortschritts und das damit erreichte Wachstum der Hauptbeitrag eines jeden Landes zur wissenschaftlich-technischen und ökonomischen Stärkung der Gemeinschaft der RGW-Länder.

2. Die revolutionären Veränderungen im System der Produktivkräfte in den Mitgliedsländern des RGW sind mit Konsequenzen für den Gesamtprozeß der sozialistischen Vergesellschaftung in der dialektischen Wechselwirkung von Produktivkräften und Produktionsverhältnissen verbunden. Sie bestimmen maßgeblich die gesellschaftliche Arbeitsteilung in den Volkswirtschaften der Mitgliedsländer des RGW und zwischen ihnen.

Ausgehend vom erreichten Grad und von der Stabilität der internationalen Arbeitsteilung im RGW ist die Beschleunigung des wissenschaftlich-technischen Fortschritts und besonders die Entwicklung der Schlüsseltechnologien in der notwendigen Breite und dem erforderlichen höheren Tempo nur bei konsequenter Entwicklung und Vertiefung der internationalen Zusammenarbeit mit hoher Effektivität möglich.

Schlüsseltechnologien in ihrer gesamten Komplexität zu entwickeln und rechtzeitig die erforderlichen Voraussetzungen für ihre effektive volkswirtschaftliche Anwendung entsprechend dem neuesten Erkenntnisstand zu schaffen, ist nur bei konsequenter Nutzung der Vorzüge der gesellschaftlichen Arbeitsteilung möglich. Das beginnt bei der Mikroelektronik als Basis und setzt sich fort über die Rechen- und Informationstechnik, die flexible Automatisierungstechnik, die Biotechnologie und vieles andere. Dabei verändern sich die Inhalte, Maßstäbe und Entwicklungsrichtungen arbeitsteiliger Prozesse sowohl innerhalb der Volkswirtschaften als auch zwischen ihnen.

Die sozialistische internationale Arbeitsteilung wird innerhalb jeder Hauptrichtung des wissenschaftlich-technischen Fortschritts, wie sie im Komplexprogramm des wissenschaftlich-technischen Fortschritts vereinbart worden sind, wirksam, nicht hingegen in Form der Spezialisierung einer Volkswirtschaft auf die eine oder andere Richtung. Ausgehend davon setzt die Nutzung der internationalen Arbeitsteilung für ein hohes Innovationstempo wirksame eigene Anstrengungen in den verschiedenen wissenschaftlich-technischen und Produktionsbereichen jeder Volkswirtschaft voraus. Das bestimmt das Interesse der DDR an einer auf Arbeitsteilung beruhenden aktiven Export- und Importpolitik, insbesondere bei Schlüsseltechnologien.

Erzeugnisse der Schlüsseltechnologien ohne Zeitverzug zu entwickeln und zu produzieren, erfordert eine offensive Strategie zur Wissenschafts- und Produktionskooperation mit leistungsfähigen Partnern. Dabei gewinnt die Zusammenarbeit der Wirtschaftseinheiten auf der Grundlage der Pläne sowie ihrer internationalen Koordinierung und einer entsprechenden, auf gegenseitiger Interessiertheit beruhenden Vertragsgestaltung an Gewicht.

Bei der planmäßigen Organisation der gesellschaftlichen Arbeitsteilung in den Volkswirtschaften und zwischen ihnen wird dabei in Zukunft von folgenden Erfordernissen ausgegangen:

Erstens wird eine engere Verbindung von Wissenschaft, Technik und Produktion notwendig, da die weitere Effektivitätssteigerung von der komplexen Gestaltung und Beherrschung des Gesamtzyklus Wissenschaft–Technik–Produktion–Absatz abhängt. Dieser Zusammenhang gilt für alle arbeitsteiligen Prozesse sowohl innerhalb der Volkswirtschaften als auch in den Beziehungen zwischen ihnen. Bereits jetzt verlagert sich der Schwerpunkt der Zusammenarbeit in die der Produktion vorgelagerten Phasen, bedingt durch die notwendige Einheit von Erzeugnis- und Technologieentwicklung.

Zweitens erhalten das Verhältnis von Erzeugnis- und Leistungsdiversifikation in der Volkswirtschaft, die Konzentration von Ressourcen sowie die internationale Teilung der Arbeit eine neue Qualität. Das Profil der Arbeitsteilung zu vervollkommnen heißt demzufolge, bestehende effektive arbeitsteilige Linien auf höherem Niveau auszubauen und zugleich progressive Strukturveränderungen durchzusetzen. Durch internationale Spezialisierung und die dadurch mögliche stärkere Konzentration der Produktion wird der sich beschleunigenden Sortimentsdiversifikation bei stabiler Bedarfsdeckung Rechnung getragen und die für die neue Technik notwendige Mittelkonzentration gesichert. Hohe Produktionsmaßstäbe bilden für viele Entwicklungen bei ihrer Überleitung in die Produktion nach wie vor Ziel und Entscheidungskriterium. Durch flexible Automatisierung der Produktion wird der funktionale Zusammenhang von großer Serie/Stückzahl und sinkenden Selbstkosten je Gebrauchswerteinheit modifiziert, aber nicht aufgehoben. Der Effektivitätszuwachs aus der Teilung der Arbeit beruht weiterhin wesentlich auf Konzentrationseffekten.

Drittens resultiert aus dem neuen Techniktyp die Notwendigkeit zur verstärkten markt- und kundenorientierten Produktion und damit zu Erzeugnissen aus spezialisierter und kooperierter Produktion mit technisch-ökonomischen Parametern, die den sich schnell ändernden spezifischen Anwendererfordernissen entsprechen. Es wächst der Stellenwert der direkten Beziehungen zwischen Produzent und Anwender in der Forschungs- und Produktionskooperation.

Viertens zwingen die Komplexität von Neuerungsprozessen, die Einheit von Erzeugnis- und Technologieentwicklung, die Herausbildung abgestimmter Erzeugnissysteme, die Einordnung bisher relativ selbständiger Maschinen in Systeme und Linien zu einem entsprechenden komplexen Herangehen an die sozialistische internationale Arbeitsteilung. Wissenschaftlich-technische Lösungen in den Hauptrichtungen des wissenschaftlich-technischen Fortschritts tendieren zu Systemlösungen. Die Einheitlichkeit und Paßfähigkeit der durch die Partner zu erbringenden Teilleistungen, die zeitlich abgestimmte Überleitung der Ergebnisse in die Produktion, die Koordinierung der Lieferungen bis hin zur Regelung von Fragen der Ersatzteilversorgung, des Kundendienstes, von Schulungsmaßnahmen sind zwingendes Erfordernis, um reproduzierbare Effekte der Zusammenarbeit zu erzielen.

Für die internationale Zusammenarbeit der Mitgliedsländer des RGW, ihre Ziele und Ergebnisse, wird im Zusammenhang mit diesen tiefgreifenden Prozessen immer stärker das internationale Spitzenniveau in Technik und Ökonomie maßgebend sein.

3. *Die wirksamere Nutzung der sozialistischen Vergesellschaftung von Produktion und Arbeit erfordert und bewirkt dynamische Wandlungsprozesse in der volkswirtschaftlichen Strukturentwicklung der RGW-Länder, besonders in deren Produktions- und Außenhandelsstrukturen. Sie stellt neue Anforderungen an ihre gegenseitige Paß- und Ergänzungsfähigkeit.*

Ausgehend von den Hauptrichtungen des wissenschaftlich-technischen Fortschritts geht es vor allem darum, progressive Zweige, Erzeugnisse und Technologien umfassend zu entwickeln und mit hohen ökonomischen und sozialen Effekten breit zu nutzen.

Für die theoretische und praktische Arbeit wird damit die Verbindung von sozialistischer internationaler Arbeitsteilung und Strukturentwicklung der Volkswirtschaft berührt. Die gegenwärtige Diskussion zum Verhältnis zwischen internationaler Arbeitsteilung im RGW und Strukturentwicklung der Volkswirtschaften führte zu der Forderung nach einem gemeinsamen Konzept künftiger sozialistischer internationaler Arbeitsteilung. Für die weitere Entwicklung der sozialistischen ökonomischen Integration stehen folgende Lösungsansätze im Vordergrund:

Erstens: Die Entwicklung der Hauptrichtungen des wissenschaftlich-technischen Fortschritts, ihre Beschleunigung und ökonomisch rationelle Verwertung, die schnelle Überführung ihrer Ergebnisse in die Produktion sind Schlüsselprobleme bei der weiteren Vervollkommnung der Produktions- und Außenhandelsstrukturen der RGW-Länder im Integrationsprozeß.

Zweitens: Der erreichte Stand und die erzielten Effekte der bisherigen sozialistischen internationalen Arbeitsteilung im Integrationsprozeß sind zusammen mit der außenwirtschaftlichen Situation des Landes Ausgangs- und Rahmenbedingung für die Weiterentwicklung von Strukturen in den RGW-Ländern und zugleich entscheidend für die künftige Gestaltung der sozialistischen internationalen Arbeitsteilung im Integrationsprozeß. Bewährte arbeitsteilige und kooperative Linien werden fortgeführt, gegebenenfalls den neuen, veränderten Bedingungen angepaßt und gepaart damit neue Spezialisierungslinien entwickelt.

Drittens: Grundlage für die weitere Vervollkommnung der Produktionsstrukturen der RGW-Länder und Ihrer Paß- und Ergänzungsfähigkeit im Integrationsprozeß sind die im jeweiligen Land vorhandenen historisch-gesellschaftlichen und natürlichen Bedingungen. Folglich geht es darum, mit Integrationsmaßnahmen das für das jeweilige Land entsprechend seinen konkreten Entwicklungsbedingungen günstigste Produktionsprofile zu entwickeln.

Viertens: Die Vervollkommnung der Produktions- und Außenhandelsstruktur der DDR wird wesentlich von der Sicherung der volkswirtschaftlich notwendigen Importe an Roh- und Brennstoffen vor allem aus der UdSSR bestimmt. Die höhere Veredlung der importierten und einheimischen Rohstoffe durch moderne Verfahren und Technologien ist von entscheidender Bedeutung für die Senkung ihres spezifischen Verbrauchs und die Sicherung ökonomischen Wachstums. Gleichzeitig geht es darum, durch hochveredelte, forschungsintensive Erzeugnisse im Export das „Rohstoffäquivalent" effektiver zu erwirtschaften, um damit auch Voraussetzungen für erhöhte Importe an Maschinen und Ausrüstungen zu schaffen.

Fünftens: Eine wichtige Rahmenbedingung für die künftige abgestimmte und einander immer wirksamer ergänzende Entwicklung der Produktionsstrukturen der RGW-Länder ist die quantitative, vor allem aber qualitative und dynamisch verlaufende Entwicklung des Bedarfs aus der Sicht der Intensivierung und der Beschleunigung des wissenschaftlich-technischen Fortschritts in den RGW-Ländern. Gegenseitig sich immer wirksamer auf die Nachfrage des jeweiligen Partners, vor allem des Hauptpartners Sowjetunion, einzustellen – das wird zu einem wichtigen Charakteristikum der Vertiefung internationaler Vergesellschaftungsprozesse zwischen den Volkswirtschaften der RGW-Länder in den achtziger Jahren und darüber hinaus.

Die Annäherung der volkswirtschaftlichen Strukturen zwischen den RGW-Ländern, vor allem in qualitativer Hinsicht, wie auch deren Differenzierung auf der Grundlage sozialistischer internationaler Arbeitsteilung und Kooperation (z.B. in den jeweiligen Erzeugnisstrukturen) ist ein ständiger Prozeß. Er bringt internationale Vergesellschaftungsprozesse im RGW zum Ausdruck und wird heute in erster Linie vom qualitativen Wandel der Produktivkräfte getragen. Mit seiner planmäßigen Koordinierung entsprechen die RGW-Länder den Erfordernissen des Gesetzes der planmäßigen proportionalen Entwicklung. Proportionalität und effektive Strukturentwicklung sind nur mit auf die Intensivierung gerichteter sozialistischer internationaler Arbeitsteilung bei vorteilhaften Verflechtungsbeziehungen zwischen den Volkswirtschaften zu gewährleisten.

4. Die neuen Reproduktionsbedingungen, die im Gefolge der wissenschaftlich-technischen Revolution entstehen, erfordern ein qualitativ neues Herangehen an die Ökonomie der Zeit für die volkswirtschaftliche Reproduktion. Kriterium für die Ökonomie der Zeit ist letztlich das Maß der Anerkennung der gesellschaftlich verausgabten Arbeit bei der Realisierung der Produkte auf dem Weltmarkt.

Der Einfluß der Mitgliedsländer des RGW in der Weltwirtschaft und in der internationalen Klassenauseinandersetzung auf ökonomischem Gebiet hängen immer mehr von ihrer Leistungsfähigkeit und der im Reproduktionsprozeß tatsächlich erzielten Leistung ab. Dabei rückt immer stärker die Fähigkeit in den Vordergrund, mit einer hohen Erneuerungsrate Produkte der Schlüsseltechnologien zu produzieren und international mit hoher Effektivität auszutauschen.

Die derzeitige Etappe der wissenschaftlich-technischen Revolution macht für die Schlüsseltechnologien eine Innovationsgeschwindigkeit möglich, die die Bedingungen für den Rückfluß der vorgeschossenen Fonds verändert.

Demzufolge wird es immer wichtiger, die internationale ökonomische Zusammenarbeit so zu gestalten, daß die angestrebten Ergebnisse

- zu einer Beschleunigung der Fondskreisläufe führen, d.h. gegenüber einer gegebenenfalls auch möglichen nationalen Lösung die Zeitdauer verkürzt wird bzw. in der Vielfalt der international möglichen Lösungen und ihrer Organisationsformen jene Variante angestrebt wird, die den größten Zeitgewinn verspricht;
- zu einem Zeitpunkt realisiert werden, der einen effektiven Ablauf volkswirtschaftlicher Reproduktion gewährleistet und bei der gemeinsamen Realisierung einer Produkt- oder Technologieinnovation bzw. deren Ex- oder Import mit den auf dem Weltmarkt üblichen Marktzyklen übereinstimmt;
- wiederholbar sind und somit die Kooperationsbeziehungen und das dabei notwendige Innovationstempo in einem Zeitrhythmus erfolgen, der mit hoher Bezugs- und Abnahmesicherheit eine effektive volkswirtschaftliche Reproduktion fördert.

Die schnelle Produktivkraftentwicklung als internationale Erscheinung führt zu Maßstäben für die Ökonomie der Zeit, die den gesamten Reproduktionsprozeß erfassen, unabhängig davon, ob die Produkte im Außenhandel figurieren oder ob sie ausschließlich für den Inlandsbedarf vorgesehen sind. Das bildet zugleich die Grundlage für jeden realen Leistungsvergleich. Das ökonomische Wachstum und damit die entscheidende materielle Voraussetzung für die weitere gesellschaftliche Entwicklung hängen auf absehbare Zeit vor allem von der Fähigkeit ab, zum richtigen Zeitpunkt mit der erforderlichen Menge an bedarfsgerechten Erzeugnissen auf den Märkten aufzutreten und dabei besonders technische Spitzenprodukte effektiv und in hoher Qualität zu fertigen und erfolgreich zu exportieren.

Die hierbei realisierbaren Extragewinne sind eine ökonomische Voraussetzung für die Inangriffnahme der nächsten Innovationsstufe, damit auch für die Ausbreitung der Schlüsseltechnologien in der Volkswirtschaft und das Erreichen eines höheren gesamtvolkswirtschaftlichen Effektivitätsniveaus.

Produkte, die von vornherein ausschließlich für den Binnenmarkt vorgesehen sind, erfahren demgegenüber eine indirekte Entwertung ihres Effektivitätspotentials, wenn mit einer Innovation bei analogen Erzeugnissen in anderen Ländern qualitativ neue technische und ökonomische Parameter erreicht werden. Diese Entwertung tritt als von außen induzierter moralischer Verschleiß auf, der eine langsamere Effektivitätsentwicklung der eigenen Volkswirtschaft im Vergleich zum international führenden Niveau bewirkt.

Bei der Gestaltung der internationalen ökonomischen Zusammenarbeit muß deshalb neben den Schlüsseltechnologieerzeugnissen auch den anderen traditionellen Produkten ein hohes Maß an Aufmerksamkeit gewidmet werden. Langfristig gesehen und in der Summe solcher Produktionen beeinflussen sie nicht unerheblich die Gesamteffektivität volkswirtschaftlicher Reproduktion und die Prozesse internationaler Arbeitsteilung, damit auch indirekt den Erfolg beim Export von Erzeugnissen der Schlüsseltechnologien als Finalprodukt. Auch bei Produkten für traditionelle Bedarfsziele müssen eine hohe Erneuerungsrate, bessere Gebrauchswertparameter, verbunden mit hoher Zeitökonomie, durchgesetzt werden.

5. Die Koordinierung der Volkswirtschaftspläne ist das Hauptinstrument zur Abstimmung der Wirtschaftspolitik auf den durch gegenseitige Zusammenarbeit verbundenen Gebieten der RGW-Länder sowie Grundlage für die Ausarbeitung der Volkswirtschaftspläne.

Die RGW-Länder erarbeiten gegenwärtig die Konzeption der internationalen sozialistischen Arbeitsteilung bis zum Jahr 2005, mit der sie den objektiven Prozessen der wissenschaftlich-technischen Revolution und den tiefgreifenden Veränderungen in ihren inneren Leitungs- und Planungssystemen auf den Gebieten ihrer gegenseitigen Zusammenarbeit Rechnung tragen wollen. Die Umsetzung der mit dieser Konzeption erarbeiteten Hauptrichtungen der internationalen sozialistischen Arbeitsteilung in die praktische Zusammenarbeit erfolgt im wesentlichen durch die Koordinierung der Fünfjahrpläne als Hauptinstrument zur Abstimmung der Wirtschaftspolitik.

Die internationale Plankoordinierung selbst unterliegt auf der Grundlage der in den Volkswirtschaften vor sich gehenden Entwicklungen einer kontinuierlichen Veränderung. Das bezieht sich sowohl auf den wirtschaftspolitischen Inhalt als auch auf ihre Organisationsform. Der Inhalt der Plankoordinierung wird zunehmend von den Aufgaben zur Intensivierung sowie von der Entwicklung und ökonomischen Verwertung des wissenschaftlich-technischen Fortschritts, insbesondere der Schlüsseltechnologien, bestimmt. Die Formen der internationalen Plankoordinierung widerspiegeln die erhöhte Selbständigkeit der Wirtschaftseinheiten im Rahmen des demokratischen Zentralismus in einer Reihe von RGW-Ländern, bei weiterer Ausprägung der leitenden und koordinierenden Rolle der zentralen Staatsorgane. Die wesentlichste Veränderung bei der internationalen Plankoordinierung besteht in der aktiven Rolle der Wirtschaftseinheiten von Anfang an, in ihrer erhöhten Verantwortung für die Zusammenarbeit in allen Phasen des Reproduktionsprozesses. Hervorragende Bedeutung kommt dabei der Überleitung von wissenschaftlich-technischen Ergebnissen in die Produktions- und Außenhandelszusammenarbeit zu. Dabei haben die Wirtschaftseinheiten der DDR bereits seit Jahren vielfältige Möglichkeiten, die Potenzen der internationalen sozialistischen Arbeitsteilung für die Entwicklung neuer Erzeugnisse und Technologien sowie der internationalen Spezialisierung und Kooperation in weitaus größerem Maßstab zur Erhöhung der Effektivität ihres Reproduktionsprozesses zu nutzen.

Die Aktivitäten auf der Ebene der Wirtschaftseinheiten im Prozeß der internationalen Plankoordinierung erfolgen im Zusammenwirken mit den zentralen staatlichen Organen. Diesen obliegt es auch für die 90er Jahre, die Grundrichtungen der Zusammenarbeit ihrer Länder in Wissenschaft, Technik, in der Spezialisierung und Kooperation, die Hauptproportionen der Warenströme im Export und Import einschließlich der Vorgaben zum Bilanzausgleich zu entscheiden und verbindlich in einem Dokument zu vereinbaren. Wesentliche inhaltliche Anforderungen sind dabei:

- Die durchgängige Verbindung der wissenschaftlich-technischen Zusammenarbeit mit der Zusammenarbeit in der Produktion und der gegenseitigen Lieferung von Waren und Leistungen,
- die Abstimmung des Warenaustausches hinsichtlich Menge und Wert mit einem hohen technischen und Qualitätsniveau.

Die in der Fünfjahrplankoordinierung abgestimmten und durch Abkommen und Verträge untersetzten Integrationsmaßnahmen widerspiegeln die jeweils erreichte Annäherung bzw. Übereinstimmung der Interessen aus dem gegebenen ökonomischen, wissenschaftlich-technischen und wirtschaftsorganisatorischen Niveau der Beteiligten.

Dabei kann noch nicht eingeschätzt werden, welche Konsequenzen für den Mechanismus der Zusammenarbeit sich aus den Umgestaltungen in einer Reihe von RGW-Ländern ergeben werden.

6. Die Hauptrichtungen des wissenschaftlich-technischen Fortschritts prägen zunehmend den Inhalt der internationalen Arbeitsteilung im RGW. Das Ziel besteht darin, die Intensivierung zielstrebig durchzusetzen, durch Beschleunigung des wissenschaftlich-technischen Fortschritts die Produktivität der gesellschaftlichen Arbeit wesentlich zu erhöhen und den spezifischen Aufwand bei Energie und Rohstoffen je Einheit Nationaleinkommen beträchtlich zu senken.

Der Durchsetzung dieses Ziels dient das Komplexprogramm des wissenschaftlich-technischen Fortschritts der Mitgliedsländer des RGW bis zum Jahre 2000. Es ist Grundlage einer abgestimmten wissenschaftlich-technischen Politik, die geprägt ist von der Auswahl der Hauptrichtungen und Ziele des wissenschaftlich-technischen Fortschritts sowie der Aufgaben, Prinzipien und Wege seiner Realisierung.

Die Konzentration der Forschungs-, Investitions- und Produktionspotentiale der beteiligten Länder auf die im Komplexprogramm abgestimmten Hauptrichtungen und Maßnahmen des wissenschaftlich-technischen Fortschritts und ein komplexes Zusammenwirken dabei ist ein Weg, die umfangreichen und komplizierten Aufgaben zu lösen.

Die bisherigen Erfahrungen zeigen, daß erfolgreiche Zusammenarbeit zum gegenseitigen Vorteil auch im Rahmen des Komplexprogramms eine hohe Leistungsfähigkeit jedes beteiligten Landes voraussetzt. Beispiel hierfür ist die Entwicklung auf den Gebieten der Mikroelektronik. Niveau und Tempo der Entwicklung werden aber auch in hohem Maße geprägt durch das enge Zusammenwirken mit der UdSSR. Ähnlich verhält es sich auf den Gebieten der Biotechnologie und der Entwicklung und Produktion neuer Werkstoffe. Auch hier sind hochreine Materialien sowie Präzisionstechnik erforderlich, deren Entwicklung und Produktion zunächst mit hohen personellen, materiellen und finanziellen Vorleistungen verbunden ist, die von einem Land in dem erforderlichen Umfang und Tempo in der Breite nicht zu erbringen sind.

Ein wesentlicher Bestandteil der Zusammenarbeit sind neue wissenschaftlich-technische und technologische Lösungen zur Senkung des spezifischen Energie- und Materialverbrauchs (wie die Schaffung neuer Werkstoffe, z.B. Polyurethane und keramische Werkstoffe).

Ausgehend von den hohen Zielstellungen im Komplexprogramm, den notwendigen Bedingungen zur Meisterung des wissenschaftlich-technischen Fortschritts und den bisherigen Erfahrungen bei der Vorbereitung und Realisierung von Maßnahmen der wissenschaftlich-technischen und ökonomischen Zusammenarbeit wird auf solche Wege orientiert, die zu einer planmäßigen, verbindlichen und rationellen Zusammenarbeit der Partner führen. Das bedeutet volle Einordnung der übernommenen Verpflichtungen in den Staatsplan Wissenschaft und Technik sowie in den Investitions- und Produktionsplan. Entscheidungen, die gegenwärtig zur wissenschaftlich-technischen Zusammenarbeit getroffen werden, sind oftmals im nächsten Fünfjahrplan ökonomisch und sozial wirksam. Erfahrungen bei der Erarbeitung und Realisierung der Abkommen und Verträge zur Realisierung des Komplexprogramms zeigen, daß große Anstrengungen erforderlich sind, um das Niveau in den Beziehungen weiter zu erhöhen.

7. Wesentliche Bedingung für das Erreichen der Effektivitätsziele bilden langfristige Entwicklungsstrategien der Kombinate der DDR unter Einschluß der internationalen sozialistischen Arbeitsteilung.

In jedem Kombinat ist der Kreislauf der Reproduktion weitgehend in sich geschlossen, indem Wissenschaft und Technik, Produktion und Absatz, *einschließlich* der internationalen Arbeitsteilung und Außenhandelstätigkeit, organisch miteinander verbunden sind. Die Erhöhung der Effektivität wird zur Hauptquelle des Wirtschaftswachstums, worauf der gesamte Reproduktionsprozeß eingestellt werden muß. Die unmittelbaren Wirkungen der internationalen Arbeitsteilung auf die Effektivität des Reproduktionsprozesses des Kombinates ergeben sich aus folgenden Zusammenhängen, die sowohl die Entwicklung und Produktion von Produktionsmitteln als auch von Konsumgütern betreffen:

Erstens können durch internationale Zusammenarbeit in Forschung und Entwicklung, durch die Konzentration auf Schwerpunkte sowie durch Kauf und Verkauf entsprechender Leistungen mit dem eigenen verfügbaren Forschungspotential schneller und mehr wissenschaftlich-technische Spitzenleistungen und höhere ökonomische Ergebnisse erreicht werden. Der notwendigen Breite in der Forschung kann damit besser entsprochen werden. Zugleich kann mit dem Tempo des wissenschaftlich-technischen Fortschritts in der Welt auf entscheidenden Gebieten Schritt gehalten beziehungsweise das Tempo bestimmt werden.

Zweitens können bei vielen Erzeugnissen Maßstäbe der Produktion erreicht werden, die den inneren Bedarf der Volkswirtschaft übersteigen. Nur das ermöglicht es in vielen Fällen, die Anwendung moderner, dem internationalen Höchstniveau entsprechender Technologien wesentlich zu erweitern.

Drittens ist eine Konzentration der Produktion und des Exports auf solche Gebiete möglich, bei denen im Vergleich zu anderen ein höheres Niveau in der Erzeugnisentwicklung und -produktion besteht. Das erhöht die Effektivität insgesamt. Durch die Arbeitsteilung kann der Import anderer Erzeugnisse zur Erzielung ökonomischer Vorteile genutzt werden.

Je umfassender die internationale Teilung der Arbeit, je tiefer die Gliederung der Produktion und je größer die Konzentration der Fonds, um so bedeutender werden für die Effektivität der gesellschaftlichen Arbeit die Kontinuität des Reproduktionsprozesses, der kontinuierliche Übergang von einer Phase in die andere und die bewußte Gestaltung jeder einzelnen Phase.

8. Bei der verstärkten Nutzung der sozialistischen ökonomischen Integration für die Beschleunigung des wissenschaftlich-technischen Fortschritts gewinnen die internationalen Ware-Geld-Beziehungen der RGW-Länder und ihre planmäßige Entwicklung weiter an Bedeutung.

Bei der planmäßigen Gestaltung der Ware-Geld-Beziehungen, insbesondere der Nutzung der internationalen Wertkategorien, besteht das Ziel darin,

erstens objektive internationale Maßstäbe für die Bewertung des Austauschs von Waren und Leistungen zwischen den RGW-Ländern anzuwenden,

zweitens die Ware-Geld-Beziehungen aktiv für die Bewältigung des wissenschaftlich-technischen Fortschritts, für eine hohe Produktivität und niedrige Kosten, für die Beschleunigung der Reproduktionskreisläufe und damit für eine hohe internationale Wettbewerbsfähigkeit zu nutzen,

drittens reale Effektivitätsberechnungen für Maßnahmen der internationalen Wirtschaftszusammenarbeit und damit ökonomisch begründete Entscheidungen über die Teilnahme an der sozialistischen internationalen Arbeitsteilung zu ermöglichen.

Eine entscheidende Rolle in den Ware-Geld-Beziehungen spielen die im Handel zwischen den Mitgliedsländern des RGW zur Anwendung kommenden Preise. Entsprechend den von den Regierungen vereinbarten Preisbildungsprinzipien werden die Preise auf der Grundlage von Weltmarktpreisen gebildet und jeweils mit einjähriger Gültigkeit vereinbart. Als Basis gelten die Preise des Hauptwarenmarktes im Durchschnitt der zurückliegenden fünf Jahre.

Von diesen RGW-Preisbildungsprinzipien gehen folgende Wirkungen aus:

– Sie bewirken eine Orientierung des Produzenten und der Abnehmer am Weltmarkt, an den Weltmarktpreisen und damit an fortgeschrittenen internationalen Erfordernissen der Produktion und des Austausches.

– Sie unterstützen das Bemühen um Kostensenkung und rentable Produktion. Produzenten, die mit höheren Aufwendungen die Erzeugnisse herstellen, können diese nicht voll über den Preis realisieren. Andere, die mit niedrigen Aufwendungen produzieren, realisieren einen Extragewinn.

Weltmarktpreise als Basis für den Warenaustausch zwischen den RGW-Ländern entsprechen somit am besten den objektiven Erfordernissen der Stimulierung des wissenschaftlich-technischen Fortschritts. Sie sind für alle Formen des Austausches, d. h. auch bei spezialisierten und kooperierten Erzeugnissen, Baugruppen und Teilen und für wissenschaftlich-technische Ergebnisse und Leistungen zweckmäßig.

Bei der Kalkulation und Vereinbarung der Preise für wissenschaftlich-technische Ergebnisse und Leistungen treten eine Reihe von Problemen auf, die der theoretischen und praktischen Klärung bedürfen. So ist die internationale Arbeitsteilung noch nicht so entwickelt, daß sich Hauptwarenmärkte für einen großen Teil wissenschaftlich-technischer Ergebnisse und Leistungen mit entsprechenden Weltmarktpreisen herausgebildet haben. Ein Teil der Ergebnisse und Leistungen ist einmalig, trägt unikalen Charakter. Die Vertragspreise werden zu einem Zeitpunkt vereinbart, zu dem teilweise das wissenschaftlich-technische Ergebnis noch nicht vorliegt, Aufwand und Nutzen noch nicht exakt eingeschätzt werden können.

Mit dem Ziel der Förderung des wissenschaftlich-technischen Fortschritts ist es notwendig, trotz der aufgezeigten Probleme verstärkt von international angewendeten Vergütungssätzen bei wissenschaftlich-technischen Leistungen auszugehen, repräsentative Preisdokumentationen bei wissenschaftlich-technischen Ergebnissen zugrunde zu legen sowie dem Nutzen beim Anwender größere Aufmerksamkeit zu widmen. Auf der Grundlage einer qualifizierten Bestimmung der Aufwendungen und Ergebnisse erweist es sich als zweckmäßig, die Arbeit mit Effektivitätsnachweisen als Entscheidungsgrundlage für den Export und Import für die wissenschaftlich-technische Zusammenarbeit zu verstärken.

9. Wesentliche Veränderungen in den Absatz- und Bezugsbedingungen auf den RGW-Märkten vollziehen sich im Ergebnis der von den Parteien und Regierungen beschlossenen Wirtschaftsstrategien und der Veränderungen in den Wirtschaftsmechanismen.

Gegenwärtig vollziehen sich wesentliche Veränderungen in der staatlichen Leitung der Außenwirtschaftsbeziehungen in der Mehrzahl der Mitgliedsländer des RGW. Die Formen und Methoden der Durchsetzung gesellschaftlicher Erfordernisse gegenüber den Wirtschaftseinheiten werden differenzierter (Planvorgaben, Staatsaufträge, ökonomische Hebel und Normative, Lizenzsystem u. ä.). Die produzierenden Wirtschaftseinheiten erhalten eine größere Verantwortung für die Außenhandelstätigkeit. Produktion und Außenhandel werden enger verflochten. In mehreren Ländern umfaßt diese Verflechtung Wissenschaft, Technik, Produktion und Absatz auf dem Binnen- und Außenmarkt. Die wirtschaftliche Rechnungsführung und ökonomische Stimulierung der Außenhandelstätigkeit werden vervollkommnet. Die beim Export erzielten Preise bzw. die Aufwendungen für den Import wirken jetzt im allgemeinen bis auf die Betriebe durch. Die Bildung eigener Valutafonds der Exportbetriebe aus Teilen der Exporterlöse und die Möglichkeit der Inanspruchnahme von Devisenkrediten bei der Bank stimulieren den Export und sollen den sparsamen Umgang mit Valutamitteln beim Import fördern.

Für die Außenwirtschaftsbeziehungen der DDR mit den Mitgliedsländern des RGW zeichnen sich daraus vor allem zwei Konsequenzen ab:

Erstens werden Anzahl und Verschiedenartigkeit der kommerziellen Partner sowie ihre Kompetenzen zunehmen. Das Angebots- und Nachfragemonopol wird in mehreren RGW-Ländern neu geregelt bzw. in einigen Fällen weitgehend aufgehoben. Das erhöht die Möglichkeiten der Kombinate der DDR für die Gewinnung neuer Abnehmer sowie für die direkten Kontakte zu den Verbrauchern.

Zweitens erhalten Rentabilitätsgesichtspunkte aus der Sicht der Wirtschaftseinheiten in den Vertragsverhandlungen zunehmendes Gewicht. Das wird zu weltmarktgemäßen Anforderungen in bezug auf Sortiment, Qualität, technisches Niveau, Erneuerungsgrad, Lieferbedingungen, Vertragstreue und Preise führen. Die Wirtschaftseinheiten der sozialistischen Partnerländer werden Druck auf die Erhöhung der Preise für ihre Exporterzeugnisse ausüben, um hohe Einnahmen zu erwirtschaften und steigende Zuführungen zu den eigenen Valutafonds zu sichern.

Durch die gezielte Erhöhung der Verantwortung der Kombinate der DDR für ihren Reproduktionsprozeß von der Forschung bis hin zum Absatz auf den Außenmärkten, die enge Verknüpfung von Produktion und Außenhandel in der volkswirtschaftlichen Leitung und Planung der DDR, durch die verschiedenartigen organisatorischen Lösungen in den Beziehungen zwischen Kombinaten und Außenhandelsbetrieben – verbunden mit dem Prinzip der doppelten Unterstellung der Außenhandelsbetriebe – sind wesentliche Voraussetzungen geschaffen, den neuen Anforderungen in den Absatz- und Bezugsbedingungen auf dem RGW-Markt gerecht zu werden.

10. Die beschleunigte Entwicklung des wissenschaftlich-technischen Fortschritts in den Kombinaten macht es notwendig, die Ergebnisse der Außenwirtschaft entsprechend den volkswirtschaftlichen Erfordernissen stärker in die wirtschaftliche Rechnungsführung und die Eigenerwirtschaftung einzubeziehen.

Seit 1971 ist das Ergebnis aus der Exporttätigkeit Bestandteil des einheitlichen Betriebsergebnisses der Kombinate in der DDR. Die Differenz zwischen dem Exporterlös und den dafür notwendigen Aufwendungen bringt die Exportrentabilität zum Ausdruck. Die Rentabilität des Exports hat durch die Einbeziehung des „Ergebnis Export" Einfluß auf den Nettogewinn der Kombinate, da eine positive Exportrentabilität auch positiv auf den Nettogewinn wirkt.

Grundlegende Bedeutung im System der wirtschaftlichen Rechnungsführung besitzen die für die Inlandpreisbildung einzuhaltenden normativen Anforderungen. Dabei ist festgelegt, daß die Exportrentabilität neuer Erzeugnisse im Vergleich zum Vorgängererzeugnis nicht sinken darf. Auf diese Weise werden Maßstäbe wirksam, die sich aus der internationalen Entwicklung von Wissenschaft und Technik ergeben. Insbesondere gilt das für die Valutapreise, die wesentlich auf den vom Anwender anerkannten wissenschaftlich-technischen Eigenschaften der Erzeugnisse beruhen sowie für die Kosten der Produktion. Die Beachtung der Prinzipien der Inlandpreisbildung in Abhängigkeit von der Exportrentabilität verlangt Konsequenz bei der Durchsetzung der Festlegungen, eine straffe Kontrolle und Planwirksamkeit der in den Erneuerungspässen und Pflichtenheften festgelegten Ziele. Eine hohe Effektivität des Exports in das sozialistische Wirtschaftsgebiet wird – wie Analysen beweisen – vor allem dort erreicht, wo Potentiale von Forschung, Entwicklung und Produktion planmäßig konzentriert werden konnten.

Die Effektivität des Exports wird in erster Linie in der materiellen Produktion bestimmt. Zugleich ist für die Realisierung des geschaffenen Wertes ein hohes Niveau der Verkaufstätigkeit und des Kundendienstes erforderlich. Die Rentabilität des Exports wirkt über die Gewinnbildung hinaus weiter auch in Verbindung mit der Kennziffer Export im Rahmen der Leistungsbewertung.

Die Effektivität des Imports wirkt auf das Preis- und Kostengefüge im Inland vor allem durch die Festlegung der Inlandabgabepreis für die Industrie und anderer Verbraucher von Importwaren im produktiven Bereich. Diese Preise werden in hohem Maße auf der Basis des Importaufwands festgelegt. Eine wachsende Rolle spielt die Berücksichtigung der Effektivität des Imports bei der Konzipierung von Maßnahmen der innerzweiglichen internationalen Arbeitsteilung. Notwendig ist es, bei Planverteidigungen stärker von Effektivitätsanalysen auszugehen. Zur Unterstützung der Praxis sollten Lösungen zur stärkeren Stimulierung effektiver Importe in Verbindung mit der Bilanzverantwortung zur umfassenderen Nutzung der innerzweiglichen internationalen Arbeitsteilung erarbeitet werden.

11. Die Entwicklung und Vertiefung der internationalen Arbeitsteilung in Wissenschaft, Technik und Produktion sowie der Austausch vor allem technisch anspruchsvoller Erzeugnisse bedingen die Anwendung zweckmäßiger Formen der Zusammenarbeit. Eine entscheidende Rolle spielt dabei die Entwicklung von Direktbeziehungen.

Direktbeziehungen umfassen das planmäßige, unmittelbare Zusammenwirken der Betriebe, Kombinate, Vereinigungen und wissenschaftlich-technischen Einrichtungen sozialistischer Länder zur Gestaltung einer effektiven Zusammenarbeit in einigen oder allen Phasen des Reproduktionsprozesses sowie in der Leitung und Planung zwischen

- Partnern mit gleichartigem und sich ergänzendem Profil in Forschung, Entwicklung und Produktion oder
- zwischen Produzent und Anwender bzw. Nutzer.

Direktbeziehungen zwischen den produzierenden Wirtschaftseinheiten sowie Forschungseinrichtungen der RGW-Länder haben sich in vielfältiger Gestalt entwickelt und bewährt. Dabei geht es u.a. um die Entwicklung und rasche Produktionseinführung modernster Erzeugnisse und Technologien, um so kurzfristig hohe Ergebnisse für die Entwicklung der Volkswirtschaft und damit für einen bedeutenden Zuwachs an Nationaleinkommen zu erreichen.

In der DDR entwickeln sich die Direktbeziehungen der Kombinate mit Partnern in RGW-Ländern auf der Grundlage des Volkswirtschaftsplanes. Dadurch kann in wirksamer Weise die Zusammenarbeit zwischen den zentralen Organen der RGW-Länder mit der Zusammenarbeit auf der Ebene der Wirtschaftseinheiten verbunden werden, um so eine neue Qualität in den wissenschaftlich-technischen und ökonomischen Beziehungen zu erreichen. Im Kurs auf enge und ökonomisch effektive Zusammenarbeit in Wissenschaft, Technik und Produktion mit Partnern in den RGW-Ländern auf der Grundlage von Direktbeziehungen, u. a. in der UdSSR, kommt zugleich das Bestreben zum Ausdruck, den Mechanismus der internationalen Zusammenarbeit entsprechend den Erfordernissen der Intensivierung weiter zu vervollkommnen.

Für die Entwicklung von Direktbeziehungen hat sich der Abschluß internationaler Wirtschaftsverträge entsprechend den jeweils zu lösenden Aufgaben bewährt (z. B. Vereinbarung von Arbeitsprogrammen, Verträge zur Forschungszusammenarbeit und zur internationalen Spezialisierung und Kooperation der Produktion, die in Übereinstimmung mit den Regelungen in den Ländern und Normativdokumenten der RGW geschlossen werden). Mit Partnern in der UdSSR schließen die Kombinate der DDR „Vereinbarungen zu Direktbeziehungen" ab, auf deren Basis Wirtschaftsverträge geschlossen werden. Diese Vereinbarungen werden entsprechend einem Abkommen zwischen der DDR und der UdSSR zur Realisierung der in Regierungs- und Ministerabkommen über die wissenschaftlich-technische und ökonomische Zusammenarbeit abgestimmten Aufgaben zwischen Produzenten analoger Erzeugnisse bzw. Forschungs- und Entwicklungseinrichtungen geschlossen.

Bei der weiteren Entwicklung von Direktbeziehungen kann in der DDR von einer breiten Basis und von zahlreichen Erfahrungen ausgegangen werden.

Als typische Organisationsformen von Direktbeziehungen haben sich entwickelt und bewährt:

– Planmäßige Kontakte der Leiter sowie von Spezialisten der zusammenarbeitenden Wirtschaftseinheiten auf der Grundlage abgestimmter Arbeitsprogramme zur Zusammenarbeit in Wissenschaft, Technik und Produktion;

– Bildung zeitweiliger Spezialistengruppen bzw. gemeinsamer Kollektive von Forschern, Entwicklern und Konstrukteuren zur Lösung einer vereinbarten Aufgabe, Austausch von Spezialisten;

– Kontakte zu den Abnehmern bzw. Anwendern im Partnerland, insbesondere bei der Lieferung technisch anspruchsvoller Erzeugnisse (Kundenerprobungen, Projektanpassung u. ä.);

– Mitarbeit von Kombinaten in internationalen ökonomischen Organisationen.

Die potentiellen Möglichkeiten der Direktbeziehungen zur Organisierung einer effektiven Zusammenarbeit sowohl in qualitativer als auch in quantitativer Beziehung sind noch nicht ausgeschöpft. Wesentliche Reserven liegen vor allem in der stärkeren Ausrichtung der Partnerschaften auf die Vertiefung der Zusammenarbeit in Forschung und Entwicklung zur Erzielung internationaler Spitzenleistungen, den Ausbau bzw. Aufbau effektiver Linien der Spezialisierung und Kooperation der Produktion, besonders bei Erzeugnissen der Schlüsseltechnologien sowie auf Maßnahmen zur Intensivierung und Rationalisierung der Produktion.

Die zunehmende Komplexität in der Zusammenarbeit, die differenzierte Ressourcen- und Interessenlage der Partner sowie Spezifika in den Systemen der Leitung und Planung stellen hohe Anforderungen an die Wahl der jeweils zweckmäßigsten und rationellsten Organisationsform der Zusammenarbeit. Das kann nur gewährleistet werden, wenn volle Klarheit über die inhaltlich mit dem Partner zu lösenden Aufgaben besteht, bevor die Organisationsform festgelegt wird.

12. Intensivierung und wissenschaftlich-technischer Fortschritt führen zu einer erhöhten Nachfrage der UdSSR und anderer sozialistischer Länder nach komplexen Problemlösungen zur Modernisierung und Rekonstruktion vorhandener Produktionsanlagen. Der Export solcher komplexen Problemlösungen bringt neue Anforderungen an die Marktarbeit der Kombinate und Außenhandelsbetriebe mit sich.

In der langfristigen Investitionspolitik der UdSSR nehmen die Modernisierung und Rekonstruktion vorhandener Produktionsanlagen – mit Schwerpunkt im Maschinenbau sowie in der Lebensmittel- und Leichtindustrie – einen vorderen Platz ein. Damit erweitert sich auch der Bedarf an komplexen Problemlösungen. Darunter sind alle erforderlichen Produktionseinrichtungen (einschließlich Verkettungs- und Transportvorrichtungen) und die Leistungen zur Lieferung und Inbetriebsetzung einer für den Kunden optimalen Fertigungslösung zu verstehen. Leistungen zur Beratung, Projektierung, Programmierung, Montage, Ausbildung und zur Inbetriebnahme sind integrierter Bestandteil solcher Vorhaben. Die inhaltlichen Anforderungen an den Export komplexer Problemlösungen sind ähnlich wie bei kompletten Anlagen.

Es kann längerfristig mit einem hohen und gesicherten Bedarf an komplexen Problemlösungen gerechnet werden. Daraus ergeben sich in den nächsten Jahren zahlreiche Möglichkeiten zur unmittelbaren Beteiligung an solchen Vorhaben, wenn den spezifischen Anwendererfordernissen Rechnung getragen wird.

Die spezifischen Anforderungen an die Marktarbeit beim Export komplexer Problemlösungen resultieren vor allem aus dem besonderen Charakter dieses komplexen Liefer- und Leistungsgegenstandes. Auswahl und Festlegung der optimalen Lösungsvariante für den angestrebten Anwendernutzen sowie die Gewährleistung des dazu notwendigen Leistungsumfangs bestimmen maßgeblich den erforderlichen Aufwand für die Durchführung derartiger Geschäfte.

Typische Konsequenzen für die Marktarbeit ergeben sich im Vergleich zum Absatz von Einzel- und Serienerzeugnissen vor allem aus folgenden spezifischen Erfordernissen:

– Prinzipiell können Art und Umfang von Lieferungen

und Leistungen nur im engen Zusammenwirken zwischen Hersteller bzw. Lieferant (zuständiger Generallieferant/Generalauftragnehmer) und Endabnehmer exakt bestimmt und realisiert werden. Das betrifft gleichermaßen die Abgrenzung der beiderseitigen Pflichten. Vertragsvorbereitende Objekterkundung und -prüfung erhalten damit im Rahmen der Marktforschung einen neuen Stellenwert.

- Zum Studium der Bedingungen für eine optimale kundenspezifische Lösung und zur Erarbeitung der Angebotsunterlagen (des Vorprojekts) sind bereits in der Anbahnungsphase derartiger Geschäfte verschiedene ingenieurtechnische Leistungen unerläßlich. Damit werden durch eine umfassende Beratung schon in diesem Stadium wichtige Vorentscheidungen über den tatsächlichen Liefer- und Leistungsumfang, die Preise und die Mitwirkungspflichten des Anwenders getroffen.
- In der Regel sind, objektiv bedingt, mehrere Verhandlungsetappen bis zum Abschluß des Vertrages bzw. Vertragskomplexes erforderlich, um alle notwendigen Anforderungen und Bedingungen vertragsreif zu klären. Qualifizierte konzeptionelle Verhandlungsvorbereitung, Erarbeitung einer fundierten Argumentation und stabile Zusammensetzung des Verhandlungskollektivs sind wesentliche Voraussetzungen für eine erfolgreiche Verhandlungsführung.

Anmerkungen

[1] Bericht des Zentralkomitees der SED an den XI. Parteitag der SED, Berichterstatter Erich Honecker, Dietz Verlag, Berlin 1986, S. 13.

[2] Programm der Sozialistischen Einheitspartei Deutschlands. IX. Parteitag der SED 18.–22.5.1976, Dietz Verlag, Berlin 1976, S. 43/44.

[3] Bericht des Zentralkomitees der SED an den XI. Parteitag, a. a. O., S. 30.

[4] Deklaration der Mitgliedsländer des RGW „Die Erhaltung des Friedens und die internationale ökonomische Zusammenarbeit", in: Wirtschaftsberatung des RGW auf höchster Ebene, Verlag Die Wirtschaft, Berlin 1984, S. 7.

[5] Bericht des Zentralkomitees der SED an den XI. Parteitag, a. a. O., S. 42.

[6] Ebenda, S. 43.

[7] Honecker, Erich: Aus dem Schlußwort der 3. Tagung des Zentralkomitees der SED 20.–21.11.1986, Dietz Verlag, Berlin 1986, S. 105.

[8] Vgl. Ebenda, S. 106.

2. REFERAT*

* An der Ausarbeitung des Referates war Dr. Hartmut Becker beteiligt.

Willi Kunz

Theoretische Fragen der Nutzung der sozialistischen ökonomischen Integration zur Meisterung des wissenschaftlich-technischen Fortschritts

Die Leitung des Wissenschaftlichen Rates für Fragen der sozialistischen ökonomischen Integration hat der heutigen Tagung ein Thesenmaterial vorgelegt, das als Diskussionsgrundlage dienen soll.

In das Zentrum der Diskussion möchten wir vor allem aktuelle theoretische Fragen und Aufgaben rücken, die sich aus den Reproduktionsbedingungen unserer Gegenwart und Zukunft, aus der Umstellung der Volkswirtschaft der RGW-Länder auf den intensiven Entwicklungsweg und entsprechend dem Thema unserer Tagung, aus der Nutzung der sozialistischen ökonomischen Integration zur Meisterung des wissenschaftlich-technischen Fortschritts in der Volkswirtschaft der DDR ergeben.

Als Wirtschaftswissenschaftler der DDR haben wir dabei unseren Beitrag zu leisten, um die Beschlüsse unserer Partei, vor allem zur erfolgreichen Verwirklichung der ökonomischen Strategie des XI. Parteitages, erfüllen zu helfen, damit die auf höchster Ebene zwischen den Mitgliedsländern des RGW vereinbarte neue Stufe der gegenseitigen Zusammenarbeit herbeigeführt wird.

Produktivkraftentwicklung – wissenschaftlich-technischer Fortschritt – sozialistische internationale Arbeitsteilung

Die internationale Arbeitsteilung, deren entscheidende Merkmale bereits von den Klassikern des Marxismus-Leninismus herausgearbeitet wurden, und besonders die sozialistische ökonomische Integration, die in den Dokumenten unserer Partei theoretisch begründet wurde, sind objektive Erfordernisse der weiteren Entwicklung des Sozialismus. Sie bestimmen unter den gegenwärtigen inneren und äußeren, auf die Intensivierung der Volkswirtschaften ausgerichteten Reproduktionsbedingungen mehr denn je die volkswirtschaftlichen Kreisläufe und beeinflussen viele Entscheidungen der kommunistischen Parteien und Regierungen in allen RGW-Ländern. Das ist eine Tatsache, von der jedes RGW-Land in seinen wirtschaftspolitischen Entscheidungen ausgehen muß. Für Länder mit einem wissenschaftlich-technischen Potential und einer Wirtschaftskraft wie z.B. der DDR ist die internationale Arbeitsteilung, insbesondere mit den sozialistischen Partnerländern, eine Lebensnotwendigkeit, um als modernes Industrieland auch weiterhin Bestand haben zu können.

Entscheidende wissenschaftlich-technische und ökonomische Fortschritte in den sozialistischen Ländern sind nur durch sich ständig vertiefende Zusammenarbeit mit der UdSSR und im Gleichklang mit der gesellschaftlichen und insbesondere mit der volkswirtschaftlichen Entwicklung ihres Hauptbündnis- und Wirtschaftspartners auf die Dauer erfolgreich zu verwirklichen.

Die enge Zusammenarbeit mit der Sowjetunion, mit der die DDR gemeinsam große wissenschaftlich-technische und ökonomische Projekte verbindet und so die Arbeitsteilung weiter vertieft (39% des DDR-Außenhandels wird mit der UdSSR abgewickelt), bildet folglich eine stabile Grundlage für das weitere Gedeihen unseres Landes. Wie im Bericht des Politbüros an die 6. Tagung des ZK der SED erneut hervorgehoben wurde, nimmt diese Zusammenarbeit einen zentralen Platz bei der weiteren Verwirklichung der ökonomischen Strategie unserer Partei ein. Ein entscheidender Ausgangspunkt für alle theoretischen Überlegungen ist es heute, daß die Gestaltung der entwickelten sozialistischen Gesellschaft zunehmend die bestimmende Aufgabe für die gesellschaftliche Entwicklung in den europäischen Mitgliedsländern des Rates für Gegenseitige Wirtschaftshilfe ist. Wie Erich Honecker in seiner Rede vor den 1. Sekretären der Kreisleitungen am 6. Februar 1987 hervorhob, ist es dabei von „... größter politischer, ökonomischer und strategischer Tragweite für das weitere Voranschreiten und die Stärkung der Ausstrahlungskraft des Sozialismus..., in allen sozialistischen Ländern die Gewährleistung einer stabilen, dynamischen wirtschaftlichen und sozialen Entwicklung auf der Grundlage der modernsten Errungenschaften des wissenschaftlich-technischen Fortschritts“[1] zu erreichen.

Die erfolgreiche Gestaltung der entwickelten sozialistischen Gesellschaft innerhalb der RGW-Länder ist untrennbar mit der Entwicklung der sozialistischen ökonomischen Integration zwischen ihnen verbunden. Bezogen auf unser Land wird im Programm unserer Partei die sozialistische ökonomische Integration als eine entscheidende Bedingung für die stabile ökonomische und soziale Entwicklung der Deutschen Demokratischen Republik bezeichnet, wobei die weitere Entwicklung und ständige Vertiefung der Zusammenarbeit mit der UdSSR eine ausschlaggebende Rolle spielt.[2]

Die Zusammenarbeit der RGW-Länder zur schnelleren Entwicklung ihrer Produktivkräfte vollzieht sich dabei auf der Grundlage gleichartiger Produktionsverhältnisse, d.h. eines gleichartigen sozialökonomischen Systems. Bestätigt wird die Feststellung von Karl Marx, daß die Arbeiterklasse bei der Schaffung von „Bedingungen der freien und assoziierten Arbeit“ „eine neue Organisation der Produktion“ und eine „harmonische nationale und internationale Koordinierung“ der gesellschaftlichen Formen der Produktion herbeiführt.[3]

Diese Entwicklung vollzieht sich naturgemäß nicht ohne Widersprüche. Entscheidend ist jedoch, daß jedes

Land in jeder Entwicklungsetappe entsprechend seinen konkreten Bedingungen einen aktiven und schöpferischen Beitrag zur Umsetzung gemeinsam erarbeiteter Grundpositionen leisten muß. Unter den Bedingungen unserer Gegenwart und bezogen auf unser heutiges Thema heißt das: Jedes Land muß seinen eigenen Beitrag zur Entwicklung des wissenschaftlich-technischen Fortschritts leisten, sich dabei immer am Modernsten orientieren, an dem, was die wissenschaftlich-technische Revolution zu bieten hat. Jedes europäische RGW-Land muß demzufolge auch Schlüsseltechnologien entwickeln, aber immer klug eingebettet in das System internationaler sozialistischer Arbeitsteilung und eng angelehnt an die wissenschaftlich-technischen Ziele und die entsprechende Entwicklung in der UdSSR und den anderen Bruderländern.

Die Beschleunigung des wissenschaftlich-technischen Fortschritts, insbesondere die Entwicklung der Schlüsseltechnologien, setzt neue, höhere Maßstäbe für die volkswirtschaftliche Entwicklung jedes europäischen RGW-Landes, besonders seiner industriellen Struktur und seines Leitungssystems. Die umfassende Erschließung und Nutzung solcher Schlüsseltechnologien wie Mikroelektronik, Kernenergie, Schaffung neuer Werkstoffe und Biotechnologien sind in dem erforderlichen Tempo und mit der notwendigen Effektivität nur in der Gemeinschaft der RGW-Länder möglich. Auch die Automatisierung der Produktion sowie die umfassende Anwendung der elektronischen Rechen- und Kommunikationstechnik in den Volkswirtschaften und darüber hinaus in anderen gesellschaftlichen Bereichen der RGW-Länder erfordern einen qualitativ neuen Schritt in der Zusammenarbeit. Bereits Marx formulierte die These: „Jede neue Produktivkraft, sofern sie nicht eine bloß quantitative Ausdehnung der bisher schon bekannten Produktivkräfte ist (...), hat eine neue Ausbildung der Teilung der Arbeit zur Folge.“[4]

Die RGW-Gemeinschaft wird heute mit der gesamten Breite und Dynamik des wissenschaftlich-technischen Fortschritts in der Welt konfrontiert. Dabei nimmt die Härte des Kampfes um wissenschaftlich-technische Spitzenleistungen zu. Um den sozialistischen Produktionsverhältnissen adäquate moderne Produktivkräfte zu entwickeln, ist die Vertiefung der sozialistischen ökonomischen Integration ein zwingendes Erfordernis. Sie wird immer mehr zu einer wichtigen inneren Frage für die weitere Entwicklung der sozialistischen Gesellschaft. Um dem Rechnung zu tragen, wurde als gemeinsames Konzept das Komplexprogramm des wissenschaftlich-technischen Fortschritts der RGW-Länder bis zum Jahr 2000 ausgearbeitet. Darin wird als Ziel formuliert, die Produktivität der gesellschaftlichen Arbeit mindestens zu verdoppeln und den spezifischen Aufwand an Energie und Rohstoffen je Einheit Nationaleinkommen beträchtlich zu senken. Diese Zielstellung zwingt die beteiligten Länder zunehmend zu einer stärkeren Konzentration ihrer Ressourcen auf den Gebieten von Forschung und Entwicklung und auch bei den Investitionen.

Entsprechend den fünf Schwerpunkten des Komplexprogramms wird der Entwicklung der Zusammenarbeit bei den Hochtechnologien besondere Aufmerksamkeit geschenkt. Hochtechnologien sind gegenwärtig das entscheidende Gebiet des ökonomischen Klassenkampfes. Der Gegner führt diesen Kampf gegen den Sozialismus mit allen Mitteln, sowohl mit einer gezielten Kreditpolitik, die nicht die Lieferung von absoluten Spitzenprodukten der Hochtechnologien einschließt, als auch durch die Embargopolitik der USA und der NATO-Staaten mit Hilfe der COCOM-Liste einschließlich ihrer gegenwärtigen sogenannten „Entrümpelung“ und anderer Maßnahmen, um entsprechenden ökonomischen und politischen Druck überall dort auszuüben, wo man glaubt, dem Sozialismus auf wissenschaftlich-technischem Gebiet überlegen zu sein.

Die notwendigen großen Vorleistungen bei den schnell sich vollziehenden Erneuerungsprozessen in Wissenschaft und Technik sowie die erforderliche Verkürzung der Rückflußdauer der angewandten Ressourcen für Forschung, Entwicklung, Investitionen und die effektive Nutzung des gesellschaftlichen Arbeitsvermögens erfordern große Serien in der Produktion, für die ein aufnahmefähiger Markt vorhanden sein muß. Gerade die Schlüsseltechnologien – und insbesondere die Mikroelektronik – zeigen, daß die internationale Spezialisierung und Kooperation der Produktion es erst ermöglichen, die – wie Marx im „Kapital“ schreibt – „ganze Ökonomie, die aus der Konzentration der Produktionsmittel und ihrer massenhaften Anwendung entspringt“[5], zu erschließen.

Die Erfahrungen der jüngsten Vergangenheit und der Gegenwart besagen, daß gerade die breite Entwicklung und Anwendung der Schlüsseltechnologien eine zunehmende innerzweigliche Spezialisierung und Kooperation zwischen den RGW-Ländern erforderlich machen. Diese Tendenz wird auch durch die flexible Automatisierung nicht wesentlich verändert.

Um bei der Verwirklichung des Komplexprogramms zu richtigen strukturpolitischen Entscheidungen für die Entwicklung der eigenen wissenschaftlich-technischen Potentiale und der Wirtschaft sowie zu entsprechenden Vorschlägen für die internationale Arbeitsteilung zu gelangen, ist für die ökonomische Wissenschaft und die Wirtschaftsleitung stets eine nüchterne Einschätzung des erreichten eigenen Entwicklungsstandes der eigenen Potentiale, ihres Wirkungsgrades sowie der Effektivität der Arbeit im internationalen Vergleich erforderlich.

In diesem Zusammenhang scheint mir auch eine gründliche Analyse notwendig, warum z.B. die europäischen RGW-Länder bei einigen entscheidenden Erzeugnissen des wissenschaftlich-technischen Fortschritts in den letzten Jahren fast völlig vom OECD-Markt verdrängt wurden. Das gilt für so entscheidende Bereiche wie Mikroelektronik, Computertechnik, Nachrichtenwesen, Instrumentenbau, Elektromaschinenbau und andere. Das ist offenkundig vor allem darauf zurückzuführen, daß es den RGW-Ländern durch noch vorhandene Zersplitterung der Produktion, angefangen bei der Forschung bis zu ungenügender internationaler Arbeitsteilung im RGW-Bereich selbst, zum Teil bisher noch unzureichend gelungen ist, tatsächlich erreichte wissenschaftlich-technische Spitzenleistungen in den eigenen Ländern (und zum Teil noch zu teuer) in breitem Umfang anzuwenden, und auch im Leistungsvergleich mit den kapitalistischen Industrieländern sowie auch mit den sogenannten Schwellenländern (in denen vor allem die niedrigen Arbeitslöhne genutzt werden) ökonomisch effektiv zu vermarkten. Durch noch punktuelles Wirken in den einzelnen RGW-Ländern auf vielen Gebieten des wissenschaftlich-technischen Fortschritts wird die zeitliche Schere zum Welthöchststand nicht geschlossen und dadurch werden die erreichbaren ökonomischen Ergebnisse gemindert.

Die DDR gehört unbestritten zu den Industrieländern mit einem relativ hohen Forschungs- und Entwicklungsaufwand (gemessen am ökonomischen Gesamtpotential) und auch mit anerkannten wissenschaftlich-technischen Spitzenergebnissen auf solchen Gebieten wie dem Maschinenbau und der Mikroelektronik. Dabei muß davon ausgegangen werden, daß die DDR im RGW-Bereich über 4 bis 5 % der wissenschaftlichen Mitarbeiter in wissenschaftlichen und Konstruktionseinrichtungen (einschließlich der Industrie) verfügt. Gemessen am materiellen Forschungsaufwand der Sowjetunion liegt die DDR etwa bei 7 bis 8 %.

Dementsprechend ist es immer wieder und in allen Bereichen erforderlich, die richtigen Schwerpunkte in der Forschung zu setzen. Dazu gehört in der DDR vor allem die Entwicklung der Mikroelektronik. Hier werden größte Anstrengungen unternommen, um auf ausgewählten Gebieten den wissenschaftlich-technischen Höchststand zu erreichen bzw. mitzubestimmen.

Im Bericht des Politbüros an die 6. Tagung des ZK der SED wurde erneut festgestellt, daß die „... Errichtung einer bedeutenden Basis der Mikroelektronik mit Hilfe von Investitionen für die DDR eine strategische Aufgabe ersten Ranges bedeutet... Die erfolgreiche Fortsetzung des Kurses der Hauptaufgabe ... wird von der Lösung der Aufgaben auf dem Gebiet der Mikroelektronik entscheidend bestimmt werden“.[6]

Daß auf wichtigen Gebieten der Mikroelektronik in der DDR bereits beachtliche Ergebnisse erzielt werden, geben auch westliche Fachleute zu. So wurde zum Beispiel in einer Studie der Friedrich-Ebert-Stiftung im vergangenen Jahr (Mai 1987) festgestellt, daß die großen Fortschritte in der Mikroelektronik der DDR nicht zu übersehen seien, deren langfristiges Ziel es sei, auf westliche Bauelemente und Komponenten bei der Computerherstellung vollständig zu verzichten. Es seien hohe Summen investiert worden, die die Unabhängigkeit gegenüber dem Westen sichern sollen. Die DDR verfüge heute über Ausrüstungen zur Produktion von 1-Megabit-Speicherschaltkreisen, die noch in diesem Planjahrfünft in Serie gehen werden. Die von mir genannten Relationen unseres Forschungspotentials, zum Beispiel gemessen am Forschungspotential der UdSSR, führen zumindest zu zwei Schlußfolgerungen:

1. Bei der Planung der Innovationstätigkeit innerhalb der DDR-Industrie muß noch strenger nach Prioritätsgesichtspunkten vorgegangen werden.
2. Es sind noch eindeutigere und klarere Absprachen mit unseren Partnern im RGW erforderlich, beginnend bei der Forschung, bis zur Bestimmung der optimalen Produktionsgrößen und der erforderlichen Investitionen.

Erst die Berücksichtigung solcher Erfordernisse sichert in der Arbeitsteilung die erforderlichen Konzentrations-, Spezialisierungs- und Kooperationseffekte bei der Produktionsvorbereitung und schließlich in der Produktion selbst.

Die von allen zentralgeleiteten Industriekombinaten der DDR angefertigten Analysen belegen, daß vor allem diejenigen Kombinate, die eine überdurchschnittliche Wissenschaftsintensität aufweisen, auch die effektivsten Exporte tätigen. In der Mehrzahl sind diese Kombinate in hohem Maße in die sozialistische internationale Arbeitsteilung einbezogen.

Wenn hier planmäßig mit den Fünfjahr- und Jahresplänen die erforderlichen Konsequenzen gezogen werden, um eine schrittweise Konzentration der Forschung und Entwicklung sowie der Investitionen zu erreichen und um die Exportproduktion entsprechend zu strukturieren, so ergeben sich daraus auch neue Möglichkeiten zur Sicherung der erforderlichen höheren Effektivität. Das ist praktisch aber nur bei weiterhin zunehmender planmäßiger internationaler Arbeitsteilung möglich und schließt auch ein, auf die Entwicklung und Produktion bestimmter Erzeugnislinien schrittweise zu verzichten und diese zu importieren, um in anderen Bereichen größere Konzentrationseffekte und damit ein höheres ökonomisches Wachstum zu erzielen.

Ein Beispiel dafür, daß führende Kombinate der DDR bei der Entwicklung der Schlüsseltechnologien bereits mit Erfolg so vorgehen, zeigt sich bei technischen Spezialausrüstungen für hochintegrierte Speicherschaltkreise. An der Herstellung des 1-Megabit-Speicherschaltkreises, auf den Erich Honecker während der Beratung mit den 1. Kreissekretären der SED erneut Bezug nahm, ist die DDR durch das Kombinat VEB Carl Zeiss JENA vor allem mit zwei technologischen Linien beteiligt, die für die DDR und die UdSSR produziert werden. Die Entwicklung und Produktion dieser technologischen Linien stellt eine echte Spitzenleistung des Kombinats VEB Carl Zeiss JENA dar. Ein weiterer Teil der Ausrüstungen wird auf der Grundlage der internationalen Arbeitsteilung in der Sowjetunion entwickelt und hergestellt, einige Ausrüstungen in anderen Ländern.

Die DDR ist also bei dieser entscheidenden Schlüsseltechnologie – auf der Basis einer hohen Eigenleistung – in die sozialistische internationale Arbeitsteilung einbezogen. Auf dieser Grundlage kann sie die gesamten technologischen Spezialausrüstungen anwenden. Das gilt sowohl für den 256-Kbit-Speicherschaltkreis, für den 1-Megabit-Speicherschaltkreis als auch für den 4-Megabit-Speicherschaltkreis.

Dabei wird vor allem von der Tatsache ausgegangen, daß eine hochmoderne Industrieproduktion bereits in Wissenschaft und Technik Vorleistungen in Milliardenhöhe erfordert. Das setzt sich dann fort bis zu weitsichtigen Investitionsentscheidungen, um neue Erzeugnisse in großen Serien und ohne lange Einlaufkurve zu produzieren, die RGW-Länder bedarfsdeckend zu versorgen sowie darüber hinaus effektive Exportlinien zu entwikkeln.

Mit der Schaffung wissenschaftlich-technischer Spitzenleistungen muß zugleich die materiell-technische Basis für ihre breite Anwendung durch eine schnelle und bedarfsgerechte Produktion gesichert werden. Der Zeitfaktor erhält dabei eine immer größere Bedeutung.

Breite und Tempo des wissenschaftlich-technischen Fortschritts erfordern nicht nur die organische Verbindung der Phasen des Reproduktionsprozesses innerhalb der Wirtschaftseinheiten der einzelnen Volkswirtschaften, sondern auch zwischen ihnen. In allen Phasen des Reproduktionsprozesses zusammenzuarbeiten und die Ergebnisse für das Wirtschaftswachstum wirksam zu machen, ist die Voraussetzung für die Erschließung von Effektivitätszuwachs aus der sozialistischen internationalen Arbeitsteilung. Für die DDR heißt das: Konsequente Einbettung unserer Volkswirtschaft auf der Grundlage hoher eigener wissenschaftlich-technischer und ökonomischer Leistungen in diesen Prozeß, um durch stärkere Nutzung der äußeren Reproduktionsbedingungen die Produktivkräfte des Sozialismus in unserem Lande in dem erforderlichen schnellen Tempo weiterentwickeln zu können. Davon hängen in hohem Maße die Fortschritte zur Stärkung des Sozialismus auf allen anderen Gebieten der gesellschaftlichen Entwicklung ab. Entscheidendes Kriterium für die Nutzung der sozialistischen ökonomischen Integration zur Meisterung des wissenschaftlich-technischen Fortschritts ist der dabei erzielte Effektivitätszuwachs.

Die prinzipielle Orientierung auf eine hohe Produktivität und Effektivität der gesellschaftlichen Arbeit als ein charakteristisches Merkmal der ökonomischen Strategie des XI. Parteitages der SED ist darauf gerichtet, das Nationaleinkommen in bedarfsgerechter Struktur zu erhöhen. Der Einfluß von Integrationsmaßnahmen auf die volkswirtschaftliche Effektivität kommt letztlich darin zum Ausdruck, wie sie zur Erhöhung des Nationaleinkommens in bedarfsgerechter Struktur beitragen.

Die umfassende Intensivierung der gesellschaftlichen Produktion kann vor allem durch solche arbeitsteiligen Beziehungen zu anderen Mitgliedsländern des RGW in Wissenschaft, Technik und Produktion gefördert werden, mit deren Hilfe der gesamte gesellschaftliche Aufwand je Erzeugniseinheit der Produktion für die Volkswirtschaft und für den Export vermindert wird. Dabei muß berücksichtigt werden, daß die internationale sozialistische Arbeitsteilung den Erfordernissen des Gesetzes der Ökonomie der Zeit Rechnung trägt und daß der Zeitfaktor bei zunehmendem Tempo des wissenschaftlich-technischen Fortschritts an Bedeutung gewinnt.

Wir haben den Zeitfaktor in der These 4 ins Zentrum der Aufmerksamkeit gerückt und hervorgehoben, daß das Kriterium für die Ökonomie der Zeit letztlich das Maß der Anerkennung der gesellschaftlich verausgabten Arbeit bei der Realisierung der Produkte auf dem Weltmarkt ist. Demzufolge ist bestimmender Maßstab und Entscheidungskriterium für die Beurteilung der Effektivität von Integrationsmaßnahmen der international als gesellschaftlich notwendig anerkannte Arbeitsaufwand.

Die Praxis zeigt, daß die Stabilität von arbeitsteiligen Beziehungen zwischen den Bruderländern in Wissenschaft, Technik und Produktion in entscheidendem Maße davon abhängt, daß jeder Partner langfristig daraus einen spürbaren Nutzeffekt erzielt. Die Effektivitätsbeurteilung erfolgt in erster Linie aus der Sicht der jeweiligen Volkswirtschaft, d. h. es wird daran gemessen, welche größeren Effekte zur Durchführung der Wirtschafts- und Sozialpolitik aus der internationalen Arbeitsteilung für das jeweilige Land erzielt werden.

In diesem Zusammenhang haben unsere Untersuchungen deutlich gemacht, daß neben einer wachsenden Konzentration in Wissenschaft und Technik auch eine stärkere Konzentration der Produktion erforderlich ist, die aber oft nur auf der Grundlage internationaler Spezialisierung und Kooperation der Produktion gewährleistet werden kann.

Untersuchungen in der Mikroelektronik weisen nach, daß eine hohe Produktionskonzentration zu beachtlichen ökonomischen Effekten führt. So sind optimale Produktionsgrößen bei den meisten Schaltkreisen nur zu erreichen, wenn diese nicht nur für den Binnenmarkt, sondern auch für den Export produziert werden. Das führt zu einer entsprechenden Senkung der Kosten und Preise für die mikroelektronischen Bauelemente.

Analysen der Produktionsentwicklung in kapitalistischen Elektronikkonzernen zeigen, daß zum Beispiel bei hochintegrierten Schaltkreisen und Mikroprozessoren die Sortimentseinschränkung auf der Grundlage der nationalen bzw. internationalen Spezialisierung und der Sicherung dementsprechend großer Serien zu einer enormen Produktionsverbilligung geführt hat. Besonders diese Erfahrungen japanischer Elektronikkonzerne haben dazu geführt, daß Japan seinen Elektronikexport in 6 Jahren verdreifachen konnte. Sein Anteil am Gesamtelektronikexport der kapitalistischen Industrieländer betrug 1986 33,3%. Erst dann folgen die USA mit 24% und die BRD mit 10%. Die Erfolge der Japaner sind vor allem in der Qualität der Erzeugnisse und in der Massenfertigung auf der Grundlage nationaler und internationaler Arbeitsteilung begründet.

Die Arbeitsteilung zwischen den RGW-Ländern in der weiterverarbeitenden Industrie, bei Finalerzeugnissen, insbesondere aber auch in der Baugruppenproduktion sowohl bei Produktionsinstrumenten als auch bei Konsumgütern enthält hier noch viele Reserven für eine beträchtliche Effektivitätssteigerung.

Permanente Generationsablösungen bei Erzeugnissen und Technologien und entsprechend große Erneuerungsraten machen zugleich eine hohe Flexibilität der wissenschaftlich-technischen und ökonomischen Potentiale erforderlich, um die neuen Erzeugnisse zeitgerecht, entprechend der Marktperiode zu produzieren und gleichzeitig die wachsenden materiellen, finanziellen und arbeitskräftemäßigen Vorleistungen für Forschung, Entwicklung und Produktion so schnell wie möglich zu realisieren.[7]

Wenn das entscheidende Kriterium für die Nutzung der sozialistischen ökonomischen Integration der Effektivitätszuwachs ist, so muß in diesem Zusammenhang auch auf die Effekte verwiesen werden, die die DDR aus der sozialistischen internationalen Arbeitsteilung durch die stabile Versorgung ihrer Volkswirtschaft mit Roh- und Brennstoffen, insbesondere durch die UdSSR, erfährt. Die seit Jahrzehnten sichere Deckung des Importbedarfs der DDR an Erdöl und anderen wichtigen Primärenergieträgern und Industrierohstoffen zu relativ günstigen Bedingungen ist ohne Zweifel nicht nur ein stabilisierender Faktor für die dynamische Entwicklung der Volkswirtschaft der DDR, sondern auch ein wichtiger Effektivitätsfaktor.

Für die Vorbereitung und Durchführung von Maßnahmen der sozialistischen internationalen Arbeitsteilung ist die Vorausplanung erreichbarer Effekte eine wichtige Voraussetzung. Hier geht es um erzielbare Effekte. Bei der Analyse der die Effektivität beeinflussenden Faktoren müssen Methoden gefunden werden, um die differenzierten ökonomischen Interessen der Partner zu bestimmen und immer umfassender zu realisieren. Hier sind eine Reihe theoretischer und darauf aufbauender praktischer Probleme zu lösen, um für die Wirtschaftspraxis ein noch besseres und praktikables Instrumentarium für die Effektivitätsermittlung arbeitsteiliger Objekte und Prozesse zu schaffen.

Noch nicht genügend genutzt werden bei der Gestaltung der internationalen Spezialisierung und Kooperation komparative Vorteile. Sie können aus der internationalen Arbeitsteilung für die Volkswirtschaft eines Landes erzielt werden, wenn im Export und Import eine Konzentration auf solche Erzeugnisse stattfindet, die, verglichen mit anderen Erzeugnissen des inländischen Produktions- und Verbrauchssortiments, die jeweils günstigste Relation zwischen den eigenen und den anderen auf dem Weltmarkt als gesellschaftlich notwendig anerkannten Aufwendungen aufweisen.

Bei der Spezialisierung der Produktion zwischen den RGW-Ländern muß dem stärker Rechnung getragen werden. Der Außenhandel zwischen ihnen hat in hohem Maße immer noch den Charakter eines Ergänzungshandels. Ein voller Sortimentsaustausch, dessen Anteil am Handel zwischen den kapitalistischen Industrieländern z. B. etwa 30 % beträgt, erfolgt noch nicht. Vielfach wird der Erneuerungsprozeß mit Importeinschränkungen begründet. Der Innovationsprozeß muß jedoch noch stärker für die Erzielung von Effekten aus der sozialistischen internationalen Arbeitsteilung genutzt werden. Die Schlußfolgerung kann nur lauten: Eine moderne Industrie, die – bei Konzentration der Investitionskraft der Volkswirtschaft auf die Entwicklung der Mikroelektronik – bereits in Wissenschaft, Technik und Investitionen Vorleistungen in Milliardenhöhe erfordert, erzielt die erforderliche hohe Effektivität dann, wenn sie sichert, daß neue Erzeugnisse in großen Serien und ohne lange Einlaufkurve produziert werden. Das geht nur bei Vergesellschaftung in großen Dimensionen, d. h. auf der Grundlage der internationalen Arbeitsteilung. Für die Volkswirtschaft der DDR bedeutet das die konsequente schrittweise Einbettung in den Prozeß der sozialistischen ökonomischen Integration, um die Produktivkräfte des Sozialismus in dem erforderlichen schnellen Tempo weiterzuentwickeln und um in der jeweiligen Entwicklungsetappe über die den sozialistischen Produktionsverhältnissen adäquaten modernen Produktivkräfte zu verfügen.

Neue Anforderungen an die Leitung der Prozesse der sozialistischen internationalen Arbeitsteilung (zum Mechanismus der Arbeitsteilung)

Die Anforderungen, die sich aus der umfassenden Intensivierung und aus der beschleunigten Entwicklung und Anwendung der Schlüsseltechnologien in der DDR, der UdSSR und anderen RGW-Ländern ergeben, bedingen zwangsläufig moderne Methoden der Leitung und Planung dieser Prozesse. Besonders der begonnene Prozeß tiefgreifender Umgestaltung im ökonomischen Denken und in der Wirtschaftsleitung der UdSSR wird die Zusammenarbeit im RGW und auch bilateral zwischen der DDR und der UdSSR vielschichtig beeinflussen.

Die qualitativen Veränderungen in den nationalen Leitungs- und Planungssystemen, die sich teilweise sehr differenziert vollziehen, haben zu theoretischen Diskussionen und praktischen Vorschlägen zur weiteren Gestaltung der Integrationsprozesse geführt, die vor allem das Wechselverhältnis von Plan und Markt im Sozialismus betreffen.

Das Spezifische an diesen Diskussionen besteht darin, daß sie schwerpunktmäßig auf die Vervollkommnung des Mechanismus der Zusammenarbeit gerichtet sind. Eine ähnliche Orientierung ist auch im Buch des Genossen Gorbatschow „Umgestaltung und neues Denken für unser Land und für die ganze Welt“ enthalten. Dort heißt es, daß die Arbeit des Rates für Gegenseitige Wirtschaftshilfe immer stärker auf zwei Hauptaufgaben konzentriert werden muß,

- erstens auf die Abstimmung der Wirtschaftspolitik, die Erarbeitung langfristiger Programme der Zusammenarbeit in den wichtigsten Bereichen, die Verwirklichung wichtiger gemeinsamer wissenschaftlich-technischer Programme und Projekte;
- zweitens auf die Erarbeitung und Abstimmung der normativen Grundlagen des Integrationsmechanismus, auf die rechtlichen und ökonomischen Voraussetzungen für direkte Kooperationsbeziehungen, die Preisbildung eingeschlossen.[8]

Die gegenwärtig vor sich gehenden Anstrengungen der KPdSU und der UdSSR, den Wirtschaftsmechanismus im Innern des Landes umzugestalten und ein in sich geschlossenes und flexibleres Leitungssystem zu schaffen, sind auch darauf gerichtet, die sowjetische Außenwirtschaft effektiver zu gestalten, vor allem den Produktionsvereinigungen der sowjetischen Industrie größere Rechte für den Export sowie für die gesamte internationale Arbeitsteilung einzuräumen, ihnen aber auch entsprechend größere Pflichten für eine effektive Erwirtschaftung der Valutamittel aufzuerlegen. Das wird ohne Zweifel vielerlei Auswirkungen auf die Außenwirtschaftsverbindungen und die sozialistische ökonomische Integration mit den anderen RGW-Ländern einschließlich der DDR haben.

Der Ausbau der Außenwirtschaftstätigkeit der sowjetischen Industrie mit den RGW-Ländern ist vor allem auf wissenschaftlich-technische und Produktionskooperation, bei stärkerer Entwicklung von Direktbeziehungen, von gemeinsamen Betrieben sowie von internationalen Vereinigungen und Organisationen ausgerichtet.

Die Entwicklung von Direktbeziehungen zwischen den Kombinaten der DDR und Vereinigungen, Betrieben und Organisationen der UdSSR auf der Grundlage des Planes und der abgeschlossenen internationalen Verträge ist unseres Erachtens gegenwärtig ein entscheidender Ansatzpunkt, um in der realen Praxis eine neue Qualität der Zusammenarbeit zu erreichen und in der Spezialisierung und Kooperation sowie in der Konzentration der Produktion schneller voranzukommen. Damit ist zu sichern, daß die Träger des Intensivierungsprozesses in den Volkswirtschaften der RGW-Länder auch Träger des Integrationsprozesses zwischen ihnen sein müssen.

Erich Honecker hat in der Beratung des Sekretariats des ZK der SED mit den 1. Sekretären der Kreisleitungen darauf hingewiesen, daß diese Direktbeziehungen für uns ein entscheidendes Glied in der Zusammenarbeit werden. Diese direkte Einbeziehung der Wirtschaftseinheiten und Forschungsinstitute in die internationale Arbeitsteilung entspricht der Entwicklung der Produktivkräfte und der sozialistischen Produktionsverhältnisse in unseren Ländern, sie entspricht unserem Verständnis von der Rolle der Kombinate in unserer Wirtschaft und von der Verwirklichung des demokratischen Zentralismus in der Leitung ökonomischer Prozesse.

Dementsprechend wurden vor allem die Direktbeziehungen zwischen Kombinaten und Betrieben der DDR mit ihren Partnern in der UdSSR weiterentwickelt. Wie es im Bericht des Politbüros an die 6. Tagung des ZK heißt, sind die bestehenden rund 130 Vereinbarungen darauf gerichtet, „... die in Plänen und Abkommen vorgesehene Zusammenarbeit in Wissenschaft und Produktion effektiv zu realisieren. Das betrifft auch die Entwicklung moderner Technologien sowie Maßnahmen zur Intensivierung, Rationalisierung und Rekonstruktion von Objekten und Produktionsabschnitten."[9]

Wir haben bereits in den Thesen, im Referat und im Schlußwort auf der Tagung unseres Rates am 25. September 1984 sehr ausführlich begründet, daß der Ausbau des Systems der Direktbeziehungen zwischen den Betrieben und Wirtschaftseinheiten der Mitgliedsländer des RGW und besonders zwischen den Kombinaten der DDR und ihren Partnern in der UdSSR immer bedeutungsvoller wird, daß das sowohl eine aktuelle als auch strategische Aufgabenstellung ist.

Wir haben herausgearbeitet, daß die Kombinate in der DDR entsprechend dem System der Leitung, Planung und wirtschaftlichen Rechnungsführung und auf der Grundlage des demokratischen Zentralismus weitgehende Möglichkeiten, Rechte und Vollmachten zur Unterhaltung und zum Ausbau von Direktbeziehungen mit ihren Partnern in der UdSSR und anderen RGW-Ländern haben und daß es dazu bereits gute Erfahrungen gab.[10]

Wenn wir von der Funktion der Kombinate in unserer Wirtschaft und nunmehr auch der Produktionsvereinigungen in der UdSSR, den Wirtschaftseinheiten in einer Reihe anderer RGW-Länder ausgehen, so ist die stärkere Entwicklung von Direktbeziehungen zwischen diesen wissenschaftlich-technischen und Produktionseinheiten (natürlich auf der Grundlage des staatlichen Planes und entsprechender Verträge) eine Frage logischer Konsequenz, die sich aus den inneren Leitungs- und Planungssystemen der Länder ergibt. Sie bieten den wirtschaftsleitenden Organen und den Wirtschaftseinheiten wachsende Möglichkeiten, auf der Grundlage des demokratischen Zentralismus in der Wirtschaftsleitung der Länder aktiv und vor allem sachkundig an der Gestaltung der internationalen Arbeitsteilung mitzuarbeiten. Sie sind zugleich eine wichtige Richtung zur Vervollkommnung des Mechanismus der ökonomischen Zusammenarbeit und der Erhöhung ihrer Effektivität.

Die qualitativ neue Aufgabe besteht jetzt darin, die Direktbeziehungen vor allem in eine solche Richtung zu lenken, daß sie noch wirksamer als eine entscheidende Form der Zusammenarbeit zur Entwicklung und Anwendung von Schlüsseltechnologien genutzt werden sowie die Einführung wissenschaftlich-technischer Spitzenleistungen in die Produktion beschleunigen helfen. Dazu ist jedoch eine gründliche Analyse und Verallgemeinerung ihrer bisherigen Ergebnisse erforderlich. Die Untersuchungen dazu müssen einschließen, wie es mit ihrer Hilfe gelingt,

- die Erneuerung der Produktion besser zu beherrschen;
- den Effektivitätszuwachs bei den beteiligten Partnern zu erhöhen;
- den internationalen Leistungsvergleich zur Senkung des Produktionsaufwandes von vergleichbaren Erzeugnissen voranzutreiben;
- sich flexibler auf den Bedarf der Mitgliedsländer des RGW, auf neue Intensivierungserfordernisse und -bedingungen einzustellen.

Bei alledem muß das ökonomische Interesse der beteiligten Partner an einer Zusammenarbeit gegeben sein. Das ist eine unbedingte Voraussetzung für jede dauerhafte Zusammenarbeit. Hier sei an die Marxschen Worte erinnert: „Damit die Völker sich wirklich vereinigen können, muß ihr Interesse ein gemeinschaftliches sein."[11]

Die konzipierten und teilweise bereits vollzogenen qualitativen Veränderungen in den nationalen Leitungs- und Planungssystemen einiger RGW-Länder, vor allem in der UdSSR, haben auch zu theoretischen Diskussionen und praktischen Vorschlägen für die weitere Gestaltung der Integrationsprozesse geführt. Fragen der Vervollkommnung der sozialistischen ökonomischen Integration bestimmten Inhalt und Beschluß der 43. (Außerordentlichen) Tagung des RGW. So beschloß die Tagung die Erarbeitung einer kollektiven Konzeption der sozialistischen internationalen Arbeitsteilung der RGW-Länder bis zum Jahr 2000, die der 44. RGW-Tagung vorgelegt werden soll.

Prinzipielle Bedeutung hat die Festlegung der 43. RGW-Tagung, daß die Koordinierung der Fünfjahrpläne Hauptinstrument der Abstimmung der Wirtschaftspolitik ist. Damit kann sich die sozialistische ökonomische Integration auch weiterhin auf planmäßiger Grundlage entwickeln. Dazu soll die Koordinierung der Pläne 1991–1995 auf drei Ebenen erfolgen:

1. Ebene der Regierungen zur Abstimmung strategischer Fragen der ökonomischen und wissenschaftlich-technischen Entwicklung und der Strukturpolitik;
2. Ebene der Zweige zur Koordinierung der Entwick-

lung ihrer Wissenschafts- und Produktionspotentiale;
3. Ebene der Kombinate, Produktionsvereinigungen und Forschungseinrichtungen im Rahmen von Direktbeziehungen.

Mit der Koordinierung der Fünfjahrpläne gewährleisten die Mitgliedsländer des RGW die Gestaltung stabiler, gegenseitig vorteilhafter wirtschaftlicher und wissenschaftlich-technischer Beziehungen. Sie erhöhen damit ihre ökonomische Wirksamkeit. Die bestimmende Rolle der Plankoordinierung ergibt sich aus dem Gewicht der Fünfjahrpläne bei der Leitung der Volkswirtschaft in den RGW-Ländern.

Im Zusammenhang mit den gegenwärtigen Aktivitäten und praktischen Schritten zur weiteren Vervollkommnung der internationalen Arbeitsteilung und sozialistischen ökonomischen Integration wird auch eine intensive theoretische Diskussion zur Schaffung der Bedingungen für eine schrittweise freie Bewegung von Waren und Produktionsfaktoren zwischen den RGW-Ländern geführt. Dazu gehören Vorschläge, die von einer gegenseitigen Konvertierbarkeit der Währungen bis zu einer freien Konvertierbarkeit des transferablen Rubels in konvertierbare Devisen, von der Bildung von Freihandelszonen bis zu einem gemeinsamen Markt der RGW-Länder reichen.

In der wirtschaftswissenschaftlichen Diskussion innerhalb der DDR sind wir zu der Auffassung gelangt, daß bisher noch keine praktischen Erfahrungen und Voraussetzungen für entsprechende Experimente zur Verwirklichung solcher weitreichenden Vorschläge vorliegen. Demzufolge sollten zunächst die praktischen Voraussetzungen und Bedingungen, z.B. für die Schaffung eines gemeinsamen Marktes bzw. für die Einführung der Konvertierbarkeit von Währungen, untersucht werden. Entscheidungen von diesem Ausmaß können nicht von Wunschvorstellungen oder theoretischen, nicht erprobten Modellen ausgehen, die in wesentlichen Teilen zumindest in dem vor uns liegenden Zeitraum keine realen Bedingungen in der Wirtschaftspraxis unserer Länder haben und von noch nicht realisierten Vorstellungen innerhalb einzelner Länder ausgehen.

Wir haben bei diesen Diskussionen immer zu beachten, daß die Produktionsverhältnisse den Charakter der Integration prägen. Insofern sind zum Beispiel Anleihen aus dem kapitalistischen Integrationsmechanismus für uns nicht akzeptabel. Wir sollten vielmehr in Theorie und Praxis noch exakter die fundamentalen Unterschiede zwischen der sozialistischen ökonomischen Integration und kapitalistischen Integrationsprozessen herausarbeiten und formale Analogien ablehnen. Zugleich müßte auch klar unterschieden werden zwischen dem, was mögliche Perspektiven, also Zukunftsziele sind und dem, was zur Zeit bzw. in den nächsten Jahren realistisch und machbar ist.

Eine entscheidende Stärke des Sozialismus ist es, daß seine Wirtschaft nach dem Gesetz der planmäßig proportionalen Entwicklung als einem der wichtigsten ökonomischen Gesetze der sozialistischen Produktionsweise gestaltet wird. Das muß bei allen Schwierigkeiten und Strukturproblemen, die dabei auftreten, bei allen Widersprüchen, die zu lösen sind, beachtet werden, um die Einheit von Zielen und Ressourcen herzustellen. Auf der Grundlage der Planungstätigkeit können und müssen auch unter den neuen Bedingungen der wissenschaftlich-technischen Revolution effektive Integrationsprozesse zwischen den RGW-Ländern vollzogen werden.

Hauptinstrument der Abstimmung der Wirtschaftspolitik der RGW-Länder, wie sie auf der Wirtschaftsberatung auf höchster Ebene 1984 definiert wurde und wie wir das in unseren Thesen niedergeschrieben haben, ist die Koordinierung der Volkswirtschaftspläne. Sie ermöglicht die bewußte Durchsetzung des der sozialistischen Produktionsweise entsprechenden Gesetzes der planmäßig proportionalen Entwicklung über Ländergrenzen hinweg. Damit können sowohl Langfristigkeit und Stabilität der Zusammenarbeit gesichert als auch die Flexibilität gewährleistet werden, die bei der hohen Dynamik der Bedarfsentwicklung in den RGW-Ländern und des Neuerungsprozesses in Wissenschaft, Technik und Produktion notwendig sind. Wie in unseren Thesen dargelegt, müssen Inhalt, Organisation, Formen und Instrument der neuen Qualität der internationalen Zusammenarbeit entsprechen.

Nach den bisherigen Erkenntnissen wird die Wirksamkeit der Plankoordinierung (1991 bis 1995) auf drei Ebenen vom Einfluß der unterschiedlichen Leitungsebenen auf den volkswirtschaftlichen Reproduktionsprozeß in den RGW-Ländern abhängen. So wurde in der UdSSR und in einigen anderen Mitgliedsländern des RGW zum Beispiel die Verantwortung der Wirtschaftseinheiten für den Reproduktionsprozeß beträchtlich erhöht. Ausgehend davon soll in der Sowjetunion die Aufgabe der Ministerien vor allem in der Ausarbeitung der Wissenschafts-, Struktur-, Investitions- und Qualitätspolitik der Zweige bestehen.

Die Einflußnahme des Staates auf die Produktionsstrukturen der Vereinigungen und Betriebe erfolgt aut der Grundlage des Fünfjahrplanes als Hauptsteuerungsinstrument mit Hilfe von Kontrollziffern, staatlichen Aufträgen, Limiten und Normativen. So werden in der Sowjetunion in den Zweigen im laufenden Jahr 1988 in der verarbeitenden Industrie rund 60% der Produktion auf der Grundlage von Staatsaufträgen durchgeführt, in der Rohstoffproduktion sind das 70 bis 100%.

In der DDR ist die Mitwirkung der Kombinate an der Plankoordinierung der RGW-Länder seit Jahren rechtlich geregelt. Sie beruht auf dem demokratischen Zentralismus bei Durchsetzung immer engerer Wechselbeziehungen von zentralen Staatsorganen und Kombinaten. Die Kombinate erhielten die Befugnis, auf der Grundlage staatlicher Plankennziffern und anderer zentraler staatlicher Festlegungen mit den zuständigen Partnern in den RGW-Ländern die Entwicklung von Forschung und Produktion abzustimmen und den Erfahrungsaustausch zu organisieren.[12]

Die bei der Plankoordinierung bisher gesammelten Erfahrungen machen deutlich, daß in allen Zweigen und Bereichen der Volkswirtschaft der DDR eine solche aktive Mitwirkung der Kombinate wichtig ist. Im Zusammenhang mit den Direktbeziehungen wird sie sich noch mehr erweitern. Es zeigt sich, daß die Kombinate ihr Wissen und ihre Erfahrungen aus der wissenschaftlich-technischen und Produktionsentwicklung und -zusammenarbeit, der Investitionstätigkeit bzw. dem gegenseitigen Warenaustausch bei der Erarbeitung der Ziele und Wege zu hohem Leistungs- und Effektivitätswachstum in die Koordinierung einbringen müssen, weil das schließlich hochqualifiziertes und konkretes Sachwissen über die Entwicklung des eigenen Bereiches und der mit diesem Bereich kooperierenden Nachbargebiete ist und somit wesentlich zur Erhöhung der Qualität in der Zusammenarbeit auf dem Gebiet der Planungstätigkeit beiträgt.

Was die gegenwärtigen Diskussionen zum einheitlichen oder vereinigten Markt der RGW-Länder angeht, so ist bei einer Reihe von Vorschlägen an einen Markt mit einer unbegrenzten Möglichkeit des Kaufs von Materialien und Produktionsmitteln bzw. Konsumgütern in allen Ländern gedacht. In solchen Diskussionen geht es also nicht um den sozialistischen Weltmarkt oder das sozialistische Weltmarktsystem, wie es unserem bisherigen Verständnis in der Literatur der DDR entspricht.

Bei all diesen Diskussionen sollte m. E. als entscheidender theoretischer Ausgangspunkt gelten: Der Markt ist die konkrete Sphäre der Warenzirkulation und wie diese an die Warenproduktion gebunden. Ohne Warenzirkulation gibt es keine Integration. Der Markt umfaßt die Gesamtheit der Beschaffungs- und Realisierungsbedingungen der Waren sowie deren Wirkung beim Kauf und Verkauf. Er ist der Ort und der Raum der Zirkulation, in dem sich Käufer und Verkäufer gegenübertreten, also Anwender und Produzenten direkt bzw. indirekt über ihre Außenhandelsorganisationen.

Der Markt der RGW-Länder ist ein Warenmarkt, einschließlich der Realisierung von Leistungen, die Warenform annehmen. Er ist auf die Befriedigung des Bedarfs an Produktions- und Konsumtionsmitteln orientiert. Da alle Formen der internationalen Arbeitsteilung letztlich zu einem grenzüberschreitenden kommerziellen Austausch führen, verstärkt sich das kommerzielle Element in der planmäßigen Vertiefung der Integrationsbeziehungen. Kaufmännische Akzente nehmen zu. Die Ware-Geld-Beziehungen werden sich weiter ausprägen. Es existiert ein sozialistischer Weltmarkt, der durch eine Reihe Spezifika charakterisiert ist. Das sind vor allem geplante sozialistische Volkswirtschaften, durch Plankoordinierung abgestimmte nationale Pläne, die allerdings schon dann modifiziert werden, falls die Sowjetunion ihr Vorhaben realisiert, die Jahrespläne für die Volkswirtschaft nicht mehr im einzelnen zu bestätigen, sondern nur noch den Fünfjahrplan.

Die planmäßige Beherrschung der Marktbeziehungen verlangt auf Grund der Beschleunigung des wissenschaftlich-technischen Fortschritts und der damit verbundenen Dynamik eine genauere Kenntnis der Bedarfsentwicklung in den RGW-Ländern, der Intensivierungsprobleme der Partner und daraus erwachsender technisch-ökonomischer Anforderungen an durch uns zu liefernde Erzeugnisse. Dem kann die Realisierung der Plankoordinierung 1991 bis 1995 auf drei Ebenen bei der Gestaltung der Integrationsprozesse gerecht werden.

Mit der Erhöhung der Anzahl der Wirtschaftsorganisationen, die das Recht zur Durchführung von Außenhandelsoperationen und zur ökonomischen und wissenschaftlich-technischen Zusammenarbeit mit Partnern in RGW-Ländern haben, verändern sich die Marktbeziehungen. Neben der größeren Zahl von Entscheidungsträgern für die Außenwirtschaft wird sich auf Grund ihrer unterschiedlichen Stellung in der Volkswirtschaft der UdSSR und in den anderen RGW-Ländern auch ihre Interessenlage differenzierter gestalten. Das erfordert zwangsläufig eine höhere Flexibilität in der Industrie und im Außenhandel der DDR.

Weiterhin gehören zum RGW-Markt eigenständige Ware-Geld-Beziehungen auf der Grundlage des transferablen Rubels mit der entsprechenden Spezifik und eigenen, allerdings differenzierten Preisen.

Darüber hinausgehende Vorstellungen über die schrittweise Entwicklung der Integrationsprozesse zu einem einheitlichen Markt der RGW-Länder in der Perspektive wären an einige Voraussetzungen gebunden, deren Beachtung wichtig ist, ehe weiter über entsprechende Zeiträume bzw. Etappen nachgedacht werden kann.

Aus der Sicht der ökonomischen Theorie wären das vor allem folgende vier Voraussetzungen:

1. Ein hohes Niveau der Deckung des Bedarfs an Produktionsmitteln und Konsumgütern, vor allem des schnell wachsenden Bedarfs bei den Schlüsseltechnologien und an hochwertigen Konsumgütern sowie ausreichende Kapazitäts- und Valutareserven in jedem beteiligten Land. Entsprechend dem unterschiedlichen Gewicht der einzelnen RGW-Länder wird diese Bedarfsdeckung in hohem Maße durch die Leistungskraft der Volkswirtschaft der UdSSR beeinflußt. (Diese Besonderheit z. B. gegenüber der EG haben wir bereits auf unserer Ratstagung im September 1984 herausgearbeitet.)
2. Die Verwendbarkeit des Geldes als allgemeines Äquivalent auf der Grundlage eines Gleichgewichts zwischen kaufkräftiger (mit Geld ausgestatteter) Nachfrage und den verfügbaren Warenfonds in den Ländern, gleiche Prinzipien der Bildung von Industriepreisen und Konsumgüterpreisen sowie abgestimmte Wechselkurse, ausgehend vom Gleichgewicht zwischen Angebot und Nachfrage.
3. Annähernd gleiche Konzeptionen über die Teilnahme der einzelnen Länder an der weltweiten Arbeitsteilung. Die gegenwärtige unterschiedliche Einbeziehung der einzelnen RGW-Länder in die Weltwirtschaft und die daraus entstandenen unterschiedlichen Abhängigkeiten verhindern noch zum Teil eine kontinuierliche und reibungslose Waren- und Leistungsbewegung zwischen den RGW-Ländern.
4. Eine angeglichene Sozialpolitik der RGW-Länder. Wenn der gemeinsame Markt den Konsumgüterbereich der Länder erfaßt, so würden die gegenwärtig vorhandenen Entwicklungsdifferenzen zwischen Waren- und Geldfonds, das sprunghafte Ansteigen von Spareinlagen in einigen Ländern und andere Erscheinungen nicht beherrschbare Umverteilungsprozesse bewirken.

Wenden wir uns wieder dem in Theorie und Praxis in den nächsten Zeiträumen Machbaren zu:

Im Zusammenhang mit der Diskussion über einen vereinigten Markt der RGW-Länder sollten wir in unserer theoretischen Arbeit unbedingt dem sozialistischen Weltmarkt, seiner Funktionsweise, seiner Einbeziehung in die Gestaltung planmäßiger arbeitsteiliger Beziehungen größere Aufmerksamkeit schenken. Das gilt auch für die propagandistische Arbeit. Dabei sollten wir Fragestellungen und Diskussionen nicht ausweichen. Es sind auch diejenigen zu einer fruchtbaren Diskussion zu zwingen, die heute Plan und Markt als Gegensätze betrachten und dabei die Planung für ein „Übel" in den sozialistischen Volkswirtschaften und in den Beziehungen zwischen ihnen halten, die uns also eines Hauptinstruments zur weiteren Entwicklung des Sozialismus berauben wollen.

Eine weitere Frage, die damit zusammenhängt, bezieht sich auf die Gestaltung der Valuta- und Finanzbeziehungen zwischen den RGW-Ländern, zu deren aktiverer Nutzung es ebenfalls vielfältige Vorschläge gibt.

Die Rolle des Geldes in der Integration resultiert daraus, daß die Arbeitsteilung objektiv durch den Warenaustausch zwischen souveränen Eigentümern vermittelt wird und vermittelt werden muß. Jede Ware muß also einen Preis bekommen, es müssen internationale Verrechnungen stattfinden und zwar so, daß den Prinzipien der Äquivalenz und des gegenseitigen Vorteils entsprochen wird.

Der transferable Rubel spielte dabei bisher eine Schlüsselrolle. Mit seiner Einführung im Jahre 1964 wurde eine kollektive Währung geschaffen, die nicht an eine Leitwährung wie z. B. den Dollar gebunden ist. In vielen theoretischen Beiträgen, Broschüren und Artikeln wurden seitdem die Besonderheiten des transferablen Rubels gegenüber kapitalistischen Währungen herausgearbeitet und seine Vorzüge nachgewiesen. Wie es aber oft der Fall war, wurden die Bedingungen, unter denen die sozialistischen Instrumente in der Wirtschaft ihre Vorzüge entfalten können, nur am Rande erwähnt.

Nach meiner Meinung erfüllt der transferable Rubel Geldfunktionen. Er fungiert als Maß der internationalen Werte, als Zahlungsmittel und als internationales Akkumulationsmittel, soweit Kredite wirksam werden.

Der transferable Rubel konnte aber nicht alle ursprünglich in ihn gesetzten Hoffnungen erfüllen. Zum Beispiel wird die von der Internationalen Bank tatsächlich vorgenommene multilaterale Verrechnung von den Ländern selbst statistisch auf Bilateralität zurückgeführt, so daß es nicht möglich ist, Überschüsse, die die DDR z. B. in den Beziehungen mit der VR Polen erwirtschaftet, zu Importen aus der ČSSR zu verwenden. Das ist aber nicht dem transferablen Rubel geschuldet, sondern der bilateralen Bilanzierung der Ex- und Importe in den einzelnen Ländern selbst.

Es gibt immer wieder Vorschläge zur Veränderung der Funktionsweise des transferablen Rubels und der internationalen Verrechnungen. Jeder noch so gut gemeinte Vorschlag kann aber nur funktionieren, wenn im materiellen Bereich die notwendigen Bedingungen dafür geschaffen werden.

Gegenwärtig geht es nach meiner Auffassung darum, die Geldfunktion des transferablen Rubels weiter zu entfalten und zu stärken. Die These, daß der transferable Rubel kein Geld sei, nur weil sich einige an ihn geknüpfte Illusionen aus Ursachen, die nichts mit den monetären Prozessen zu tun haben, nicht erfüllen konnten, halte ich für falsch. Es müßte zumindest die Frage beantwortet werden, was denn dann im Handel zwischen den RGW-Ländern als Maß der internationalen Werte und als Zahlungsmittel fungieren soll, etwa der Dollar, die kapitalistische Leitwährung? In der internationalen theoretischen Diskussion und auch in praktischen Vorschlägen wird auch zuweilen gefordert, den transferablen Rubel frei konvertierbar, d. h. in kapitalistische Devisen austauschbar, zu machen. Solche Vorschläge gibt es auch in bezug auf die nationalen Währungen der Länder.

Zunächst einmal sollte man sich darüber verständigen, was gemeint ist. Konvertierbarkeit hat viele Formen. Schon heute haben wir eine begrenzte Konvertierbarkeit oder eine Teilkonvertierbarkeit mit offiziellen Kursen, z. B. bei den nichtkommerziellen Zahlungen zwischen den RGW-Ländern.

Entscheidender Ausgangspunkt bei alledem ist, daß jeder sozialistische Staat im Rahmen seines Valutamonopols Festlegungen zur Umtauschbarkeit (Konvertierbarkeit) seiner Währung in den transferablen Rubel bzw. in Währungen anderer RGW-Länder sowie in kapitalistische Devisen trifft. Eine freie Konvertierbarkeit des transferablen Rubels und auch der nationalen Währungen würde die Öffnung zu allen Wirtschaftsgebieten bedeuten.

Theoretisch ist es durchaus möglich. Eine wichtige praktische Voraussetzung dafür wäre aber eine ausreichende Produktion konkurrenzfähiger Erzeugnisse für das Bestehen im Welthandel sowie die Bildung entsprechend großer Kapazitäts-, Waren- und Valutareserven. Diese Voraussetzung ist aber noch nicht in allen RGW-Ländern gegeben.

Aus dem Gesagten wird ersichtlich, daß die Sicherung der Einheit von materiellen und monetären Prozessen eine wesentliche Voraussetzung für ein tragfähiges Konzept zur Vertiefung der sozialistischen ökonomischen Integration bildet. In der internationalen Diskussion wird dieser Zusammenhang leider nicht überall gleich beurteilt. Der Mechanismus der Zusammenarbeit der RGW-Länder, zu dessen Hauptelementen wir die Abstimmung der Wirtschaftspolitik, die Planungszusammenarbeit, die internationalen Ware-Geld-Beziehungen und -Instrumente, die Rechts- und Vertragsgrundlagen sowie den institutionellen Mechanismus der Zusammenarbeit zählen, kann nur funktionieren, wenn im materiellen Bereich durch eine hohe und steigende Produktivität solche Bedingungen geschaffen und ständig reproduziert werden und wenn in ausreichender Menge Waren produziert werden, die dem steigenden Bedarf und den wachsenden Ansprüchen der Bevölkerung unserer Länder entsprechen und der wissenschaftlich-technische Fortschritt in der Produktion schnell in ökonomische Effektivität umgesetzt wird.

Zusammenfassend kann festgestellt werden:
Die sozialistische ökonomische Integration, besonders die Vertiefung der wissenschaftlich-technischen und ökonomischen Zusammenarbeit der DDR mit der Sowjetunion, ist für die DDR eine Lebensfrage. Neben einer sicheren und stabilen Versorgung unserer Volkswirtschaft mit wichtigen Industrierohstoffen und Primärenergieträgern besteht ihr Ziel zunehmend darin, arbeitsteilig und in zunehmender Kooperation bei wichtigen Schlüsseltechnologien zur Weltspitze vorzudringen und diese mitzubestimmen. Das muß sich immer stärker in den Austauschstrukturen, vor allem im Ex-

und Import moderner Technologien, hochveredelter Erzeugnisse und Baugruppen auf der Grundlage internationaler Arbeitsteilung und größerer Produktionsserien niederschlagen. Im Leistungsvergleich mit anderen führenden Industrieländern in der Welt müssen dabei die entsprechenden ökonomischen Effekte erzielt werden, um stabile Grundlagen für die Weiterführung der Sozialpolitik zu schaffen und die Vorbildwirkung des Sozialismus in der Welt zu erhöhen.

Alle bewährten Formen der internationalen Zusammenarbeit gilt es dazu weiter zu nutzen und zu vervollkommnen. Neue Formen der Zusammenarbeit werden entwickelt und angewandt. Das sind vor allem die Direktbeziehungen zwischen den Wirtschaftseinheiten und mit Beginn des nächsten Fünfjahrplanes auch die Plankoordinierung auf drei Ebenen.

Darüber hinaus werden interessierte Länder auch andere Mechanismen der Zusammenarbeit, vor allem in den Valuta- und Finanzbeziehungen entwickeln bzw. hier experimentieren.

Alle diese Tendenzen und Erfahrungen sollten wir in der wirtschaftswissenschaftlichen Forschung gründlich studieren und verallgemeinern. Wichtig ist vor allem, die materiellen Prozesse gründlich zu analysieren und die entsprechenden Schlußfolgerungen für die Leitung und Planung sowie für die ökonomische Stimulierung der Zusammenarbeit zu ziehen.

Im ökonomischen Wettstreit mit dem Kapitalismus ist dabei vor allem die eigene wissenschaftlich-technische und ökonomische Stärke entscheidend. Dazu gehört sowohl für die ökonomische Theorie als auch für die Wirtschaftspraxis das ehrliche Messen am internationalen Niveau von Wissenschaft, Technik und Produktion. Nur auf dieser Basis können die Schwerpunkte real erkannt werden, ist eine internationale Spezialisierung und Kooperation möglich, die tatsächlich zu höherer Effektivität für alle Beteiligten führt.

Wenn wir schließlich die sozialistische ökonomische Integration als eine globale Frage des Sozialismus anerkennen, so müssen wir die Potenzen der Arbeitsteilung als entscheidender Produktivkraft des Sozialismus planmäßig weitaus besser nutzen als bisher. Dazu gehört auch, alle übernommenen Verpflichtungen in die Pläne einzuordnen und termin- und qualitätsgerecht, wie auf dem 6. Plenum gefordert, zu erfüllen. Das ist eine wesentliche Voraussetzung, damit der Reproduktionsprozeß der Partner mit Hilfe der internationalen Arbeitsteilung intensiviert werden kann und somit seinem ökonomischen Interesse an der Vertiefung arbeitsteiliger Beziehungen mit Kombinaten und Betrieben der Volkswirtschaft der DDR entsprochen wird. Die DDR ist objektiv an Partnern interessiert, die über ein hohes eigenes wissenschaftlich-technisches Niveau und über eine hohe ökonomische Leistungskraft verfügen. Dazu ist schließlich auch subjektiv mehr Vertrauen als bisher in die Kraft, in das wissenschaftlich-technische und ökonomische Leistungsvermögen unserer Partner dringend vonnöten.

Schlußfolgerungen und Vorschläge für die Forschungsarbeit auf dem Gebiet der sozialistischen ökonomischen Integration

In Übereinstimmung mit den Ergebnissen unserer heutigen Tagung werden wir im Wissenschaftlichen Rat für Fragen der sozialistischen ökonomischen Integration unsere Schlußfolgerungen ziehen und die nächsten Forschungsaufgaben ableiten.

Einige Schwerpunkte der Forschung, die ich sehe, möchte ich hervorheben. Ohne Zweifel gehören dazu Forschungen zu folgenden Fragenkomplexen:

1. Untersuchungen über die objektiven Zusammenhänge von umfassender Intensivierung, insbesondere der Meisterung des wissenschaftlich-technischen Fortschritts, und der sozialistischen ökonomischen Integration als Voraussetzung für die weitere Gestaltung der entwickelten sozialistischen Gesellschaft.
2. Analysen und Verallgemeinerungen über die Entwicklung und Anwendung wichtiger Schlüsseltechnologien in den Mitgliedsländern des RGW und der Zusammenarbeit auf diesen Gebieten.
3. Untersuchungen über die Entwicklung bzw. Vervollkommnung der Leitung und Planung in den Mitgliedsländern des RGW und über ihren Einfluß auf den Mechanismus der sozialistischen ökonomischen Integration.
4. Eine gründliche Analyse über die Entwicklung von Direktbeziehungen zwischen den Kombinaten der DDR und Vereinigungen, Betrieben und Organisationen der UdSSR bzw. anderer Mitgliedsländer des RGW einschließlich der Analyse von Erfahrungen der anderen RGW-Länder auf diesem Gebiet.
5. Untersuchungen über die Bedingungen für die schrittweise freie Bewegung von Waren und Produktionsfaktoren zwischen den Mitgliedsländern des RGW.
6. Untersuchung der Rolle der Zirkulation und des Marktes im Integrationsprozeß und dabei besonders die Herausarbeitung der Merkmale eines gemeinsamen bzw. vereinigten Marktes der RGW-Länder im Unterschied zum EG-Markt.
7. Herausarbeitung der Bedingungen und Wege für eine aktivere Beteiligung der RGW-Länder an der weltweiten Arbeitsteilung, für eine Beseitigung der einseitigen Exportstrukturen, das allerdings bei zunehmender Konkurrenz, vor allem auf dem OECD-Markt infolge des niedrigen Dollar-Kurses und dem Eindringen der sogenannten Schwellenländer in diesen Wirtschaftsbereich.

Diese Forschungsarbeiten werden wir in enger Gemeinschaftsarbeit mit anderen gesellschaftswissenschaftlichen und naturwissenschaftlichen Disziplinen sowie mit Forschungseinrichtungen in der UdSSR, anderen

RGW-Ländern und mit dem Internationalen Institut für ökonomische Probleme des sozialistischen Weltsystems beim RGW durchführen.

Dabei geht es vor allem darum, die besten Erfahrungen sorgfältig zu studieren und sie unter Berücksichtigung der neu herangereiften Bedingungen zu verallgemeinern.

Mit den vorgelegten Thesen hoffen wir, einen Beitrag geleistet zu haben, der zu einer entsprechenden fruchtbaren Diskussion führt.

Anmerkungen

[1] E. Honecker, Die Aufgaben der Parteiorganisationen bei der weiteren Verwirklichung der Beschlüsse des XI. Parteitages der SED. Aus dem Referat des Generalsekretärs des ZK der SED und Vorsitzenden des Staatsrates der DDR auf der Beratung des Sekretariats des Zentralkomitees der SED mit den 1. Sekretären der Kreisleitungen am 6. Februar 1987, Dietz Verlag, Berlin 1987, S. 19/20.

[2] Vgl. Programm der Sozialistischen Einheitspartei Deutschlands, Dietz Verlag, Berlin 1986, S. 40.

[3] Vgl. K. Marx, Entwurf zum „Bürgerkrieg in Frankreich", in: MEW Bd. 17, S. 546.

[4] K. Marx, F. Engels, Die deutsche Ideologie, in: MEW Bd. 3, S. 22.

[5] K. Marx, Das Kapital, in: MEW Bd. 25, S. 89.

[6] Aus dem Bericht des Politbüros an die 6. Tagung des Zentralkomitees der SED. Berichterstatter Kurt Hager, in: Neues Deutschland vom 10. 6. 1988, S. 6.

[7] Vgl. dazu auch Kurt Hager: Marxismus und Gegenwart, Dietz Verlag, Berlin 1986, S. 28.

[8] Vgl. M. Gorbatschow: Umgestaltung und neues Denken für unser Land und für die ganze Welt, Dietz Verlag, Berlin 1987, S. 214/215.

[9] Aus dem Bericht des Politbüros an die 6. Tagung des Zentralkomitees der SED, a. a. O., S. 6.

[10] Vgl. Sozialistische ökonomische Integration und umfassende Intensivierung. Abhandlungen der Akademie der Wissenschaften der DDR W 1/1985, S. 30.

[11] K. Marx, Rede über Polen, in: MEW Bd. 4, S. 416.

[12] Vgl. Verordnung vom 3. 11. 1979 über die Volkseigenen Kombinate, Kombinatsbetriebe und volkseigenen Betriebe, S. 359, insbes. § 16 Abs. 4.

3. DISKUSSION

Siegfried Möke

Das RGW-Komplexprogramm des wissenschaftlich-technischen Fortschritts und Fragen der weiteren Ausgestaltung des Systems der Zusammenarbeit der RGW-Länder

Die Aufgabe, den wissenschaftlich-technischen Fortschritt und die sozialistische ökonomische Integration zu meistern, spielt für die Entwicklung jedes Mitgliedslandes des RGW sowie für die Gemeinschaft unserer Länder insgesamt eine herausragende Rolle. Die Notwendigkeit, gerade auf diesem Gebiet das Tempo wesentlich zu beschleunigen, wird sowohl aus den inneren Reproduktionsbedingigen in den RGW-Ländern selbst, im hohen Maße aber auch aus der weltweiten Auseinandersetzung zwischen Sozialismus und Kapitalismus bestimmt.

Die Beherrschung und volkswirtschaftliche Anwendung der Schlüsseltechnologien sind heute und in Zukunft die bestimmende Grundlage für hohe volkswirtschaftliche Effektivität und Produktivität. Die Entwicklung von Wissenschaft und Technik auf den progressiven Gebieten ist geprägt von einer hohen Konzentration des Forschungs- und Produktionspotentials, auch über Ländergrenzen hinweg. Es müssen Mittel eingesetzt werden, die in vielem die Möglichkeiten eines Landes bzw. einzelner Großbetriebe wesentlich übersteigen. Im Einsatz der Mittel für Forschung und Entwicklung, gemessen am Nationaleinkommen, nimmt die DDR im Weltmaßstab eine vordere Position ein. Was den absoluten Umfang anbelangt, sind wir – wie auch die Mehrzahl der anderen RGW-Länder – gezwungen, unsere Mittel konzentriert auf die für unsere Volkswirtschaft entscheidenden Schwerpunktaufgaben einzusetzen.

Es ist ein Hauptanliegen des im Dezember 1985 angenommenen Komplexprogramms des wissenschaftlich-technischen Fortschritts, die Mitgliedsländer des RGW in die Lage zu versetzen, diesen konzentrierten Einsatz der materiellen, personellen und finanziellen Mittel zu erreichen und zunehmend auch im internationalen Rahmen zu Spitzenleistungen zu gelangen.

Mit diesem Programm verfügen unsere Länder
- über eine abgestimmte Strategie zur Entwicklung und volkswirtschaftlichen Anwendung der Schlüsseltechnologien und
- über ein konkretes Konzept zum arbeitsteiligen Zusammenwirken der Wissenschafts- und Produktionspotentiale unserer Länder.

Wir halten dieses Programm für das Kernstück, für den Dreh- und Angelpunkt unseres Zusammenwirkens mit der UdSSR und den anderen Bruderländern.

Wie gehen wir an seine Realisierung heran?

1. Wir betrachten das Programm für uns als Verpflichtung für hohe eigene Leistungen.
   Die Aufgaben und Zielstellungen nehmen in unserer ökonomischen Strategie einen zentralen Platz ein. Sie sind fester Bestandteil unserer Pläne.
   Von den im Komplexprogramm enthaltenen fünf Hauptrichtungen stehen ohne Zweifel die Fragen der Mikroelektronik im Vordergrund.
   Das in der UdSSR und anderen RGW-Ländern geschaffene wissenschaftlich-technische Potential bietet Voraussetzungen, den bestehenden Rückstand gegenüber den wachsenden Bedürfnissen unserer Länder und dem weltweiten Entwicklungstempo auf diesem Gebiet in überschaubarer Zeit aufzuholen.
   Das wird aber nur möglich sein, wenn die RGW-Länder insgesamt bei der Schaffung einer leistungsfähigen Basis für die Entwicklung und Produktion technischer Spezialausrüstungen für die Höchstintegration, von Werkstoffen, Hilfsmitteln sowie einer leistungsfähigen Meß- und Prüftechnik schneller vorankommen.
2. Einen weiteren Schwerpunkt sehen wir in der kurzfristigen Umsetzung wissenschaftlich-technischer Ergebnisse.
   Gerade diese Aufgabe erweist sich – sowohl was das Tempo der Umsetzung anbelangt, aber auch was den Umfang der Bedarfsdeckung betrifft – als ein Schwerpunkt in allen Mitgliedsländern.
   Das ist sowohl eine Frage der Planung, was die rechtzeitige Bereitstellung der Ressourcen für die Produktion betrifft, aber auch eine Frage der rationellen Organisation der Forschung und ihrer unmittelbaren Umsetzung in der Produktion.
3. Der wichtigste Partner für uns wie auch für die anderen RGW-Länder bei der Realisierung des Komplexprogramms ist und bleibt die UdSSR.
   Alle wichtigen bilateralen Aktivitäten laufen über Forschungseinrichtungen und Produktionsvereinigungen der UdSSR. Es ist deshalb verständlich, daß leistungsstarke sowjetische Produktions- und Forschungseinrichtungen als Leitorganisation wirksam werden, die die erforderliche Koordinierung der an der Lösung einer Aufgabe beteiligten Länder gewährleisten.
   Die Wirksamkeit der Leiteinrichtungen ist noch nicht auf allen Gebieten ausreichend, vor allem wenn man berücksichtigt, daß in der UdSSR selbst komplizierte Abstimmungen erforderlich sind.
4. Wir haben uns von Anfang an dafür eingesetzt, die rationellsten Organisationsformen zu entwickeln.
   Direkte Zusammenarbeit der Forschungseinrichtungen und Kombinate, vertragliche Absicherung der gegenseitig übernommenen Verpflichtungen, Eigenfinanzierung der Forschung und Entwicklung mit dem Ziel der kurzfristigen Wiedererwirtschaftung der Mittel bestimmen unser Herangehen an die internationale Zusammenarbeit auf dem Gebiet von Wissenschaft und Technik. In dieses Herangehen beziehen wir die vertragliche geregelte Zusammenarbeit

zwischen Einrichtungen der Akademie der Wissenschaften und des Hochschul- und Fachschulwesens mit ein.

Das Tempo der Realisierung des Komplexprogramms des wissenschaftlich-technischen Fortschritts befriedigt uns noch nicht.

Progressive Strukturänderungen, die sich auch im gegenseitigen Warenaustausch niederschlagen, gehen zu langsam voran. Vereinbarungen über die Spezialisierung und Kooperation umfassen nach wie vor noch zu wenig Technologien und Erzeugnisse.

In den RGW-Ländern ist noch eine angestrengte Arbeit notwendig, um auf entscheidenden Gebieten der Hochtechnologien Spitzenleistungen zu erringen und zu behaupten. Zugleich müssen neue Tendenzen hinsichtlich der Konsequenzen für die Weiterführung des Komplexprogramms aufmerksam analysiert werden. Auf der 43. (außerordentlichen) RGW-Tagung wurde eine Reihe von Fragen aufgeworfen, die einer gründlichen und allseitigen Untersuchung bedürfen.

In der UdSSR und anderen RGW-Ländern wird im Zusammenhang mit der Konzipierung von Veränderungen im inneren Leitungs- und Planungssystem auch über Veränderungen im System der Zusammenarbeit eine öffentliche Diskussion geführt. Es geht dabei insbesondere um Fragen der stärkeren Anwendung marktwirtschaftlicher Instrumentarien bis hin zur Schaffung eines vereinigten Marktes der RGW-Länder in der Perspektive.

Auch wenn wir davon ausgehen, daß sich aus dem derzeitigen Stand und den Bedingungen der sozialistischen ökonomischen Integration in einer weiteren Perspektive ein vereinigter Markt der RGW-Länder herausbilden wird, so wäre es jedoch vermessen, bereits heute dafür konkrete Termine nennen zu wollen.

Die Bestimmung der Richtung und des Tempos dieser Entwicklung hängt mit Voraussetzungen und Bedingungen zusammen, die vorher in den Ländern selbst, aber auch in der Zusammenarbeit geschaffen werden müssen.

Die Frage, welche Bedeutung wir unter Berücksichtigung sozialistischer Produktionsverhältnisse dem Markt und damit der Anwendung marktwirtschaftlicher Instrumentarien beimessen, ist nicht nur von theoretischem Interesse, sondern mit weitreichenden praktischen Konsequenzen verbunden.

Was sollte in unseren Überlegungen berücksichtigt werden?

1. Zwischen den Mitgliedsländern des RGW existiert ein internationaler Markt mit spezifischen Charakteristika gegenüber dem kapitalistischen Markt.

Die ökonomischen Beziehungen zwischen den Mitgliedsländern des RGW beruhen auf der Planung der nationalen Wirtschaften und der gegenseitigen Koordinierung der Pläne. Mit der kollektiven Währung, dem transferablen Rubel, und den Prinzipien der RGW-Preisbildung wurden Instrumentarien geschaffen, die es uns ermöglichen, negative Einflüsse des kapitalistischen Marktes wenn auch nicht vollständig, so doch in einem hohen Maße zurückzudrängen.

2. Die Struktur der Volkswirtschaft der DDR wie auch der anderer RGW-Länder ist in hohem Maße von der internationalen sozialistischen Arbeitsteilung insbesondere mit der UdSSR bestimmt.

Die strukturbestimmenden Beziehungen können nicht von kurzfristig wirkenden Marktfaktoren abhängig gemacht werden, sondern müssen auch weiterhin planmäßig auf einer langfristig vereinbarten Grundlage entwickelt werden.

3. Wenn es darum geht, bestimmte marktwirtschaftliche Instrumentarien kapitalistischer Länder zu übernehmen, so muß berücksichtigt werden, daß der kapitalistische Weltmarkt historisch gewachsen ist und diese Instrumentarien den spezifischen Anforderungen der kapitalistischen Warenwirtschaft, einschließlich der vollen Wirksamkeit des Konkurrenzprinzips sowie der weitgefächerten internationalen Kapitalverflechtung, entsprechen.

Wir dürfen dabei auch nicht übersehen, daß viele dieser Instrumentarien einer heftigen Kritik in einzelnen kapitalistischen Ländern, insbesondere aber auch in Entwicklungsländern, ausgesetzt sind.

Ich möchte hier nicht näher auf die materiellen und wissenschaftlich-technischen Voraussetzungen eingehen, ohne die ein vereinigter Markt undenkbar ist. Ich möchte vielmehr zu einigen Aufgaben der sozialistischen ökonomischen Integration sprechen, wie wir sie in der DDR im nächstüberschaubaren Zeitraum sehen.

1. Bis 1990 ist die Koordinierung der Pläne für den Zeitraum 1991–1995 mit hoher Effektivität durchzuführen.

Es geht dabei darum, die stabilen ökonomischen und wissenschaftlich-technischen Beziehungen zur UdSSR und den anderen RGW-Ländern weiter auszubauen. Das ist für alle Zweige und Bereiche unserer Industrie und Volkswirtschaft, sowohl was den Absatz der Erzeugnisse als auch die Versorgung mit Rohstoffen und Energieträgern anbelangt, von entscheidender Bedeutung.

Es wird darauf ankommen, in Übereinstimmung mit dem Beschluß der 43. RGW-Tagung die Kombinate noch stärker in die Koordinierung der Pläne einzubeziehen.

In welchem Umfange in der Plankoordinierung und den langfristigen Handelsabkommen eine erzeugniskonkrete Abstimmung der gegenseitigen Lieferungen erfolgen wird, läßt sich noch nicht sagen.

Auf alle Fälle sind wir gut beraten, wenn wir uns schnell auf die neue Situation des Marktes der UdSSR und der anderen RGW-Länder einstellen. Über die konkret zu importierenden Waren sowie eine Reihe damit verbundener Bedingungen wird künftig weitestgehend auf Ebene der Kombinate entschieden.

2. Wir werden weiterhin die Direktbeziehungen zwischen Kombinaten, Betrieben und Forschungseinrichtungen als eine wirksame Form der Zusammenarbeit zur Realisierung grundlegender Vereinbarungen ausbauen.

Das betrifft
- gemeinsame Arbeiten zur Entwicklung neuer Technologien und Erzeugnisse,
- die Durchführung abgestimmter Rationalisierungs- und Rekonstruktionsmaßnahmen,
- die direkte Produktionskooperation sowie
- die Standardisierung.

Die im Zusammenhang mit den Direktbeziehungen verbundenen Waren- und Leistungstransaktionen müssen zu den im RGW abgestimmten Bedingungen erfolgen.

Es kommt darauf an, die Direktbeziehungen auf eine stabile Grundlage zu stellen. Ich halte diese Form der Zusammenarbeit für geeignet, um ausgehend von einer abgestimmten ökonomischen und wissenschaftlich-technischen Politik bzw. Strategie den Konzentrationsprozeß in Forschung und Produktion schneller und in rationeller Form voranzubringen. Damit sind keine komplizierten Eigentumsfragen verbunden, wie sie zum Beispiel bei gemeinsamen Betrieben auftreten.

3. In Übereinstimmung mit dem Beschluß der 43. (außerordentlichen) Tagung des RGW treten wir für die Weiterentwicklung des Valuta- und Finanzsystems der RGW-Länder ein.

Dabei geht es vor allem um die Stärkung des transferablen Rubels. In dem Maße, wie die materiellen Voraussetzungen für den gegenseitigen Warenaustausch gestärkt und das technische Niveau der Erzeugnisse gehoben werden, erhöht sich die allseitige Verfügbarkeit der kollektiven Währung. Die Verbesserung der Kreditplanung und die differenzierte Zinsgestaltung wirken gleichfalls in dieser Richtung.

Die weitere Anwendung der RGW-Preisbildungsprinzipien, d.h. die Zugrundelegung der Weltmarktpreise als objektiver Maßstab für hohe Produktivität, Qualität und Leistungsparameter – bei gleichzeitiger Eliminierung konjunktureller Schwankungen auf den kapitalistischen Märkten – fördert den äquivalenten Austausch in allen Sphären des gegenseitigen Zusammenwirkens.

Die vorliegenden Thesen sowie das einleitende Referat bieten ein breites Spektrum für gemeinsames Handeln in Theorie und Praxis.

Rudolf Brauer

Zur Gestaltung des Mechanismus der mehrseitigen ökonomischen Zusammenarbeit

Auf dem Moskauer Arbeitstreffen der führenden Repräsentanten der Bruderparteien sozialistischer Länder im November 1986 war vereinbart worden, die Umgestaltung des Mechanismus der ökonomischen Zusammenarbeit der Mitgliedsländer des RGW entsprechend den objektiven Erfordernissen in Angriff zu nehmen. Seither hat sich die internationale Diskussion dazu in Verbindung mit der Ausarbeitung von entsprechenden Analysen und Vorschlägen sehr verstärkt.

Die bisher erreichten Ergebnisse bei der sozialistischen ökonomischen Integration und mehr noch die großen Aufgaben in der Zukunft verlangen, daß die Vorzüge des Sozialismus auch bei der Ausarbeitung der perspektivischen Wege und Formen unserer Zusammenarbeit zugrunde gelegt werden.

Bei der Suche nach sozialistischen Lösungen für die Umgestaltung des Mechanismus der ökonomischen Zusammenarbeit werden Grundfragen der Gestaltung der sozialistischen Gesellschaftsordnung berührt.

Die Vorschläge zur Umgestaltung wie die gesamte Diskussion weisen Unterschiede in den Ausgangspunkten und im Herangehen auf. Das ist durchaus verständlich. Bekanntlich verfügen die sozialistischen Länder noch nicht über eine komplett ausgearbeitete Theorie für die Gestaltung der sozialistischen ökonomischen Integration. Auch die „Befragung" der Klassiker des Marxismus-Leninismus kann auf viele neue, objektiv herangereifte Fragen nicht unmittelbar die konkreten Lösungen vermitteln. In den zurückliegenden Jahrzehnten wurde zu wenig an der Schaffung des erforderlichen wissenschaftlichen Vorlaufs zu diesen Fragen gearbeitet. Somit ergibt sich die dringende Notwendigkeit, die Arbeit auf diesem Gebiet zu intensivieren.

Unterschiede im Ausgangspunkt und im Herangehen resultieren auch daraus, daß die Fragen der Gestaltung des Mechanismus der mehrseitigen ökonomischen Zusammenarbeit zutiefst mit den nationalen Interessen und Konzeptionen verbunden sind.

Zu einigen in der internationalen Diskussion aufgeworfenen Fragen ist ein größeres Maß an theoretischer Übereinstimmung erforderlich, um zu solchen perspektivischen Konzeptionen zu gelangen, die auf sozialistischen Prinzipien beruhen. Das beginnt mit der Frage nach der Zielstellung für die Umgestaltung des Mechanismus der ökonomischen Zusammenarbeit.

Soll die Umgestaltung des Mechanismus vorrangig auf dem Wege der Vervollkommnung des bestehenden oder dessen grundlegender Erneuerung angestrebt werden? Einige Ökonomen sind der Meinung, daß der heutige Mechanismus ersetzt werden müsse durch eine freie Bewegung von Waren, Leistungen und anderen Produktionsfaktoren zwischen den Mitgliedsländern des RGW sowie durch die Schaffung eines vereinigten Marktes in der Perspektive.

Es ist aber erstens die Tatsache nicht zu ignorieren, daß in der Gegenwart bereits zwei unterschiedliche Integrationssysteme existieren – sehr vereinfacht ausgedrückt: „über den Markt" und „über den Plan". Ich halte es für bereits erwiesen, daß beide Formen möglich und daß sie sozialökonomisch determiniert sind[1] und zweitens darf nicht zugelassen werden, daß trotz aller Entwicklungsprobleme bei der sozialistischen ökonomischen Integration die erzielten Erfolge und existierenden Errungenschaften mißachtet werden und verschwiegen wird, daß die EWG für uns keine Alternative ist.

Abgesehen von ihrer Funktion im politischen System des Imperialismus handelt es sich bei der EWG um eine Form der Internationalisierung des Wirtschaftslebens unter kapitalistischen Bedingungen, die durch einen Kompromiß zwischen kapitalistischen Ländern Westeuropas zustande kam. Die industriell weniger entwickelten Länder dieser Region öffneten den industriell bereits stärker entwickelten Ländern, voran der BRD, ihre Binnenmärkte, wofür diese ihren Tribut vor allem in Gestalt der Finanzierung der speziellen Agrarmarktordnung entrichten. Die Agrarmarktordnung erweist sich in jüngster Zeit immer deutlicher als wesentlicher Bestandteil eines Kompromisses, aber auch als Basis ständiger unüberbrückbarer Widersprüche. Die einen empfinden die EWG-Agrarpolitik als „echtes Bindemittel", die anderen dagegen als „unfaire Last". Im Verhältnis zur übrigen Weltwirtschaft praktiziert die EWG kollektiven Protektionismus.

Niemand kann heute leugnen, daß die EWG für ihre Mitgliedsländer einen durchaus gelungenen Versuch der Anpassung der Integrationsformen an die Erfordernisse der Entwicklung der Produktivkräfte unter kapitalistischen Produktionsverhältnissen darstellt, wenn ihre Erfolge und Ergebnisse zuweilen auch überschätzt werden. Ich bin der Meinung, daß das „EWG-Beispiel" weder als Ganzes noch in seinen Teilen bzw. Elementen auf die Bedingungen des sozialistischen Eigentums an den Produktionsmitteln, auf die sozialistische Planwirtschaft übertragen werden kann.

Wie in Wissenschaft und Technik so benötigen wir auch in bezug auf die weitere Ausarbeitung einer Theorie der sozialistischen ökonomischen Integration größere Anstrengungen der Wirtschaftswissenschaftler aller sozialistischer Bruderländer. Eine der Ursachen für Vorschläge, das Integrationssystem „über den Markt" an die Stelle des Systems „über den Plan" zu setzen, besteht m. E. darin, daß von ihren Vertretern grundlegende ökonomische Zusammenhänge übersehen werden.

Das betrifft auch das Verständnis des Wesens staatsmonopolistischer Instrumente in kapitalistischen Ländern zur Bewältigung der wissenschaftlich-technischen und ökonomischen Probleme der Gegenwart.[2]

Für eine wissenschaftlich fundierte internationale Diskussion benötigen wir m. E. tiefgründigere Analysen sowohl über die sozialistische ökonomische Integration als auch über Wesen und Funktionieren kapitalistischer Integrationsformen.

Zu einigen *aktuellen theoretischen Problemen* möchte ich in konzentrierter Form meine Ansichten darlegen:

1. Bei der jetzt in Angriff genommenen Entwicklung des Mechanismus unserer mehrseitigen Zusammenarbeit müssen wir berücksichtigen, daß in allen unseren Ländern die Umgestaltung oder Vervollkommnung der nationalen Wirtschaftsmechanismen im Gange ist, wobei es übereinstimmende Richtungen, aber auch Unterschiede gibt.

Die Gestaltung des Mechanismus eines jeden sozialistischen Landes ist eine souveräne Angelegenheit jedes sozialistischen Landes. Bei der Gestaltung der mehrseitigen ökonomischen Zusammenarbeit müssen die existierenden und sich entwickelnden nationalen Interessen aller Beteiligten berücksichtigt werden.

Es wird zweckmäßig sein, die erforderlichen Lösungen gemeinsam auszuarbeiten. Nachahmenswertes Beispiel aus der Vergangenheit ist die gemeinsame Ausarbeitung der „Grundprinzipien der sozialistischen internationalen Arbeitsteilung".

2. Jedes der RGW-Länder wird – so meine ich – bei der Vervollkommnung seines Wirtschaftsmechanismus die vereinbarten Schritte der Umgestaltung des internationalen Mechanismus berücksichtigen. Gleichzeitig ist zu beachten, daß Umgestaltung der Mechanismen in einzelnen RGW-Ländern bei dem hohen Grad der Verflechtung unserer Volkswirtschaften zu Auswirkungen bei allen Partnerländern führen.

Über die Richtigkeit und gegebenenfalls Allgemeingültigkeit der Lösungen werden schließlich die Ergebnisse entscheiden, die mit ihrer Hilfe erreicht werden.

3. Westliche Ideologen und Politiker sind ständig bemüht, uns, den sozialistischen Ländern, Ratschläge zu erteilen.

Sie erklären pausenlos, die Wirtschaft der sozialistischen Länder und ihre internationale Zusammenarbeit könnten nur dann effektiver werden, wenn auf zentrale Planung und Leitung verzichtet wird, wenn kapitalistische Markt-, Konkurrenz- und Profitprinzipien eingeführt würden, wenn die marxistisch-leninistische Partei sich aus der Wirtschaft zurückziehe usw.

Alle Versuche, auch einzelne Elemente aus dem kapitalistischen Instrumentarium unserem System der internationalen Zusammenarbeit aufzupfropfen, werden fehlschlagen. Daraus ergibt sich die Notwendigkeit, unsere schöpferische Arbeit zur Gestaltung des perspektivischen Mechanismus unserer internationalen ökonomischen Zusammenarbeit auf der Grundlage unverzichtbarer sozialistischer Prinzipien gemeinsam zu verstärken.

4. Hin und wieder trifft man in Diskussionen auf eine Geringschätzung der Errungenschaften im System unserer internationalen ökonomischen Zusammenarbeit.

Errungenschaften unserer Zusammenarbeit, die zum Teil bereits aus der Zeit der Entstehung des sozialistischen Weltsystems stammen, dürfen wir nicht leichtfertig aufgeben.

Das betrifft insbesondere Ergebnisse, die selbst von bürgerlichen Ökonomen als Vorzüge gesehen werden, wie z. B. die Koordinierung der Fünfjahrpläne, die langfristigen Handelsabkommen, die Preisbildungsprinzipien und vieles andere mehr.

5. Bei der Suche nach neuen Formen und Methoden zur Vertiefung der ökonomischen Integration zwischen den RGW-Ländern halte ich eine Konzentration auf Fragen der Forschung und Entwicklung und der Produktion als eine erstrangige Aufgabe. In dieser Hinsicht gibt es in unserer Zusammenarbeit schon viele beispielhafte Lösungen, bei deren Verallgemeinerung und Popularisierung wir kurzfristig große Reserven aufdecken und erschließen können.

Das wird dann immer besser gelingen, wenn für alle Beteiligten immer stärker spürbar wird, daß die gemeinsame Lösung neuer Fragen den eigenen Interessen entspricht. Das betrifft vor allem jene Objekte, bei denen ein hohes Maß an Interessenübereinstimmung objektiv vorhanden ist.

6. Alle in Angriff genommenen Schritte bzw. Maßnahmen müssen hinsichtlich zu erwartender Ergebnisse realistisch eingeschätzt werden. Meiner Meinung nach kann z. B. auch eine solch komplizierte Frage, wie es die Konvertierbarkeit der Währungen unstrittig ist, erst am Ende einer Entwicklungsetappe stehen.

Meiner Auffassung nach stehen wir vor zwei Aufgaben:

Erstens der gemeinsamen Ausarbeitung des perspektivischen Mechanismus der mehrseitigen ökonomischen Zusammenarbeit. Sie muß so gestaltet werden, daß eine immer vollkommenere Entfaltung der Vorzüge des Sozialismus im internationalen Maßstab ermöglicht wird und in der sozialistischen ökonomischen Integration erprobte und bewährte Traditionen fortgesetzt sowie zugleich neue Formen und Methoden ausgearbeitet werden können. Der Mechanismus muß geeignet sein, die Zusammenarbeit insgesamt auf eine neue Stufe zu heben und ihre Effektivität zu erhöhen.

Zweitens sollten ohne Zeitverzug neue Formen der Zusammenarbeit experimentell, wie z. B. im Rahmen der Direktbeziehungen, schrittweise erprobt werden, um in kurzer Frist sichtbare Ergebnisse für alle Beteiligten zu erreichen, die ihrerseits wieder stimulierend hinsichtlich einer größeren Integrationsbereitschaft wirken würden.

Anmerkungen

1 Vgl. das Interview mit Prof. Mihaly Simai, Mitglied der ungarischen Akademie, in der Zeitschrift „Neue Zeit", Moskau 19, Nr. 38/87, S. 11.

2 In den achtziger Jahren sind die Forderungen nach Aktivierung der staatlichen Politik zur Unterstützung der modernen Industriezweige in den USA, in der BRD und in anderen im-

perialistischen Ländern immer lauter geworden. Sie widerlegen die Behauptungen neokonservativer bürgerlicher Theoretiker, die „Marktkräfte" würden von sich aus den Strukturwandel bewirken, der erforderlich ist, um die wirtschaftlichen und wissenschaftlich-technischen Positionen dieser Länder in der kapitalistischen Welt, vor allem gegenüber Japan, zu behaupten.
Der amerikanische Wirtschaftswissenschaftler L. Thurow schreibt z. B. in „Business Week" vom 9. Dezember 1985: „Diese Probleme den sogenannten freien Marktkräften zu überlassen bedeutet de facto die Fortsetzung der gegenwärtigen Industriepolitik – eines Sammelsuriums sich gegenseitig ausschließender Tarife, Quoten und Subsidien... Sich in der heutigen Welt des heftigsten Konkurrenzkampfes ausschließlich auf das Laissenz-faire-Prinzip zu stützen – das ist ein Ausweichen vor der Verantwortung und ein Rezept für den schrittweisen ökonomischen Niedergang."

Käthe Frei

Zu den neuen Aspekten der wissenschaftlich-technischen und ökonomischen Zusammenarbeit der RGW-Länder

Das Thema der heutigen Beratung ist unter dem Gesichtspunkt der weiteren Durchführung der Beschlüsse des XI. Parteitages der SED von hoher Aktualität. Die Aufgabe, die Errungenschaften der wissenschaftlich-technischen Revolution mit den Vorzügen des Sozialismus zu verbinden, ist noch dringlicher geworden, auch unter dem Gesichtspunkt des Zusammenwirkens der Länder der sozialistischen Gemeinschaft und der Lösung bestehender aktueller und perspektivischer Fragen. Unser Thema ist auch hinsichtlich der Feststellung Erich Honeckers auf der Beratung mit den 1. Sekretären der Kreisleitungen der SED aktuell, daß die Beziehungen zwischen der DDR und der UdSSR unter den Bedingungen der Intensivierung des volkswirtschaftlichen Reproduktionsprozesses in beiden Ländern ein qualitativ neues Niveau erreichen. Und schließlich ist es erforderlich, diese Fragen ausgehend von der Tatsache zu beraten, daß es zur weiteren Vertiefung der ökonomischen und wissenschaftlich-technischen Zusammenarbeit der sozialistischen Länder und zur Entwicklung der sozialistischen ökonomischen Integration einer ständig tieferen theoretischen Durchdringung der neu herangereiften Aufgaben bedarf.

Bei der Nutzung der Vorzüge der sozialistischen ökonomischen Integration haben wir eine Reihe neuer Fragen zu beachten, die vor allem mit der effektiven Nutzung und der Vereinigung der wissenschaftlich-technischen Potentiale, ausgedrückt im RGW-Komplexprogramm des wissenschaftlich-technischen Fortschritts, und mit den grundlegenden zweiseitigen Vereinbarungen auf dem Gebiet von Wissenschaft und Technik sowie den Zielstellungen zur Ökonomisierung der wissenschaftlich-technischen Ergebnisse zusammenhängen. Besonders betrifft das die Dynamik in der Zusammenarbeit der DDR mit der UdSSR auf wissenschaftlich-technischem Gebiet und die damit verbundene Zusammenarbeit in der Produktion. Dabei ist von Bedeutung, daß in den Ländern des Sozialismus gegenwärtig eine Vielzahl lebendiger Entwicklungen im Gange ist, die durch die Suche nach Antworten auf die neuen Herausforderungen unserer Zeit gekennzeichnet sind. Sie sind vor allem darauf gerichtet, die Attraktivität des Sozialismus zu erhöhen.

Absoluten Vorrang hat für uns in der Zusammenarbeit mit dem RGW-Ländern der Kampf um die Erreichung und ökonomische Nutzung wissenschaftlich-technischer Spitzenleistungen und die Erhöhung der ökonomischen Wirksamkeit der wissenschaftlich-technischen Arbeit. Dabei berücksichtigen wir, daß das internationale Tempo in Wissenschaft und Technik außerordentlich hoch ist und die ökonomische Umsetzung ihrer Ergebnisse immer schneller erfolgt. Unter diesen Bedingungen Schritt zu halten und auf ausgewählten Gebieten einen Vorsprung zu erzielen, stellt sehr hohe Anforderungen.

Es geht uns um Wege, die dieser Aufgabenstellung gemäß sind und die uns auf diesem Gebiet voranbringen. Es geht uns dabei vor allem um die bewußte Ausnutzung der Vorzüge der sozialistischen Planwirtschaft, um eine gut geleitete und langfristig geplante effektive Zusammenarbeit zwischen den RGW-Ländern.

Das setzt natürlich voraus, daß es in jedem RGW-Land eine volle Hinwendung zu den Grundrichtungen des Komplexprogramms gibt, die Potentiale dafür voll genutzt, geschaffen bzw. gestärkt werden und daß es eine solche einheitliche Leitung, Planung und Organisation der wissenschaftlich-technischen Arbeit, des Herangehens an die Lösung der übernommenen Aufgaben des RGW-Komplexprogramms gibt, daß hohe wissenschaftlich-technische Ergebnisse ermöglicht und gefördert werden. Unsere Partei hat deshalb in den Mittelpunkt der Realisierung des Komplexprogramms die Entwicklung und Anwendung von Schlüsseltechnologien gerückt, weil damit in entscheidendem Maße das Wachstum der Arbeitsproduktivität, die Senkung des Energie- und Materialverbrauchs sowie die Steigerung des Nationaleinkommens bestimmt werden.

Die Verpflichtungen aus dem Komplexprogramm haben wir zu einem festen Bestandteil unserer Pläne und Bilanzen gemacht. Entscheidend ist dabei das erreichte Ergebnis. In den vergangenen zwei Jahren, 1986 und 1987, wurden in der DDR die sich aus dem RGW-Komplexprogramm ergebenden Aufgaben planmäßig durchgeführt. Eine enge, planmäßige und verzahnte Zusammenarbeit auf dem Gebiet von Wissenschaft und Technik zwischen 10 Ländern kann nur erfolgreich sein, wenn jeder Partner seine übernommenen Verpflichtungen gewissenhaft erfüllt. Das gilt für die wissenschaftlich-technische Arbeit und das gilt genau und vielleicht noch mehr für die Überführung ihrer Ergebnisse in die Produktion und ihrer effektiven Nutzung in der arbeitsteiligen Produktion.

Gerade zum letzteren einen Gedanken: Bei den gewachsenen Anforderungen an die Investitionskraft, an das Tempo der Realisierung wissenschaftlich-technischer Ergebnisse, an die Verflechtung im nationalen und internationalen Maßstab, an die Herstellung von Paßfähigkeiten, um nur einiges zu nennen, ist festzustellen, daß heute die Zeiten vorbei sind, Entscheidungen mit dem Hinweis darauf zu begründen, daß internationale Spezialisierung und Kooperation zu einem höheren Produktionsmaßstab führen. Heute tritt die allseitige Betrachtung und Berechnung der Möglichkeiten zur Erreichung höchster Effektivität, die Beurteilung der Leistungskraft der Partner, die Sicherheit und Verläßlichkeit, die Möglichkeiten, tiefgreifende Verflechtungen über Ländergrenzen hinweg zu organisieren und ständig zu sichern, sowie Liefertreue immer mehr in den Mittelpunkt der Betrachtung.

Effektivität betrachten wir dabei vor allem aus volkswirtschaftlicher Sicht. Damit ist nichts gegen die Spezialisierung und Kooperation einzuwenden, sondern nur gegen die quantitative Betrachtungsweise gegen eine solche einseitige Verallgemeinerung wie: Je mehr Spezialisierung, desto mehr Effektivität. Das wird unter dem Gesichtspunkt volkswirtschaftlicher Effektivität, das bestätigen die Erfahrungen, nicht aufgehen. Im RGW-Komitee für Wissenschaft und Technik werden jetzt Vorschläge für große und übergreifende wissenschaftlich-technologische Objekte zur schnellen produktionsmäßigen Nutzung der Ergebnisse des Komplexprogramms ausgearbeitet. Besonders die sowjetischen Genossen sehen darin eine mögliche Form, die wissenschaftlich-technischen Ergebnisse des Komplexprogramms in Zusammenarbeit der Länder schneller ökonomisch wirksam zu machen.

Unter Regie der zuständigen Organe des RGW bzw. von Betrieben des Sitzlandes sollen große Produktionsobjekte geschaffen werden, in denen sowohl die wissenschaftlich-technischen Erkenntnisse effektiver genutzt als auch die Produktionspotentiale der RGW-Länder wirksam einbezogen werden. An die DDR werden dabei vor allem Anforderungen und Wünsche nach Lieferung von Ausrüstungen mit wissenschaftlich-technischem Höchstniveau gestellt. Viele damit zusammenhängende Fragen sind noch in der Diskussion. Aber immer deutlicher wird, daß jetzt die Forderung, die wissenschaftlich-technischen Erkenntnisse ohne Zeitverzug, unter Einbeziehung von und in Kooperation mit ausländischen Partnern, in die Produktion in Größenordnungen überzuleiten und ökonomisch wirksam zu machen.

Auch bei uns sind meines Erachtens die Fragen der Überleitung der wissenschaftlich-technischen Ergebnisse in die Produktion – und das besonders in der Zusammenarbeit mit den sozialistischen Bruderländern – noch weiter theoretisch zu analysieren und praktisch umzusetzen. Sicher hängt das mit solchen Fragen, wie der Akkumulationskraft eines Landes mit der Bestimmung der Prioritäten, mit der Produktionsstruktur und anderen inhaltlichen Fragen zusammen. Gleichzeitig geht es dabei auch um methodologische Probleme, um Fragen des Zusammenwirkens zwischen den zuständigen Staatsorganen, kurz um die effektive Leitung und Planung dieser Prozesse im internationalen Maßstab.

Eine weitere Frage ist, daß sich unsere Kombinate und Betriebe in der Zusammenarbeit mit der UdSSR und den anderen RGW-Ländern jetzt auf völlig neue qualitative Anforderungen einstellen müssen. Das ergibt sich vor allem daraus, daß in der UdSSR und einer Reihe weiterer RGW-Länder für Vereinigungen und Betriebe umfassend das Prinzip der Eigenerwirtschaftung der Mittel eingeführt wird. Man muß das erweitern: In der UdSSR zeigen bereits die ersten Erfahrungen, daß die Betriebe, die nach den neuen Bedingungen der Wirtschaftsführung arbeiten, viel strenger an die Verwendung der von ihnen erwirtschafteten Mittel herangehen. Sie stellen weit höhere Anforderungen an das wissenschaftlich-technische Niveau, an die Qualität, an den Gebrauchswert der von ihnen importierten Erzeugnisse. Sie prüfen viel aufmerksamer, ob der Preis der Erzeugnisse auch den Gebrauchswerteigenschaften entspricht. Zunehmend werden sie ihre Lieferanten unter diesen Gesichtspunkten auswählen, und das ist ganz normal.

Für unsere Kombinate heißt das, sich noch mehr als bisher den Bedingungen der wissenschaftlich-technischen Revolution und der umfassenden Intensivierung zu stellen, für den RGW-Markt entsprechend dem Bedarf der Partner zu produzieren, die Nase vorn zu haben und ständig für die Erneuerung der Produktion zu sorgen. Sicher hatten wir auch bisher in unserem Exportangebot eine Vielzahl sehr gefragter Waren und Leistungen. Erwartet und gefragt werden durchgehend Waren und Leistungen von höchstem wissenschaftlich-technischem Niveau und gleichbleibend hoher Qualität. Dazu gehören weiterhin Liefertreue, effektiver Kundendienst und hervorragende Ersatzteilversorgung.

Es gibt zunehmend Hinweise auch aus anderen RGW-Ländern, daß die zentralen Planungsorgane, die Ministerien, die Wirtschaftsausschüsse nicht mehr für eine Reihe von wichtigen Fragen die Partner sein werden, sondern mehr und mehr der abnehmende Betrieb, der vor allem aus seinen ökonomischen Interessen Entscheidungen trifft. Immer deutlicher wird, daß staatliche Abkommen und Vereinbarungen zunehmend auf der Basis von zwischen den Kombinaten, Wirtschaftsvereinigungen und den Betrieben abgeschlossenen Verträgen beruhen werden. Unsere Exporteure müssen sich auch auf dem RGW-Markt in wachsendem Maße gegenüber kapitalistischen Konkurrenten durchsetzen. Das ergibt sich aus den sich entwickelnden Wirtschaftsbeziehungen der UdSSR und anderer RGW-Länder mit kapitalistischen Industrieländern.

Neue Anforderungen ergeben sich auch an den Export der DDR und seine Struktur, weil sich in der UdSSR bedeutende Veränderungen des Bedarfs abzeichnen. Im Zusammenhang mit der Intensivierung und der Rekonstruktion der materiell-technischen Basis in Realisierung von weitreichenden Zielstellungen zur Verbesserung des Lebensniveaus der Bevölkerung und der Entwicklung der dafür entsprechenden Industriezweige ergeben sich neue Aufgaben. Zum Beispiel wächst der Bedarf an modernsten Chemieanlagen zur tieferen Verarbeitung von Erdöl, erhöht sich der Bedarf an Ausrüstungen für die Leicht- und Lebensmittelindustrie u. a. Es ist sicher bekannt, daß gerade diese Ausrüstungen von der DDR durchaus mit hohem wissenchaftlich-technischem Niveau produziert werden, aber zur Zeit noch nicht in genügendem Umfang bereitgestellt werden können. Also wird das Auswirkungen auf den Bereich der metallverarbeitenden Industrie haben und volkswirtschaftliche Entscheidungen erforderlich machen. Je früher sie getroffen werden, um so besser wird das sein. Sie müssen gründlich vorbereitet werden und berühren bei unserer hohen Exportintensität den volkswirtschaftlichen Reproduktionsprozeß als Ganzes. Das wird auch viele Fragen der wirtschaftswissenschaftlichen Forschung berühren und neue Anforderungen an den Wissenschaftlichen Rat für die wirtschaftswissenschaftliche Forschung stellen.

Manfred Engert

Anforderungen der wissenschaftlich-technischen Revolution an die internationale sozialistische Arbeitsteilung – Fragen zur Erfüllung des Komplexprogramms des wissenschaftlich-technischen Fortschritts und der Umgestaltung der internationalen Zusammenarbeit

Es gehört zu unseren Gemeinsamkeiten, daß die Mitgliedsländer des RGW die Beschleunigung des wissenschaftlich-technischen Fortschritts als eine Kernfrage ihrer Gesellschaftsstrategie und damit auch ihrer Wirtschaftsstrategie betrachten. Nur durch diese Beschleunigung ist ein weiteres Wirtschaftswachstum und die Steigerung der volkswirtschaftlichen Effektivität möglich. Beschleunigter wissenschaftlich-technischer Fortschritt ist eine unabdingbare Voraussetzung, um die Mittel zu erwirtschaften, die für die intensiv erweiterte Reproduktion und für soziale Zwecke benötigt werden. Diese einheitliche Auffassung beruht auf einem gemeinsamen Interesse, den wissenschaftlich-technischen Fortschritt für die Weiterentwicklung des Sozialismus in jedem Lande zu nutzen.

Ein Ausdruck dieser Einheitlichkeit ist das Komplexprogramm des wissenschaftlich-technischen Fortschritts der Mitgliedsländer des RGW, in dem eine große konzeptionelle Übereinstimmung unserer Parteien zum Ausdruck kommt. Sie ergibt sich vor allem daraus, daß in der Mehrzahl der europäischen Mitgliedsländer des RGW die Intensivierung der Volkswirtschaft – die nur auf der Basis eines schnellen wissenschaftlich-technischen Fortschritts möglich ist – ein entscheidender Prozeß der gegenwärtigen Etappe der gesellschaftlichen Entwicklung ist. Wir müssen auch davon ausgehen, daß die Anforderungen der Intensivierung auch den Hauptinhalt der künftigen internationalen Zusammenarbeit im RGW bestimmen muß. Die im Komplexprogramm des wissenschaftlich-technischen Fortschritts festgelegten fünf Hauptrichtungen des wissenschaftlich-technischen Fortschritts sind die aus heutiger Kenntnis relativ stabilen wissenschaftlich-technischen Entwicklungslinien, von deren komplexer Entfaltung das weitere Wirtschaftswachstum entscheidend bestimmt wird. So wichtig es ist, das gemeinsame Interesse der Mitgliedsländer des RGW an der Beschleunigung des wissenschaftlich-technischen Fortschritts, vor allem in diesen fünf Hauptrichtungen, zu betonen und das einheitliche konzeptionelle Herangehen der Bruderparteien an die Lösung der damit verbundenen Aufgaben zu würdigen, so notwendig ist es zugleich, die reale Situation auf diesem Gebiet im RGW insgesamt einzuschätzen.

In letzter Zeit ist im Rahmen des RGW mehrfach kritisch zum Stand der Realisierung der beschlossenen Aufgaben diskutiert worden. Trotz zum Teil bemerkenswerter Einzelerfolge haben wir im RGW insgesamt noch keinen technologischen Durchbruch auf entscheidenden Gebieten erreicht.

Es gibt noch zu wenig wissenschaftlich-technische Spitzenleistungen. Der ökonomische Effekt wissenschaftlich-technischer Neuerungen ist zu gering. Die Sekretäre für Wirtschaftsfragen der ZK der Bruderländer äußerten auf ihrer Tagung im Juni 1988 in Budapest „... Besorgnis über nicht ausreichende Produktionsergebnisse durchgeführter Arbeiten und den in einigen vorrangigen Richtungen des Programms eingetretenen Rückstand...“.

Sie orientierten auf eine „... Konzentration der Ressourcen und Anstrengungen auf Probleme, deren Lösung in kurzer Zeit zu einem technologischen Durchbruch beiträgt, wodurch Spitzenleistungen erreicht und auf dieser Grundlage eine wesentliche Steigerung der Effektivität gewährleistet werden können“[1]. Um das zu erreichen, sind im Rahmen des Komplexprogramms des wissenschaftlich-technischen Fortschritts große Projekte in Wissenschaft, Technologie und Produktion auszuarbeiten, die den gesamten Innovationszyklus umfassen. Hier geht es um wichtige Fragen unseres Verständnisses von der Weiterentwicklung der internationalen Zusammenarbeit im Rahmen des RGW. In der *internationalen* wissenschaftlichen *Diskussion* werden vor allem folgende Fragen aufgeworfen: *Erstens:* Brauchen wir eine neue Konzeption der internationalen Zusammenarbeit, in der vor allem die Wirtschaftseinheiten das neue entscheidende Subjekt der sozialistischen ökonomischen Integration sind bzw. es werden müssen? Hier wird der Hauptweg gesehen, um die gesamte internationale Zusammenarbeit dynamischer zu machen. *Zweitens* wird die bisherige internationale sozialistische Arbeitsteilung kritisiert, da sie in den Mitgliedsländern des RGW zu einer im wesentlichen parallelen Wirtschaftsstruktur geführt habe. Um diesen Parallelismus zu beseitigen bzw. keinen neuen entstehen zu lassen, müsse man jetzt die Fonds und Ressourcen der Länder vor allem auf gemeinsame Objekte konzentrieren.

Wie steht es mit diesen Fragen angesichts der Notwendigkeit, die internationale Zusammenarbeit in erster Linie für die rasche Entwicklung und breite Anwendung von Schlüsseltechnologien zu nutzen? Im folgenden sollen einige Aspekte dieses Problemkreises behandelt werden.

Erstens: Die wissenschaftlich-technische Revolution ist das Hauptfeld der Auseinandersetzung der beiden Systeme. Das wird immer deutlicher, je mehr Möglichkeiten entstehen, zu realen Abrüstungsschritten besonders auf atomarem Gebiet zu gelangen. Angesichts des technologischen Ungleichgewichts zuungunsten des Sozialismus wird der Imperialismus seine Potenzen in Wissenschaft und Technik voll zur Konsolidierung seines Systems nutzen. Er wird alles daran setzen, den technologischen Vorsprung uns gegenüber zu halten und auszubauen. Er wird also dem Sozialismus bei der Lösung der entscheidenden Fragen der wissenschaftlich-technischen Revolution, d. h. bei den jeweils modernsten Technologien, nicht helfen. Das gilt auch für die imperialistischen Kreise, die in zunehmendem Maße an einer langfristigen Kooperation mit den sozialistischen Staaten interessiert sind. Der Imperialismus hat auch ohne Konfrontationspolitik genügend Möglichkeiten, dem Sozialismus ernsthafte Probleme zu bereiten.

Daraus ist die Schlußfolgerung zu ziehen, daß die Hauptfragen der wissenschaftlich-technischen Revolution mit den Kräften des Sozialismus selbst gelöst werden müssen. Dazu müssen alle seine Vorzüge ausgeschöpft und entsprechende leistungsfähige Potentiale in allen sozialistischen Ländern als Basis vertiefter internationaler sozialistischer Arbeitsteilung geschaffen werden. Unser Bestreben zur aktiven Teilnahme an der weltweiten Arbeitsteilung, darunter auch in Wissenschaft und Technik, läßt sich in dem Maße realisieren, in dem die sozialistischen Länder auf entscheidenden Gebieten des wissenschaftlich-technischen Fortschritts eigene Spitzenleistungen vorweisen können. Der internationale Rang eines Landes wird u. a. davon bestimmt, wie dieses es versteht, die modernen Produktivkräfte zu beherrschen und in ökonomischen sowie sozialen Fortschritt umzuwandeln. Das gilt auch für die Gemeinschaft der sozialistischen Staaten als Ganzes. Modernste Technologien kann man also nicht aus nichtsozialistischen Ländern importieren. Eine solche Linie wäre auch keine strategische Lösung. Wir müssen mit allen zu Gebote stehenden Mitteln die Innovationsfähigkeit des Sozialismus auf wissenschaftlich-technischem Gebiet entwickeln. Dieser Anforderung muß vor allem auch unser gemeinsames Bemühen zur Weiterentwicklung und Veränderung des Systems der internationalen Zusammenarbeit gelten.

Zweitens: Die Hauptrichtungen des wissenschaftlich-technischen Fortschritts sind von grundsätzlicher Bedeutung für jede Volkswirtschaft, die sich im Prozeß der Intensivierung befindet. Es gilt als gesicherte Erkenntnis, daß die Produktivitätssteigerng bei intensiv erweiterter Reproduktion von der komplexen Nutzung aller Schlüsseltechnologien abhängig ist. Deren Entwicklung ist also ein Querschnittsproblem für jede Volkswirtschaft, und jede Volkswirtschaft muß generell die entscheidenden Schlüsseltechnologien anwenden. Eine andere Frage ist es, ob jede Volkswirtschaft diese Hauptrichtungen selbst entwickeln muß. Unsere Antwort auf diese Frage heißt: ja. Entscheidend ist, daß jede Volkswirtschaft die Fähikgeiten haben bzw. erwerben muß, alle für den weiteren Produktivitäts- und Effektivitätsfortschritt maßgebenden Schlüsseltechnologien effektiv zu beherrschen. Jedoch geht das nur mit einer vertieften internationalen sozialistischen Arbeitsteilung innerhalb einer jeden Schlüsseltechnologie bzw. Hauptrichtung des wissenschaftlich-technischen Fortschritts. Der Komplexcharakter der modernen Schlüsseltechnologien verbietet demnach ein Konzept, nach dem sich die einzelnen Volkswirtschaften auf jeweils eine Schlüsseltechnologie spezialisieren sollten. Unsere Antwort hat nichts mit der Befürwortung einer Parallelproduktion in verschiedenen RGW-Ländern zu tun im Sinne einer unabgestimmten, gleichzeitigen Produktion der gleichen Erzeugnisse in mehreren Ländern. Es geht um eine effektive internationale Arbeitsteilung im RGW bei den Schlüsseltechnologien in einer solchen Weise, daß zugleich jede an dieser Arbeitsteilung beteiligte Volkswirtschaft in die Lage versetzt wird, den Systemzusammenhang dieser Schlüsseltechnologien technologisch und ökonomisch zu beherrschen. Es besteht ein dialektischer Zusammenhang zwischen der zwingenden Notwendigkeit, einerseits die Schlüsseltechnologien im RGW gemeinsam, also mit internationaler Arbeitsteilung zu entwickeln, zu produzieren und anzuwenden sowie andererseits der wissenschaftlich-technischen und ökonomischen Fähigkeit eines jeden Mitgliedslandes des RGW, zur Entwicklung aller Schlüsseltechnologien einen eigenen Beitrag zu leisten. Diese Fähigkeit ist notwendige Voraussetzung für eine effektive internationale Arbeitsteilung bei den Schlüsseltechnologien.

Eine unbedingte Voraussetzung dafür ist die tiefe und exakte Abstimmung der wissenschaftlich-technischen Politik bei diesen Technologien. Deren technisch-technologische Verflechtung läßt eine effektive internationale Arbeitsteilung in der Produktion nur dann zu, wenn bereits in den Vorstufen der Produktion die technischen Entwicklungslinien sowie die technischen und technologischen Parameter abgestimmt, d. h. vereinheitlicht worden sind.

Unter den Bedingungen der wissenschaftlich-technischen Revolution ist in der Regel eine internationale Arbeitsteilung in der Produktion ohne diese vorherige Abstimmung der wissenschaftlich-technischen Politik kaum noch möglich.

Drittens: Die Erfahrungen der DDR zeigen, daß ein dauerhafter ökonomischer Effekt aus der Anwendung der Schlüsseltechnologien nur dann zu erwarten ist, wenn diese in ihrem inneren Zusammenhang genutzt werden. Die Produktion und vor allem der Betrieb von flexibler Fertigungstechnik z. B. verlangt entsprechend mikroelektronische Steuerungen, Robotertechnik und auch geeignete Werkstoffe.

Die Entwicklung der Mikroelektronik führt dann zu spürbaren Effekten in der Volkswirtschaft, wenn der Zusammenhang zwischen den entsprechenden Werkstoffen als Ausgangsmaterial, der Herstellung von Schaltkreisen und von Spezialausrüstungen zu deren Produktion und den Enderzeugnissen in Form von Geräten bzw. Gerätesystemen (z. B. EDVA) gewahrt und vor allem technisch-technologisch beherrscht wird.

Es ist eine Aufgabe von strategischem Gewicht, die Paßfähigkeit der Schlüsseltechnologien, d. h. die Systemkompatibilität gemeinsam zwischen den Integrationspartnern herzustellen und ständig zu wahren.

Eine abgestimmte bzw. auch einheitliche wissenschaftlich-technische Politik wird damit zu einer Kernfrage der weiteren Zusammenarbeit der Mitgliedsländer des RGW. Fehlt diese Abstimmung, dann kann es zur Entwicklung moderner Produktionen auf den Gebieten der Schlüsseltechnologien kommen, die im Rahmen des RGW nicht kompatibel, also technisch nicht zu koppeln sind. Das Problem liegt dann nicht in einer Parallelproduktion, sondern eben in der fehlenden Systemkompatibilität. Das würde die großen Anstrengungen der Mitgliedsländer des RGW zur Entwicklung von Schlüsseltechnologien ökonomisch entwerten. Das käme einer Desintegration gleich, und es entstünden auch Konkurrenzsituationen, die der technisch einheitlichen Natur der modernen Produktivkräfte entgegenstehen.

Eine einheitliche wissenschaftlich-technische Politik innerhalb eines jedes Mitgliedslandes des RGW, vor allem bei Schlüsseltechnologien, und deren internationale Abstimmung wird dringender denn je.

Sie stellt eine feste verbindliche Grundlage auch für das selbständige Handeln der Wirtschaftseinheiten in der sozialistischen ökonomischen Integration dar. Im Rahmen einer solchen abgestimmten wissenschaftlich-technischen Politik müssen auch die Fragen der Lizenznahme aus Drittländern im Sinne der unbedingten Systemkompatibilität gelöst werden.

Viertens: Die Beschleunigung des wissenschaftlich-technischen Fortschritts ist mit großen und in der Regel wachsenden ökonomischen Vorleistungen verbunden. Die Akkumulationskraft eines Landes reicht zur Lösung aller Fragen des wissenschaftlich-technischen Fortschritts nicht aus. Auch deshalb ist eine vertiefte internationale Zusammenarbeit im RGW erforderlich, bei der es vor allem um Maßnahmen zur Konzentration von materiellen, geistigen, finanziellen und anderen Ressourcen geht. Allein die Entwicklung einer mikroelektronischen Basis, angefangen von den Ausgangsstoffen über Spezialausrüstungen für diesen Zweig und integrierte Schaltkreise bis hin zur Rechentechnik, verlangt Investitionen, die mit jeder neuen Generation von Erzeugnissen fast in geometrischer Reihe wachsen.

Hier ist eine tiefe internationale Arbeitsteilung erforderlich. Diese muß sich jedoch auf eine Konzentration von Ressourcen, darunter auch der Investitionen, innerhalb der einzelnen sozialistischen Volkswirtschaften stützen. Die DDR hat ihre Kombinate auch unter diesem Gesichtspunkt organisiert, um hier große Potentiale zu konzentrieren, die ausreichend sind, große wissenschaftlich-technische Aufgaben selbständig im Rahmen der zentralen staatlichen Aufgaben zur Entwicklung der Schlüsseltechnologien zu lösen. Es geht also um eine Kopplung zentraler Maßnahmen zur Konzentration von Ressourcen über den zentralen Plan und zugleich um eine erhöhte Selbständigkeit der Wirtschaftseinheiten bei der Entwicklung und Einführung von Schlüsseltechnologien. Es ist wichtig, die Selbständigkeit von Wirtschaftseinheiten so zu organisieren und sie so zu stimulieren, daß alle erforderlichen Mittel auf die Entwicklung von Schlüsseltechnologien konzentriert werden können. Auch Formen der Eigenerwirtschaftung von Investitionen müssen in dieser Richtung wirksam gemacht werden.

Diese Frage ist noch nicht in allen RGW-Ländern dauerhaft gelöst. Es bedarf noch erheblicher Anstrengungen, um besonders bei der Entwicklung von Schlüsseltechnologien als eine Lebensfrage des Sozialismus zwei Momente miteinander zu verbinden: einerseits zentrale Strukturentscheidungen mit verbindlichen Festlegungen zur Ressourcenkonzentration und andererseits weitgehende ökonomische Selbständigkeit der Wirtschaftseinheiten beim Erwirtschaften und Investieren der für die moderne Technik erforderlichen Mittel.

Wir stehen hier auch vor aktuellen theoretischen Fragen der Nutzung des gesellschaftlichen Eigentums an den Produktionsmitteln. Größere ökonomische Selbständigkeit der Wirtschaftseinheiten muß die Vorteile des einheitlichen sozialistischen Eigentums und der dadurch möglichen Ressourcenkonzentration auf entscheidende Gebiete von Wissenschaft und Technik verstärken. Sie ist keine Alternative zum zentralisierten Einsatz von Investitionsmitteln. Auch der Kapitalismus setzt bei aller ökonomischen Konkurrenz zwischen den Monopolen sein Kapital konzentriert in den Hauptrichtungen des wissenschaftlich-technischen Fortschritts ein.

In letzter Zeit wird verstärkt in der internationalen wissenschaftlichen Diskussion die Frage einer Transnationalisierung aufgeworfen. Damit ist der objektive Trend zur Konzentration, zur Internationalisierung, aber auf einer höheren Stufe, gemeint.

Er geht über den bisherigen Begriff des gemeinsamen Betriebes als einer neuen Form der internationalen Zusammenarbeit zweier oder mehrerer sozialistischer Länder hinaus. Kurz: dahinter verbirgt sich die Idee sozialistischer transnationaler Konzerne, die mit ausreichenden Ressourcen (Fonds) und Entscheidungskompetenz ausgestattet werden sollen, um auf ausgewählten Gebieten zu wissenschaftlich-technischen Durchbrüchen zu gelangen. Manche Vorschläge anderer Mitgliedsländer des RGW zur Weiterentwicklung der internationalen Zusammenarbeit sind in diesem Zusammenhang zu sehen.

Es unterliegt keinem Zweifel, daß die Erreichung wissenschaftlich-technischer Spitzenleistungen auf Dauer und auf vielen Gebieten einen wachsenden Ressourceneinsatz verlangt. Neue wissenschaftlich-technische und ökonomisch effektive Lösungen bei Schlüsseltechnologien entstehen nur auf der Grundlage einer wachsenden Konzentration von Forschungs- und Entwicklungskapazitäten, von Investitionsmitteln, Produktionsgrößen usw. Eben deshalb ist vertiefte sozialistische internationale Arbeitsteilung die Vorbedingung für ernsthafte und dauerhafte Erfolge bei der Entwicklung und Anwendung modernster Technik und Technologien. Dabei sind durchaus verschiedene Formen der Organisation einer solchen internationalen Arbeitsteilung möglich.

Ausgangspunkt der Diskussion um neue Formen muß jedoch der zu leitende objektive Prozeß sein. Das ist – allgemein gesprochen – die sozialistische Vergesellschaftung von Produktion und Arbeit als einheitlicher Prozeß in seiner volkswirtschaftlichen und internationalen Entfaltung.

An neue Organisationsformen der sozialistischen internationalen Arbeitsteilung sind in diesem großen Zusammenhang folgende Mindestforderungen zu stellen:

Sie müssen der Ressourcenkonzentration auf den entscheidenden wissenschaftlich-technischen Gebieten dienen und müssen mit Sicherheit einen größeren Effekt als andere, bereits genutzte Formen der internationalen Zusammenarbeit bringen sowie dieser zu einer neuen Qualität verhelfen.

Diese zweite Forderung gewinnt an Aktualität angesichts der Erfahrung, daß zahlreiche in letzter Zeit zwischen verschiedenen sozialistischen Ländern gebildete gemeinsame Betriebe sich schließlich als eine – allerdings effektive – internationale Produktionskooperation und damit als eine gewissermaßen traditionelle Form der internationalen Zusammenarbeit herausgestellt haben.

Es ist aber in diesem Zusammenhang ein entscheidendes Moment noch hinzuzufügen. Der Trend zur internationalen Konzentration beruht objektiv auf entsprechenden Konzentrationsprozessen in den Volkswirtschaften. Er setzt diese auf höherer Stufe fort. Er ersetzt sie jedoch nicht. Internationalisierung und ihr gemäße Organisationsformen im RGW sind demnach eine Frage der zweckmäßigen, effektiven Zusammenarbeit (und gegebenfalls auch des Zusammenschlusses) von im volkswirtschaftlichen Rahmen bereits konzentriert organisierten und fungierenden wissenschaftlich-technischen und Produktionspotentialen. Sie – wenn auch ungewollt – als eigenständige Konzentrationsprozesse zu betrachten, birgt die Gefahr in sich, zwei Arten von Konzentrationsprozessen (und im genannten größeren Zusammenhang zwei Arten von sozialistischen Vergesellschaftungsprozessen) zu definieren.

Wir betrachten die notwendige Ressourcenkonzentration im Rahmen des RGW als notwendigen Teil und als Fortsetzung von Konzentrationsprozessen innerhalb der Volkswirtschaften der Mitgliedsländer des RGW und nicht als Alternative dazu. Sie dürfen nicht parallel dazu bzw. mehr oder weniger unabhängig davon verlaufen, weder ökonomisch noch in organisatorischer und leitungsmäßiger Hinsicht. Die objektive Basis für Internationalisierungsprozesse und für entsprechende Organisationsformen sind also die durch den sozialistischen Staat planmäßig organisierten und einheitlich geleiteten Potentiale der an der Integration beteiligten Volkswirtschaften.

Hier sei abschließend als Gegenstand weiterer Überlegungen die These aufgestellt, daß die Entwicklung neuer (und eventuell auch ungewöhnlicher) Formen der internationalen Zusammenarbeit, als Reaktion auf objektive Konzentrationsprozesse, eine verstärkte Konzentration von Ressourcen und Entscheidungskompetenzen innerhalb der Volkswirtschaften auch bzw. gerade unter den Bedingungen erhöhter ökonomischer Selbständigkeit der Wirtschaftseinheiten voraussetzt.

Anmerkungen

1 Neues Deutschland vom 3. Juni 1988, S. 6.

Norbert Peche

Die Rolle von Internationalisierung und internationalem Maßstab bei der Bewältigung der wissenschaftlich-technischen Revolution

Seit wenigstens zehn Jahren vollzieht sich in der Welt eine Produktivkraftentwicklung, die als wahrhaft revolutionär bezeichnet werden kann. Damit ändern sich auch Grundzustände der volkswirtschaftlichen Reproduktion. Deshalb ist auf dem XI. Parteitag der SED die Beschleunigung der Produktivkraftentwicklung als ein Prozeß bezeichnet worden, der grundsätzliche Bedeutung für die gesellschaftliche Perspektive des Sozialismus besitzt.

Da die wissenschaftlich-technische Revolution den Reproduktionsprozeß in seiner Gesamtheit beeinflußt, begegnen wir einer erstaunlichen Fülle unterschiedlicher Wirkungen, auf die bei der planmäßigen Gestaltung und Leitung der Volkswirtschaft reagiert werden muß.

Wollte man eine Prioritätenliste solcher, von der wissenschaftlich-technischen Revolution ausgehenden Wirkungen aufstellen, müßte man m. E. nach der qualitativ neuen Stellung der lebendigen Arbeit im Reproduktionsprozeß auch die wachsende Internationalisierung des Wirtschaftslebens nennen. Es ist nicht zu übersehen, daß die weltweit errungenen, herausragenden Leistungen auf dem Gebiet von Wissenschaft und Technik und ihre ökonomisch effektive Realisierung mit einem enormen Grad an internationaler Mobilität der Produktionselemente verbunden sind. Es gehört m. E. zu den wichtigsten Besonderheiten der ökonomischen Bedingungen in der derzeitigen Etappe der wissenschaftlich-technischen Revolution, daß ihre Ergebnisse, also z. B. Schlüsseltechnologien, aufwandsseitig nur hervorzubringen sind, wenn im Vorleistungsbereich finanzielle, materielle und personelle Voraussetzungen konzentriert werden, deren Größenordnung zunehmend ein internationales Vorgehen notwendig macht.

Verwendungsseitig ergibt sich ebenfalls die Nutzung äußerer Elemente als notwendige Bedingung, um wissenschaftlich-technische Ergebnisse in immer neuen Generationen hervorbringen zu können. Nur der schnelle Absatz einer möglichst großen Serie von Schlüsseltechnologieprodukten kann den im Vorleistungsbereich notwendigen Fondsvorschuß in einer international konkurrenzfähigen Zeit zurückbringen und damit die Voraussetzungen für die nächste Innovationsstufe schaffen. Es liegt auf der Hand, daß solche Absatzerfordernisse einen Markt notwendig machen, der die Aufnahmefähigkeit der nationalen Märkte in der Regel übersteigt. Berücksichtigt man weiter, welche wichtige Rolle die internationale Arbeitsteilung für die Beschleunigung der Fondskreisläufe und die Optimierung ihrer Aufwandsstrukturen spielen kann, so ist entschieden zu bekräftigen, daß von Vorstellungen über die Außenwirtschaft als einem zusätzlichen Element volkswirtschaftlichen Wachstums endgültig Abschied zu nehmen ist. Die wissenschaftlich-technische Revolution kann nicht erst in ihren Ergebnissen durch das Hinzutreten der internationalen Arbeitsteilung „verwohlfeilert“ werden, sie ist langfristig nur zu bewältigen, wenn sie von Anfang an internationale Elemente einschließt.

Diese Grundaussage schließt sich nahtlos an das nur dem Marxismus eigene Theorem von der im geschichtlichen Prozeß der Produktivkraftentwicklung zunehmenden Vergesellschaftung von Produktion und Arbeit und ihrer Ausdehnung auf die Internationalisierung des Wirtschaftslebens an.

Nicht selten werden in der Praxis dennoch andere Lösungen angestrebt, vor allem wenn das jeweilige Vorhaben in internationaler Kooperation mit größeren Risiken für das Eintreffen des beabsichtigten Resultats verbunden ist, der zusätzliche Koordinierungsaufwand hoch ist und die Abstimmung der zeitlichen Abläufe kompliziert ist. Probleme entstehen vor allem dann, wenn eine Volkswirtschaft zu wenig mit der internationalen Arbeitsteilung verflochten ist, wenn die Bedingungen der äußeren Märkte nicht vertraut genug sind und die Fähigkeit, sich ihnen anzupassen oder auch international günstige Bedingungen durch den eigenen Einsatz herzustellen, zu gering entwickelt ist.

Geht man von der praktisch belegten Tatsache aus, daß die Bewältigung der wissenschaftlich-technischen Revolution langfristig eine breite internationale Arbeitsteilung voraussetzt, so müssen alle Anstrengungen darauf gerichtet sein, sowohl innere Bedingungen zu schaffen, die eine international vergleichbare, hohe Effektivität der Teilnahme an der internationalen Arbeitsteilung gewährleisten, als auch darauf, aktiv an der Ausgestaltung des internationalen Systems der ökonomischen Zusammenarbeit mit dem Ziel teilzunehmen, die Effektivitätsbedingungen für die internationale Kooperation zu verbessern.

Auf dem XI. Parteitag der SED ist bezüglich der Entwicklung moderner Produktivkräfte bekräftigt worden, daß für die Beteiligung an der internationalen Arbeitsteilung nur die auf den jeweiligen internationalen Märkten erreichten technischen und ökonomischen Spitzenwerte orientierender Maßstab sein können. Aus dieser Zielstellung ergeben sich, wenn sie konsequent in die Praxis übertragen werden soll, weitreichende Konsequenzen. Wie in den vorliegenden Thesen festgestellt wird, muß als Kriterium für die Ökonomie der Zeit und damit für die Leistungsfähigkeit einer Volkswirtschaft insgesamt das Maß der Anerkennung der gesellschaftlich verausgabten Arbeit bei der Realisierung der Produkte auf dem Weltmarkt gelten. Zweifellos muß dieser allgemein formulierte Zusammenhang in ökonomisch begründeten Kennziffern abgebildet werden, um ihn als Entscheidungskriterium für die Praxis handhabbar zu machen. Mit dieser Frage hat sich G. Fröhlich in seinem Beitrag beschäftigt.

Ich möchte mich im folgenden kurz einigen Fragen zuwenden, die ökonomische Voraussetzungen behandeln, um internationale Maßstäbe wirksam in den Ablauf volkswirtschaftlicher Reproduktion zu integrieren.

Erstens: Worauf bezieht sich der internationale Maßstab? Weitgehend anerkannt, betrifft er das technische bzw. wissenschaftlich-technische Niveau der Produkte und der Technologien zu ihrer Fertigung. Obwohl ebenso gefordert, hat sich der internationale Maßstab für die ökonomischen Faktoren, also vor allem für die im Preis der Produkte ausgedrückten Aufwände, noch nicht durchgesetzt. Wie bereits erwähnt, führen die von einer schnellen Innovationsfolge geprägten Realisierungsbedingungen der internationalen Märkte jedoch nur zu einem zeitökonomisch wettbewerbsfähigen Rückfluß der vorgeschossenen Fonds, wenn das Produkt zu einem Zeitpunkt angeboten werden kann, der am Beginn der weltweiten Marktperiode des Erzeugnisses liegt, wenn der Kreislauf der Fonds eine Zeitdauer in Anspruch nimmt, die sich in international vergleichbaren Dimensionen bewegt und wenn Tempo und Größenordnung der realisierten Gewinne diesen Prozeß wiederholbar werden lassen. Damit verbunden ist ein neues, ja entscheidendes Gewicht für solche Attribute des Wirtschaftens wie: Schnelligkeit, Flexibilität, Mobilität, Risikobereitschaft und Innovationsfähigkeit.

Zweitens: Für wen gelten internationale Maßstäbe? Zunächst ist das die Frage nach den an der internationalen ökonomischen Zusammenarbeit beteiligten Subjekten. Die DDR hat hier „Schrittmacherfunktionen" im RGW ausgeübt, indem den Kombinaten, mit ihrer Ausgestaltung zum Rückgrad der sozialistischen Planwirtschaft, auch Kompetenzen in der Außenwirtschaft zugeordnet wurden. Und in der Tat ergibt sich m. E. eine logisch konsistente Linie von den neuen Anforderungen, die sich aus den internationalen Bedingungen der Beherrschung der wissenschaftlich-technischen Revolution ergeben und ihren Ausdruck in den erwähnten neuen Attributen des Wirtschaftens finden, bis zur letztlich vollständigen Eigenverantwortlichkeit der Kombinate. Die ganze Vielfalt der eigenen Produktionsmöglichkeiten abzuschätzen, sie mit dem internationalen Niveau zu vergleichen, daraus treffsicher prognostische Überlegungen abzuleiten und dabei Stabilität, Flexibilität und den Zeitfaktor in einem dynamischen Optimum zu sichern, das erfordert mit nahezu „technologischer" Zwangsläufigkeit die Sachkenntnis der unmittelbaren Produzenten. Für jene Produzenten, die unmittelbar am Export beteiligt sind, liegt der internationale Maßstab quasi auf der Hand und die Regelungen zur Leitung, Planung und wirtschaftlichen Rechnungsführung verfolgen das Ziel, den internationalen Maßstab möglichst zwingend zu integrieren.

Viel weniger beachtet wird aber, daß die technischen und ökonomischen Bedingungen für die Herstellung und Realisierung von Exportprodukten über viele Fäden mit dem Kreislauf der innerhalb der volkswirtschaftlichen Reproduktion figurierenden Fonds verbunden sind. Die komplizierten materiellen und finanziellen Verflechtungen im Reproduktionsprozeß lassen nicht immer erkennen, daß die Rentabilität der Exportprodukte letztlich über den gesamten Stufenprozeß ihrer Erzeugung und durch die Effektivität aller Zulieferungen erarbeitet wird. Selbst der Aufwand, den die Gesellschaft für Bildung und Ausbau der Infrastruktur oder andere die Produktion begleitende Bereiche betreibt, hat Einfluß auf die Exportrentabilität.

Strenggenommen gibt es keinen Bereich unserer Volkswirtschaft, der aus dem internationalen Maßstab entlassen werden könnte, keinen, dessen Ineffektivität zunächst (etwa im Interesse effektiver Exporte) hingenommen werden könnte.

Drittens: Auf welche Weise gelangen internationale Maßstäbe zur Wirkung? Die Volkswirtschaft in ihrer Gesamtheit ist täglich mit ihnen konfrontiert. Wenn die DDR etwa 50 % des Nationaleinkommens über den Außenhandel realisiert, so hängt ihr ökonomisches Wachstum zwangsläufig auch vom Erfolg der außenwirtschaftlichen Tätigkeit ab. Täglich wird der in Binnenpreisen durch die Gesellschaft anerkannte Wert vieler Produkte einer internationalen Bewährung unterzogen. Gerade die letzten zehn Jahre haben bewußt gemacht, in welch hohem Maße die Volkswirtschaft von wechselnden Gebrauchswert- und Wertverhältnissen auf dem Weltmarkt beeinflußt wird. Für die unmittelbaren Produzenten, die ja durch die Effektivität ihrer Produktion den entscheidenden Einfluß auf die Exportrentabilität der einzelnen Produkte und die Erlöse aus der Außenwirtschaftstätigkeit der Volkswirtschaft insgesamt ausüben, wird das aber nicht in gleichem Maße sichtbar.

Selbst wenn ein Kombinat die Planaufgaben erfüllt und die wirtschaftliche Rechnungsführung des Kombinates hohe Rentabilität und eine gute Gewinnentwicklung ausweist, besteht die Möglichkeit, daß dieser Produzent auf den Außenmärkten, wo er mit vergleichbaren Produkten konkurrieren muß, den innerhalb der Volkswirtschaft anerkannten gesellschaftlichen Wert seiner Produkte im Exportpreis nicht realisieren kann. Gerade für hochverarbeitete Produkte trifft der geschilderte Zusammenhang nicht selten zu. Die Wirtschaftsstrategie der SED orientiert aber besonders auf die Steigerung der Produktion und des Exports von hochverarbeiteten, wissenschaftsintensiven Produkten.

Sicher sind es viele, sehr unterschiedliche Faktoren, die eine solche Situation erklären können. Zu den volkswirtschaftlich beeinflußbaren unter ihnen zählt m. E., daß sich die Berücksichtigung des internationalen Maßstabs (vor allem für ökonomische Parameter) für die Kombinate nicht zwingend genug ergibt.

Ohne die damit zusammenhängenden Probleme zu übersehen, wird es m. E. im Interesse der Durchsetzung der wissenschaftlich-technischen Revolution immer notwendiger, die Wert- und Preisbedingungen der Außenmärkte zwingender in den Maßstab zu integrieren, mit dem innerhalb der Volkswirtschaft die gesellschaftliche Notwendigkeit von Produktions- und Realisierungsbedingungen anerkannt wird.

Wenn die Kombinate, das Rückgrad der sozialistischen Planwirtschaft, schrittweise auch zum selbständig und selbstverantwortlich handelnden Subjekt der internationalen Arbeitsteilung werden sollen, und das ist im Interesse der Bewältigung der wissenschaftlich-technischen Revolution notwendig, dann muß durch die Gestaltung der inneren Ware-Geld-Beziehungen gewährleistet werden, daß sich die Kombinate bei ihrem Auftreten auf den Außenmärkten im volkswirtschaftlichen Sinne rational verhalten. Dazu müssen die Kombinate auf die Außenmärkte „gehen“. Aber ebenso unerläßlich scheint es mir, einen Teil der äußeren Bedingungen quasi in die Volkswirtschaft „hereinzuholen“, sie nicht auswahlweise und zeitlich verschoben zu imitieren, sondern sie direkt auf die wirtschaftliche Rechnungsführung der Kombinate wirken zu lassen.

In diesem Sinne besitzt m. E. jede Maßnahme, die geeignet ist, internationalen Maßstäben unausweichlich Geltung zu verschaffen, sie quasi zu einem notwendigen Funktionselement der volkswirtschaftlichen Reproduktion werden zu lassen, erstrangige Bedeutung für die Durchsetzung der auf dem XI. Parteitag der SED nachdrücklich erhobenen Forderung, sich noch konsequenter den Bedingungen des Weltmarktes zu stellen. Dabei wird nicht übersehen, daß der Weltmarkt heute weitgehend ein durch die transnationalen Monopole regulierter Markt darstellt, der weit davon entfernt ist, gleichgewichtige Proportionalität bei Gleichberechtigung und Chancengleichheit herzustellen. Seine Instabilität sowie die gravierende Zunahme spekulativer Elemente, die sich vor allem aus der wachsenden Divergenz zwischen monetären und materiellen Prozessen ergibt, haben selbst die kapitalistischen Staaten zu regulierenden, letztlich protektionistischen Maßnahmen veranlaßt. Andererseits wird der Weltmarkt, vor allem von den USA, dazu benutzt, wirtschaftliche Probleme auf Kosten der anderen Nationen zu lösen. Zu diesen Erscheinungen darf es keine Illusionen geben. Dennoch ist der Weltmarkt mit seinen Produktions- und Realisierungsbedingungen Realität. Er hat in einem widerspruchsvollen, von Gegensätzen und Kämpfen getragenen Prozeß der Produktivkraftentwicklung breiten Raum verschafft. Seine Maßstäbe können nur akzeptiert und möglichst effektiv in das System der inneren Leitung, Planung und wirtschaftlichen Rechnungsführung integriert werden. Hat der internationale Maßstab seine Meß-, Signal- und Stimulierungsfunktion erfüllt, müssen zeitlich begrenzte, staatliche Maßnahmen des Schutzes und der Umverteilung die möglichst effektive Anpassung der einzelnen Produzenten an die Weltmarktbedingungen ermöglichen.

Dabei ist von erheblicher Bedeutung, daß der größte Teil der Außenwirtschaftsbeziehungen der DDR ohnehin auf den sozialistischen Teil des Weltmarktes orientiert ist, für dessen Regulation den Mitgliedsländern des RGW die den gemeinsamen sozialistischen Produktionsverhältnissen eigenen Möglichkeiten zur Verfügung stehen, d. h. Gleichberechtigung und gegenseitiger Vorteil, Stabilität und Berechenbarkeit in höherem Maße als es in den intersystemaren Wirtschaftsbeziehungen derzeit der Fall ist.

Deshalb entspricht es auch den Kriterien langfristig zu sichernder ökonomischer Rationalität, die Überlegungen zur internationalen Arbeitsteilung immer zuerst als Überlegungen zur Entwicklung der sozialistischen ökonomischen Integration anzustellen.

Gerhard Fröhlich

Zum Maß der Anerkennung gesellschaftlicher Arbeit auf den Außenmärkten

In der These 4 des vorgelegten Materials wird die Feststellung getroffen, „Kriterium für die Ökonomie der Zeit ist letztlich das Maß der Anerkennung der gesellschaftlich verausgabten Arbeit bei der Realisierung der Produkte auf dem Weltmarkt". Ich möchte mich mit der Frage beschäftigen, in welcher Form dieses allgemein formulierte Kriterium in konkreter Gestalt in den Betrieben und Kombinaten durch Erlöse und Aufwendungen seinen Ausdruck findet. Eine solche Konkretisierung halte ich für erforderlich, weil nur so der Wirtschaftspraktiker feststellen kann, ob die in seinem Verantwortungsbereich verausgabte Arbeit den gesellschaftlichen Anforderungen Rechnung trägt, wertbildend wirkt und beim Export gesellschaftlich anerkannt wird. Der Wirtschaftspraktiker ist mit Kosten und Preisen direkt konfrontiert und nur indirekt mit der gesellschaftlichen Arbeitszeit, die den Wertkategorien zugrunde liegt.

Der in der These grundsätzlich formulierte Zusammenhang gewinnt in der Zusammenarbeit zwischen den RGW-Ländern immer größere Bedeutung. Sie nimmt zu, wenn Entscheidungen zunehmend von Effektivitätsüberlegungen und kommerziellen Prämissen ausgehen und Verteilungsmechanismen mit administrativen Merkmalen in den Hintergrund treten.

Die Grundkennziffer für die Ermittlung der Rentabilität des Exports wird in der DDR durch das Verhältnis zwischen Exporterlös und Exportaufwand ermittelt. Der Exporterlös wird in Mark ausgedrückt und bezieht sich auf die Basis frei Grenze DDR. Der Exportaufwand wird auf der Grundlage der Betriebspreise zuzüglich der Handelsspanne des Außenhandelsbetriebs, der Kosten für die Exportverpackung und der Warenversandkosten in der DDR berechnet. Die Kennziffer Exportrentabilität kann gebildet werden für einzelne Erzeugnisse, für Erzeugnisgruppen, für Betriebe, Kombinate, Industrieministerien und auch für die Volkswirtschaft insgesamt.

Vielfach trifft man die Ansicht an, der eigene Aufwand würde dann den international notwendigen Aufwand nicht übersteigen, wenn der Exportaufwand für ein bestimmtes Erzeugnis gleich oder kleiner ist als der Exporterlös. Begründet wird das damit, daß der Exporterlös der Geldausdruck des internationalen Wertes und damit des international gesellschaftlich notwendigen Aufwands sei. Eine solche Aussage kann aber mit der Kennziffer Exportrentabilität nicht getroffen werden. Richtig ist vielmehr – wie das auch in der Fachliteratur festgestellt wird –, daß eine Rentabilitätskennziffer von 1 (Exporterlös = Exportaufwand) „lediglich anzeigt, daß die Rentabilität des betreffenden Exportes der des Durchschnitts der Volkswirtschaft entspricht".[1] Mit der Exportrentabilität erfolgt ein Vergleich der volkswirtschaftlich durchschnittlichen Aufwendungen für die Erwirtschaftung einer Valuta-Einheit mit den jeweiligen individuellen Aufwendungen in der eigenen Volkswirtschaft.

Woraus ist es zu erklären, daß der Exportrentabilität kein direkter Vergleich der eigenen Aufwendungen an Arbeitszeit mit den Arbeitsstunden, die international marktbestimmende Produzenten verausgaben, zugrunde liegen kann? Die Gründe liegen in der Tatsache, daß es sich bei der wertschaffenden Arbeit um abstrakte Arbeit handelt, was sich u. a. in bestimmten Gesetzmäßigkeiten der Bildung des Valutakurses niederschlägt. Der Kurs muß beim kommerziellen Warenverkehr mit dem Ausland angewendet werden, um Erlöse und Aufwendungen in einem einheitlichen Wertausdruck, der nationalen Währung, gegenüberzustellen. Ökonomisch begründet ist dieser Kurs dann, wenn er auf dem Verhältnis der Kaufkraft der eigenen Währung zur Fremdwährung beruht. Daraus folgt, daß man zum Beispiel „diesen Kurs auch als den durchschnittlichen Aufwand, ausgedrückt in Industriepreisen und der nationalen Währung, zur Erwirtschaftung eines transferablen Rubels bezeichnen"[2] kann.

Die Tatsache, daß es sich bei der wertschaffenden Arbeit um abstrakte Arbeit handelt, hat hinsichtlich des Exports weitere Konsequenzen. Der gesellschaftliche Wert „wird nicht durch die Arbeitszeit gemessen, die sie im einzelnen Fall dem Produzenten tatsächlich kostet, sondern durch die gesellschaftlich zu ihrer Produktion erheischte Arbeitszeit".[3] Wenn sich ein Produzent mit seiner Ware auf den Außenmarkt begibt, erfolgt eine Reduktion der von ihm aufgewendeten Arbeitszeit auf eine bestimmte Maßeinheit, „die Durchschnittseinheit der universellen Arbeit".[4] Diese Reduktion erfolgt je nachdem wie produktiv, qualifiziert und intensiv die eigene Arbeit im Verhältnis zu ausländischen Produzenten ist. „Der intensivere Arbeitstag der einen Nation stellt sich in höherem Geldausdruck dar als der minder intensive der anderen."[5]

In der Praxis der Kursbildung und der Erlös/Aufwandrechnung beim Export wirken die dargelegten grundsätzlichen Zusammenhänge der Reduktion individueller Arbeitszeit auf eine Durchschnittseinheit auf zwei miteinander unlöslich verbundenen Stufen. Sie sind nicht unmittelbar sichtbar, sondern wirken hinter den Wertkategorien und bewirken ihre konkreten Ausdrucksformen, insbesondere die Preise. Einmal wird eine Durchschnittseinheit internationaler Arbeit in einer bestimmten Proportion nationaler Arbeit ausgedrückt – das erfolgt über den Kursmechanismus. Die zweite Stufe ist der Vergleich der individuellen Aufwendungen bei der Herstellung der Exportwaren mit dem eigenen volkswirtschaftlichen Durchschnitt. Wie bereits dargestellt, erfolgt das mit der Ermittlung der Exportrentabilität.

Eine Vielzahl von Analysen zu den Ursachen mehr oder weniger günstiger Exportrentabilität einzelner Erzeugnisse, die letztlich auf einen Weltstandsvergleich bei den Aufwendungen an Arbeitszeit hinausliefen, hat gezeigt, daß die Proportion, in der sich individuell aufgewendete Arbeitszeit als wertschaffend erweist, von einer Vielzahl von konkreten Faktoren abhängt. Im Vordergrund stehen dabei folgende:

- Erzeugniseigenschaften, wissenschaftlich-technisches Niveau, Anwendernutzen;
- Zeitfaktor, insbesondere Zeitpunkt des Erscheinens eines bestimmten Produkts;
- Lohnniveau und Niveau der sonstigen Kosten in den Hauptproduzentenländern, gegen die konkurriert werden muß, oder von deren Exportangebot die Hauptwarenmarktpreise bestimmt werden;
- Standortvorteile oder -nachteile;
- Technologie, die in vielen Fällen wesentlich vom Produktionsumfang bestimmt wird;
- Effektivität beim Einsatz der Grundmittel;
- Verteilung fixer Kosten auf die Produktionsserie;
- Kooperationsprozesse und Preise für Zulieferprodukte;
- Materialeinsatz, Gewicht der Erzeugnisse;
- natürliche Bedingungen (u. a. Rohstoffvorkommen).

Wie erkennbar ist, wirken die genannten Faktoren unmittelbar in der Produktion. Damit ist es nicht richtig anzunehmen, unterschiedliche Exportrentabilität einzelner Waren beruhe darauf, daß national geschaffener Wert auf den Außenmärkten in höherem oder geringerem Maße realisiert werden kann. In Wirklichkeit kommt der in der Produktion von Exporterzeugnissen geschaffene tatsächliche Wert im Exporterlös zum Ausdruck. „Wer im rauhen Klima der Weltmärkte hinter dem internationalen Kosten- und Qualitätsniveau zurückbleibt, das sich in ständiger, rascher Bewegung befindet, spürt am realen Valutaerlös in Mark als unbestechlichen Maßstab für seine Exportprodukte, daß überhöhter Aufwand nicht wertbildend wirkt und ebenso wie eine unzureichende Qualität des Angebots das Nationaleinkommen schmälert."[6] Unterschiede zwischen Exporterlösen und Exportaufwendungen haben im wesentlichen in der Sphäre der Produktion ihren Ursprung und nicht in der Zirkulation. Dabei ist es allerdings erforderlich, daß der in der Produktion geschaffene Wert durch ein hohes Niveau der Verkaufstätigkeit auf dem Markt realisiert wird.

Die oben genannten Faktoren für mehr oder weniger günstige Exportrentabilität wirken bei den einzelnen Erzeugnissen außerordentlich differenziert. Daraus leitet sich das Erfordernis nach konkreten, erzeugnisbezogenen Analysen ab mit dem Ziel, die Kräfte und Mittel vor allem dort zu konzentrieren, wo unter Beachtung aller Bedingungen künftig mit möglichst geringem Eigenaufwand eine höchstmögliche Valutaerwirtschaftung zu sichern ist. Zu unterstützen ist in diesem Zusammenhang die Feststellung in den Thesen für diese Tagung, daß der internationale Leistungsvergleich und die dabei wirkenden Maßstäbe des Gesetzes der Ökonomie der Zeit den gesamten Reproduktionsprozeß erfassen, „unabhängig davon, ob die Produkte im Außenhandel figurieren oder ob sie ausschließlich für den Inlandbedarf vorgesehen sind". Die Durchführung von Weltstandsvergleichen hinsichtlich der Aufwendungen und der realen Wertbildung ist ein durchgängiges Erfordernis der Leitungstätigkeit.

Anmerkungen

[1] Autorenkollektiv, Valutaökonomie, Verlag Die Wirtschaft Berlin 1986, S. 110.
[2] Ebenda, S. 110.
[3] K. Marx, Das Kapital, in: MEW, Bd. 23, S. 336.
[4] Ebenda, S. 584.
[5] Ebenda, S. 548.
[6] H. Koziolek, Produktivkraft und Gewinn im Sozialismus, in: Einheit, 6/1988, S. 507.

Christa Luft

Entwicklungstendenzen bei der Leitung und Organisation der Außenwirtschaft in den RGW-Ländern und Schlußfolgerungen für ihre Zusammenarbeit

Die in den 80er Jahren vor sich gehende Vervollkommnung bzw. Umgestaltung der Wirtschaftsmechanismen der europäischen RGW-Länder, darunter der Leitung und Organisation der Außenwirtschaft, weist in der qualitativen Grundrichtung weitgehend übereinstimmende Entwicklungstendenzen auf. In der konkreten Ausgestaltung, im Grad und auch im Tempo der Durchsetzung dieser Tendenzen gibt es z. T. nicht unbeträchtliche Differenzierungen und Abstufungen.

Der Kern ist offenbar die qualitativ neue Stellung der produzierenden Wirtschaftseinheiten, ihre zunehmende ökonomische Selbständigkeit und Eigenverantwortung. Damit sind letztlich alle anderen Entwicklungstendenzen in den Wirtschaftsmechanismen unmittelbar oder mittelbar verbunden.

Auf außenwirtschaftlichem Gebiet treten die produzierenden Wirtschaftseinheiten auf immer mehr Gebieten als selbständige Ebene der internationalen wissenschaftlich- technischen und wirtschaftlichen Zusammenarbeit in Erscheinung, und dieser Trend prägt sich weiter aus. Damit gewinnen in diesen Prozessen die Interessen von Produzenten ebenso wie die Bedürfnisse und Probleme von Anwendern und Verbrauchern ein neues Gewicht.

Im folgenden sollen einige damit verbundene Konsequenzen untersucht werden.

1. Die verstärkte direkte Zusammenarbeit auf der Ebene der Wirtschaftseinheiten begünstigt die Vertiefung der innerzweiglichen Spezialisierung, die wissenschaftlich-technische und Produktionskooperation, die gemeinsame Rekonstruktion und Modernisierung und andere die Intensivierung fördernde Formen der internationalen sozialistischen Arbeitsteilung, die mit der Realisierung des RGW-Komplexprogramms des wissenschaftlich-technischen Fortschritts an Bedeutung gewinnen.

Gegenüber der bisherigen Praxis soll sich im Zeitraum 1991–1995 auch die Zahl der auf Ebene der Zweige und Betriebe international zu koordinierenden Positionen wesentlich erweitern, wohingegen sich die auf zentraler Ebene herbeizuführenden Abstimmungen reduzieren sollen.[1]

In der DDR erfordert das z. B., den an diesem Prozeß teilnehmenden Kombinaten und Betrieben zentral bilanzierte Rahmenbedingungen als Spielraum für flexible Verhandlungen mit ihren Partnern zu bestätigen, damit sich auf volkswirtschaftlicher Ebene Importwünsche und Exportmöglichkeiten pro Land weitestgehend ausgeglichen gestalten. Laufende enge direkte Beziehungen der Kombinate zu den Anwendern ihrer Erzeugnisse sind die entscheidenden Voraussetzungen, um mit den Partnern zu langfristig stabilen, ihrem Bedarf voll entsprechenden Abstimmungen zu kommen und so ein hohes Zuverlässigkeitsniveau im Prozeß der Realisierung zu gewährleisten.

Wesentlich an Bedeutung gewinnen wird die Arbeit der Paritätischen Regierungskommission DDR–UdSSR sowie der bilateralen Wirtschaftsausschüsse. Das betrifft insbesondere die größere Wirksamkeit der Arbeitsgruppen, in denen die wichtigsten Kombinate, Vereinigungen und Betriebe der jeweiligen Partnerländer vertreten sind.

2. Perspektivisch bedeutsame Wirkungen können auf die gegenseitigen Wirtschaftsbeziehungen der Mitgliedsländer des RGW von Veränderungen ausgehen, die sich in den meisten Ländern im Charakter der zentralen staatlichen Leitung auf dem Gebiet der Außenwirtschaft abzeichnen.

Die beabsichtigte bzw. bereits vor sich gehende Konzentration in der Tätigkeit der zentralen Staatsorgane auf außenwirtschaftsstrategische Fragen verbessert die Möglichkeiten, in den gegenseitigen Beziehungen im Rahmen der Perspektivplankoordinierung sowie durch den Abschluß langfristiger Abkommen und Verträge auf volkswirtschaftlich entscheidenden Gebieten zu gegenseitig vorteilhaften Lösungen zu gelangen. Gleichzeitig ist die in einigen Ländern z. T. schon erfolgte bzw. vorgesehene Einschränkung der operativen Eingriffe zentraler Staatsorgane in die laufende Tätigkeit der Produktions- und Außenhandelsbetriebe zu berücksichtigen. In Verbindung mit der in der verarbeitenden Industrie (v. a. im Maschinenbau) größtenteils vorgenommenen Herauslösung spezialisierter Außenhandelsorganisationen aus der Unterstellung unter das Ministerium für Außenwirtschaftsbeziehungen des betreffenden Landes führt dazu, daß die direkten Einflußmöglichkeiten dieses Ministeriums auf die am Außenhandel beteiligten Organisationen begrenzter werden. Insbesondere reduziert sich sein operativer Koordinierungseinfluß. Aufgaben der warenmäßigen Koordinierung der Ex- und Importe werden künftig verstärkt von den Wirtschaftseinheiten mit ihren jeweiligen Partnern in den betreffenden Ländern wahrzunehmen sein.

Die entscheidende Voraussetzung für die Einhaltung von Verpflichtungen aus völkerrechtlichen Abkommen, die den Wirtschaftseinheiten der UdSSR und der meisten anderen Mitgliedsländer der RGW in Form von Staatsaufträgen übertragen werden, besteht darin, daß die gegenseitig zu liefernden Erzeugnisse zum Zeitpunkt der Vertragsrealisierung voll den Kundenanforderungen entsprechen.

3. Die stärkere Anwendung ökonomischer Methoden bei der Leitung der Außenwirtschaft, insbesondere des Außenhandels, prägt entscheidend die Interessen der Wirtschaftseinheiten, die als Partner in den gegenseitigen Beziehungen auftreten.

Die auf das finanzielle Gesamtergebnis der Vereinigungen und Betriebe wirkenden Exporterlöse und das Prinzip der Eigenerwirtschaftung der Mittel für Importe bringen objektiv das Streben der Partner hervor, kostendeckende Preise für ihre Exporte zu erzielen, möglichst die eigenen Aufwendungen als Grundlage der Vertragspreisbildung zu nehmen bzw. zu Vereinbarungspreisen zu kommen. Das wird insbesondere dort spürbar, wo Angebot und Nachfrage in der RGW-Gemeinschaft auseinanderfallen, wo es Monopolstellungen und einseitige Abhängigkeiten gibt. Auch beim Austausch im Rahmen von Direktbeziehungen treten derartige Bestrebungen auf. Als Wege, um ein solches, den geltenden RGW-Vertragspreisbildungsprinzipien entgegenstehendes Vorgehen zurückzudrängen, können angesehen werden:

- Die konsequente Orientierung an Weltmarktpreisen und deren Dokumentierung,
- die Nutzung des insbesondere seitens sowjetischer Produktionsvereinigungen verstärkt zu erwartenden Angebots von Kompensationsgeschäften als Möglichkeit des gegenseitigen Interessenausgleichs,
- die Aufrechterhaltung eigener führender Stellungen auf dem Markt der UdSSR und anderer RGW-Länder,
- die gezielte Ausnutzung der in den meisten Ländern entstandenen bzw. entstehenden Wettbewerbssituation zwischen Anbietern gleicher Erzeugnisse,
- ein eigenes attraktives Exportwarenangebot, vor allem an neuen Erzeugnissen, für das der Partner in der RGW-Gemeinschaft keine oder nur beschränkt alternative Kaufmöglichkeiten hat. Das erweist sich langfristig als das Kernproblem.

Der Fakt, daß die Vereinigungen und Betriebe in der UdSSR und anderen RGW-Ländern nur für einen Teil ihrer Kapazitäten verbindliche Staatsaufträge erhalten und für den anderen Teil selbst Aufträge vertraglich binden sollen sowie das Prinzip der Eigenerwirtschaftung der Importmittel bieten perspektivisch (nach Lösung der Anlaufprobleme) die günstige Gelegenheit, Möglichkeiten für den stabilen Import von Erzeugnissen der verarbeitenden Industrie zu erschließen, die im Hinblick auf wissenschaftlich-technisches Niveau, Qualität und Service international wettbewerbsfähig sind. Voraussetzung ist die rechtzeitige Übergabe der technischen Spezifikationen für zum Import in Frage kommende Erzeugnisse sowie das eigene Angebot attraktiver Exporterzeugnisse zur Sicherung der Finanzierung.

Eine langfristig angelegte Anfrage- und Bestelltätigkeit, die Produktionsvereinigungen und Betriebe der Partnerländer in die Lage versetzt, den Bedürfnissen von Anwendern bzw. Verbrauchern im eigenen Land entsprechende Lieferungen rechtzeitig in ihr Produktionsprogramm aufzunehmen, erfordert die frühzeitige Festlegung der gebrauchswertmäßigen Struktur des Imports.

Das materielle Interesse sowjetischer Produktionsvereinigungen und Betriebe am Aufbau von Kooperationsbeziehungen kann Möglichkeiten bieten, Exportlinien zu erschließen. Es kann auch erwartet werden, daß sowjetische Vereinigungen und Betriebe zur eigenen Exportsteigerung Kompensationsgeschäfte anbieten werden. Durch solche Angebote können sich zeitweilig Möglichkeiten für zusätzliche Exporte oder auch für den Bezug versorgungswichtiger Güter oder Leistungen eröffnen.

Die Eigenerwirtschaftlung der Importmittel kann dazu führen, daß in Abkommen enthaltene und in Verträgen gebundene Exporterzeugnisse von den Wirtschaftseinheiten der Partnerländer nicht abgenommen werden, weil die selbst zu erwirtschaftenden Valuten nicht oder noch nicht verfügbar sind. Daraus können Bestrebungen von Betrieben der betreffenden Länder nach Einräumung von Zahlungszielen entstehen.

4. Die zunehmende Anzahl, die größere Vielfalt und die regionale Streuung von am Außenhandel der meisten RGW-Länder teilnehmenden Organisationen führen zu Wirkungen bzw. Erfordernissen, die in der Außenhandelstätigkeit zu berücksichtigen sind.[2]

Entscheidend wachsen die Anforderungen an die Intensität der Marktarbeit. Der Marktarbeitsaufwand von der Marktforschung über die kundenindividuelle Beratung bis zur Geschäftstätigkeit nimmt erheblich zu. Es ist in Rechnung zu stellen, daß Importentscheidungen in stärkerem Maße als bisher von den Produktionsbetrieben selbst getroffen werden. Sie beeinflussen damit direkt die Realisierung von Positionen der Abkommen und Jahresprotokolle. Dabei prüfen sie die angebotenen Erzeugnisse hinsichtlich der technischen Parameter genauer und wägen ihre Wirtschaftlichkeit unter Anwendungsaspekten sorgfältig ab. Das betrifft in der UdSSR und anderen Ländern nicht nur die Importe, die von den Produktionsvereinigungen mit eigenen Außenhandelsfirmen bzw. den Betrieben mit Außenhandelsrecht getätigt werden, sondern erstreckt sich auch auf jene Importe, die von dem Ministerium für Außenwirtschaftsbeziehungen oder Branchenministerien unterstellten Außenhandelsorganisationen realisiert werden. Auch diese müssen zunehmend die Wirtschaftlichkeitserwägungen der Anwender/Abnehmer berücksichtigen.

Das zwingt dazu, die Liefer- und Leistungsfähigkeit der Kombinate, Export- und Außenhandelsbetriebe des eigenen Landes laufend überzeugend unter Beweis zu stellen. Einladungen zu Messen, Ausstellungen, Symposien usw. dürfen nicht mehr auf die Vertreter von spezialisierten Außenhandelsbetrieben begrenzt bleiben, sondern müssen alle auf dem betreffenden Gebiet zum Außenhandel berechtigten Betriebe und Organisationen erreichen.

Marktbearbeitung ist „vor Ort“ erforderlich und beschränkt sich nicht mehr auf die Hauptstädte der Länder mit den in der Regel dort ansässigen Außenhandelsbetrieben. Sie muß auf die *Anwender* der Erzeugnisse ausgedehnt werden. Insbesondere in der UdSSR macht die Vielfalt und territoriale Streuung der am Außenhandel teilnehmenden Organisationen und Betriebe bisher unbekannten Bedarf sichtbar, der systematisch erforscht werden muß.

Da weitaus mehr Betriebe und Organisationen zum Import berechtigt sind, müssen Lieferangebote für Erzeugnisse der verarbeitenden Industrie (darunter auch für Konsumgüter) gezielt an mehrere Partner oder freibleibend an alle in Frage kommenden Partner unterbreitet werden.

Die in einigen Ländern bereits geschaffene bzw. in Vorbereitung befindliche Konkurrenzsituation zwischen einheimischen Anbietern und Beziehern gleicher Erzeugnisse bedarf der zielstrebigen Prüfung und Nutzung für die mögliche Durchsetzung von Außenhandelsinteressen des eigenen Landes.

Die Beherrschung der jeweiligen Landessprache wird für die kundenindividuelle Arbeit unabdingbar. Die zu aktivierende Werbung und Öffentlichkeitsarbeit erfordert ebenfalls den Einsatz der Landessprache. Insbesondere die zunehmende Zahl kleiner Firmen mit Außenhandelsrecht (darunter – wie z.B. in der UVR und der VRP – auch Genossenschaften und Handwerksvereinigungen) führt zu einem wachsenden Bedarf an Beratungsleistungen.

Die stärkere Konfrontation mit der schärfer werdenden Konkurrenz auf den Märkten europäischer sozialistischer Länder erhöht die Rolle eines leistungsfähigen Kundendienstes, um Marktanteile zu erhalten. Das kann neue Überlegungen zu seiner Organisation erforderlich machen. Sie reichen von der Schaffung gemeinsamer Betriebe, z.B. auf dem Territorium der UdSSR zur Lösung von Kundendienstaufgaben, bis zur Heranziehung von Spezialisten des Partnerlandes hierfür.

Eine der Kernfragen, zu der angesichts der neuen Rolle der Wirtschaftseinheiten von der ökonomischen Theorie fundierte Antworten erwartet werden, lautet, wie unter diesen Bedingungen die Formen und Methoden zur Durchsetzung des demokratischen Zentralismus zu gestalten sind.

Ich stimme Abalkin zu, wenn er sagt, daß in der Konzeption der Umgestaltung der Leitung die Erforschung der Rolle der Grundeinheit der Produktion am weitesten fortgeschritten ist. Bedeutend weniger ausgearbeitet sei eine den neuen Bedingungen entsprechende Konzeption des Zentralismus. Dabei gehe es nicht um scholastische Diskussionen darüber, ob eine Erweiterung oder Einschränkung des Zentralismus in der Leitung erforderlich sei. Die Aufgabe bestünde vielmehr in der Erarbeitung einer prinzipiell neuen „Philosophie des Zentralismus“[3]. Abalkin hebt auch zu Recht hervor, daß Zentralismus ebenso wie Selbständigkeit der Betriebe im Sozialismus kein Ziel, sondern lediglich ein Mittel der Wirtschaftsentwicklung sind. Beide sind in dem Maße notwendig, wie sie die Bedingungen für höchstmögliche Effektivität der Reproduktion schaffen.

Mit „Systemvergleichen“ beschäftigte bürgerliche Ökonomen vertreten die Ansicht, daß wachsende außenwirtschaftliche Eigenverantwortung der Wirtschaftseinheiten und staatliches Außenwirtschaftsmonopol einander ausschließen. Eigenverantwortung müsse mit einer „restriktionsfreien“ Wirtschaftstätigkeit entsprechend den Signalen des Weltmarktes einhergehen. Auch bei einzelnen Ökonomen sozialistischer Länder kann man lesen, daß Eigenerwirtschaftung von Valuten und Valutamonopol des Staats nicht miteinander harmonieren.

Nach meiner Meinung haben praktische Erfahrungen bereits erwiesen, daß sich die bestmögliche Nutzung der proportionalitäts- und effektivitätsfördernden Funktionen der Außenwirtschaftsbeziehungen mit stärkerer außenwirtschaftlicher Eigenverantwortung isoliert voneinander arbeitender Wirtschaftseinheiten allein nicht gewährleisten läßt. Schon gar nicht kann sie spontanen Marktkräften überlassen werden.

Eigenverantwortung und zentrale staatliche Leitung und Planung auf dem Gebiet der Außenwirtschaft stehen keineswegs im Widerspruch zueinander. Letztere bildet vielmehr die unersetzliche Voraussetzung dafür, das Interesse der Kombinate an der Erhöhung der Effektivität ihrer eigenen wirtschaftlichen Tätigkeit mit dem gesellschaftlichen Interesse an innerer Proportionalität der Volkswirtschaft insgesamt und an ihrer äußeren Bilanziertheit in Übereinstimmung zu bringen. Man erhält doch noch nicht dadurch eine das äußere Gleichgewicht der Volkswirtschaft sichernde Proportion zwischen Valutaeinnahmen und Valutaausgaben, daß man die Exporte und Importe sämtlicher Wirtschaftseinheiten addiert. Auch muß die Außenwirtschaft in ihrer Komplexität sowie ihren vielfältigen Beziehungen zu anderen Bereichen der Volkswirtschaft Objekt zentraler Leitung und Planung sein.

Aber natürlich ergeben sich aus der höheren Eigenverantwortung qualitativ neue Anforderungen an die Zentrale. Dazu gehören:

- Ein wesentlich höheres Niveau der langfristig-strategischen Arbeit sowohl auf staatlicher Ebene als auch in den zwischenstaatlichen Beziehungen,
- die stabile Ausprägung des Interesses der Wirtschaftseinheiten an der Entwicklung vorteilhafter Außenhandelsbeziehungen durch Schaffung entsprechender langfristiger Normative und anderer Rahmenbedingungen,
- die Berücksichtigung und konsequente Handhabung ökonomischer Maßstäbe der Außenmärkte bei der Gestaltung von Planvorgaben usw.

Anmerkungen

1 1986 bis 1990 wurden z.B. auf Ebene der Staatlichen Plankommission der UdSSR und der DDR im Export 950 und im Import 650 Positionen zentral abgestimmt.

2 Ende 1987 belief sich die Zahl der am Außenhandel teilnehmenden Organisationen in der VR Bulgarien auf etwa 170, in der Ungarischen Volksrepublik auf etwa 350, in der VR Polen auf 400, in der UdSSR auf etwa 200, wobei 700 weitere Betriebe und Organisationen das Recht haben, als Partner im Rahmen von Direktbeziehungen aufzutreten. In den meisten der genannten Länder sind die Ziffern während des Jahres 1988 weiter angestiegen.

3 Vgl. L. Abalkin, Gestützt auf die Lehren der Vergangenheit, in: Kommunist, 16/1987 (russ.).

Dieter Schulmeister

Anforderungen an das System der Leitung und Planung in der DDR zur verstärkten Nutzung der sozialistischen ökonomischen Integration für die Beschleunigung des wissenschaftlich-technischen Fortschritts

Die verstärkte Nutzung der sozialistischen ökonomischen Integration für ökonomischen und sozialen Fortschritt in jedem Mitgliedsland des RGW und für die Stärkung der Gemeinschaft als Ganzes, insbesondere für die Beschleunigung des wissenschaftlich-technischen Fortschritts, stellt neue Anforderungen an das System der Leitung, Planung und wirtschaftlichen Rechnungsführung in den sozialistischen Volkswirtschaften.

Wir haben in der DDR ein System der Leitung und Planung der Volkswirtschaft, das prinzipiell auf die Nutzung der Möglichkeiten der sozialistischen ökonomischen Integration orientiert, das von seiner Anlage, seinen Zielen und Bedingungen darauf gerichtet ist, die sozialistische internationale Arbeitsteilung für volkswirtschaftliches Wachstum, Effektivität und Proportionalität zu erschließen. Wichtige Bestandteile und Elemente des Leitungs- und Planungssystems in dieser Hinsicht sind:

- Die Bestimmung der Grundrichtungen und Schwerpunkte der Teilnahme an Integrationsmaßnahmen auf den Gebieten der Forschungs-, Investitions- und Produktionstätigkeit als Bestandteil der langfristig strategischen Arbeit und der konzeptionellen Vorbereitung der Pläne, beispielsweise der Veredlungskonzeptionen, die in Vorbereitung des Fünfjahrplanes 1986–1990 erarbeitet wurden;
- die Ausarbeitung des „Planes der Maßnahmen der sozialistischen ökonomischen Integration" (SÖI-Plan) als Bestandteil des Fünfjahr- und Jahresplanes durch zentrale staatliche Organe, Kombinate und andere Einrichtungen;[1]
- die Einordnung der Aufgaben und Fonds zur Durchführung von Integrationsmaßnahmen in die entsprechenden Teile des Volkswirtschaftsplanes und in die MAK-Bilanzen sowie die Einhaltung der Verpflichtungen aus der Plankoordinierung und den Abkommen als wichtiges Anliegen der Planerarbeitung;[2]
- die Ausarbeitung von Länderkonzeptionen und von staatlichen Aufgaben für den Export und Import für die sozialistischen Länder durch die Staatliche Plankommission und die Planung der Entwicklung der Außenwirtschaftsbeziehungen pro Land durch das Ministeriums für Außenhandel, die Industrieministerien, Außenhandelsbetriebe und Kombinate;[3]
- die Einbeziehungen von Außenhandelsergebnissen in die wirtschaftliche Rechnungsführung der Kombinate und Betriebe;
- die Erfüllung der Exportverpflichtungen, insbesondere gegenüber der UdSSR, im sozialistischen Wettbewerb und die Leistungsbewertung u. a.

Die sozialistische ökonomische Integration ist integraler Bestandteil der Leitung und Planung der sozialistischen Volkswirtschaft auf allen Ebenen, wenn auch in der Praxis noch nicht immer alle Möglichkeiten genutzt werden.

Mitunter sind noch Vorstellungen anzutreffen, die Aufgaben ausschließlich im Rahmen volkswirtschaftlicher Arbeitsteilung zu lösen und sozialistische internationale Arbeitsteilung nur dann anzustreben, wenn die Wachstums- und Effektivitätsziele nicht erreicht werden bzw. wenn es Probleme bei Materialien, Rohstoffen und Kapazitäten gibt. Dabei spielen Fragen der Zuverlässigkeit, der Sicherheit eingegangener Verpflichtungen (der eigenen und des Partners) in diesen Überlegungen auch eine Rolle.

Die qualitativ neue Stufe der Zusammenarbeit, insbesondere mit der Sowjetunion, die objektiv notwendig ist und die auch einen zentralen Platz bei der weiteren Verwirklichung unserer ökonomischen Strategie einnimmt, wie K. Hager auf dem 6. Plenum des Zentralkomitees der SED unterstrich[4], macht objektiv eine Weiterentwicklung des Systems der Leitung und Planung notwendig, erfordert neue Schritte und Überlegungen und dabei auch eine Überwindung oben noch vorhandener Erscheinungen. Es sollen dabei drei Schwerpunkte hervorgehoben werden:

1. Eine noch stärkere Einbeziehung der sozialistischen ökonomischen Integration in die konzeptionellen Überlegungen und Pläne von Anfang an und eine neue Qualität der konzeptionellen Arbeit überhaupt, sowohl auf zentraler staatlicher Ebene als auch auf Ebene der Wirtschaftseinheiten.

Die wirksamere Nutzung der sozialistischen ökonomischen Integration zur Beschleunigung des wissenschaftlich-technischen Fortschritts führt zu dynamischen Wandlungsprozessen in den volkswirtschaftlichen Strukturen und wirft neue Fragen der sozialistischen internationalen Arbeitsteilung auf, denen mit der Ausarbeitung der kollektiven Konzeption der internationalen sozialistischen Arbeitsteilung durch die RGW-Länder Rechnung getragen wird. Als Grundlage der kollektiven Konzeption dienen die langfristige Entwicklungskonzeption der Volkswirtschaft und die Entwicklungskonzeptionen wichtiger Bereiche und Zweige, in die von Anfang an die Möglichkeiten der sozialistischen internationalen Arbeitsteilung einzubeziehen sind und verschiedene Varianten der Entwicklung berechnet und bewertet werden. In diesem Zusammenhang ist die Aussage in den Thesen besonders zu unterstreichen, die Erzeugnisse der Schlüsseltechnologien ohne Zeitverzug zu entwickeln und zu produzieren. Das erfordert eine offensive Strategie zur Wissenschafts- und Produktionskooperation mit leistungsfähigen Partnern.

Gefördert werden sollte auch ein stärker komplexes Herangehen an die Fragen der Strukturpolitik unter Nutzung der sozialistischen internationalen Arbeitsteilung, um noch anzutreffendes Zweig- bzw. Ressortdenken zu überwinden. Das System der Leitung und Planung muß der Komplexität von Neuerungsprozessen und Systemlösungen Rechnung tragen. Die stärkere Anwendung der Ziel-Programm-Methode könnte diesem Anliegen gerecht werden.

Die Strukturpolitik sollte auch immer in der Einheit von Exportstruktur und Importstruktur gesehen werden, da erst in der Einheit beider Seiten die Vorteile der internationalen Arbeitsteilung voll genutzt werden können. Der dialektrische Zusammenhang von Strukturpolitik und sozialistischer internationaler Arbeitsteilung stellt sich viel komplizierter dar, als das hier angesprochen werden konnte. Beide sind außerordentlich dynamische Prozesse. So wird es auch nach Erarbeitung und Bestätigung des jeweiligen Fünfjahrplanes neue Vorschläge und Möglichkeiten der sozialistischen internationalen Arbeitsteilung geben, die aus der stürmischen Entwicklung der Produktivkräfte resultieren. Entsprechende Abkommen und die sich daraus ergebenden Verpflichtungen werden in den Fünfjahrplan dann auch „eingeordnet". Die Mehrzahl der Vorhaben wird jedoch nicht nach Fertigstellung des Fünfjahrplanes abgeschlossen und dann eingeordnet werden, sondern muß Ausgangspunkt und eine wichtige Grundlage der Planerarbeitung sein.

Das neue Herangehen im Entscheidungsprozeß an die Nutzung der sozialistischen ökonomischen Integration für die Beschleunigung des wissenschaftlich-technischen Fortschritts müßte m. E. so aussehen:

1. Auf welchen Gebieten will ich Spitzenleistungen erzielen?
2. Wie erreiche ich das unter Nutzung der sozialistischen ökonomischen Integration?
3. Welche Ergebnisse sind in welcher Zeit zu erreichen (Effektivität, Bedarfsdeckung, Export, Import)?
4. Erarbeitung des Planes auf der Grundlage dieser Überlegungen/Variantenrechnungen.

2. Im System der Leitung und Planung ist der erhöhten Verantwortung der Wirtschaftseinheiten, insbesondere der Kombinate, für die Nutzung der sozialistischen internationalen Arbeitsteilung Rechnung zu tragen. Das bedeutet:

- Stärkere Einbeziehung der Kombinate (und Außenhandelsbetriebe) in die zentrale Entscheidungsvorbereitung;
- größere Eigenverantwortung und größere Entscheidungsräume bei der Nutzung der sozialistischen ökonomischen Integration für die Kombinate auf der Grundlage des volkswirtschaftlichen Gesamtkonzepts und zentraler Rahmenbedingungen.

Die stärkere Einbeziehung der Kombinate und Betriebe in die Plankoordinierung und in die Realisierung des Komplexprogramms des wissenschaftlich-technischen Fortschritts der Mitgliedsländer des RGW stellt ein wichtiges Moment im Zusammenwirken der Bruderländer dar.[5] Das ist auch durch die Entwicklung der Direktbeziehungen zwischen den Wirtschaftsorganisationen der Mitgliedsländer des RGW bedingt und macht ein neues Herangehen an die Fragen der sozialistischen internationalen Arbeitsteilung in den Wirtschaftseinheiten selbst notwendig. Die Kombinate müssen ihre Möglichkeiten effektiver ausschöpfen, so wie das unter 1. bereits angesprochen wurde.

Weiterhin ist es erforderlich, bezüglich der volkswirtschaftlichen Rahmenbedingungen im Sinne der Stärkung der Eigenverantwortung der Kombinate zu prüfen, welche Bedingungen unbedingt verbindlich vorzugeben und welche flexibel zu handhaben sind, des weiteren wo eine größere Beweglichkeit in den Vorgaben möglich und zweckmäßig ist.

3. Die Nutzung der sozialistischen internationalen Arbeitsteilung muß für jedes Kombinat ökonomisch zwingend sein, um der volkswirtschaftlichen Verantwortung für bedarfsdeckende, effektive Produktionen und der für die Anwendung der Schlüsseltechnologien gerecht werden zu können. Die umfassende Verwirklichung des Prinzips der Eigenerwirtschaftung und die damit verbundene Tatsache, daß der Gewinn zunehmend in den Mittelpunkt der ökonomischen Tätigkeit der Kombinate und Betriebe rückt[6], wird m. E. die Einstellung zur sozialistischen internationalen Arbeitsteilung direkt beeinflussen und in der o. g. Richtung wirken. In all den Fällen, in denen durch sozialistische internationale Arbeitsteilung ökonomisch effektivere Lösungen möglich sind, werden die Kombinate direkt daran interessiert sein, in der Forschung und Produktion zu kooperieren.

Daraus ergeben sich nicht nur neue Anforderungen an den internationalen Mechanismus der sozialistischen ökonomischen Integration. Auch innerhalb jedes Landes stellt sich z. B. die Frage nach dem Instrumentarium zur Effektivitätsmessung.

Abschließend sei hervorzuheben: Je tiefer die internationale ökonomische Zusammenarbeit der Mitgliedsländer des RGW, desto höher sind die Anforderungen an Planmäßigkeit, Zuverlässigkeit und Kontinuität. Das gilt für das System der Leitung und Planung jeder beteiligten Volkswirtschaft und ebenso für den zwischenstaatlichen Integrationsmechanismus.

Anmerkungen

1 Vgl. dazu insbesondere Ordnung der Planung der Volkswirtschaft der DDR 1986 bis 1990, in: GBl. Sonderdruck Nr. 1190 vom 1.2.1985.

2 Ebenda.

3 Ebenda.

4 Vgl. Aus dem Bericht des Politbüros an die 6. Tagung des Zentralkomitees der SED, Berichterstatter Kurt Hager, in: Neues Deutschland vom 10.6.1988, Seite 6.

5 Vgl. auch Kommunique der Beratung der Sekretäre für Wirtschaftsfragen der Zentralkomitees der Bruderländer, in: Neues Deutschland vom 3.6.1988, Seite 6.

6 Vgl. H. Koziolek, Produktivkraft und Gewinn im Sozialismus, in: Einheit, 6/1988, Seite 501.

Renate Weiß

Anforderungen an die wissenschaftlich-technische Zusammenarbeit zur ökonomischen Verwertung von Schlüsseltechnologien

Gestützt auf die Aussagen in den Thesen 1 und 2 möchte ich zu zwei Fragen Stellung nehmen.

Erstens: Sind alle Schlüsseltechnologien in jedem Land zu entwickeln, oder kann und muß es auch eine Konzentration und Spezialisierung auf einzelne Schlüsseltechnologien geben?

Diese Frage spielte bereits in der Diskussion (Prof. Engert, Prof. Morgenstern) eine Rolle. Ohne Zweifel besteht Übereinstimmung darin, daß im Rahmen der Gemeinschaft des RGW alle Schlüsseltechnologien entwickelt werden müssen.

Wenn davon ausgegangen wird, daß Schlüsseltechnologien prinzipiell neue Ergebnisse und Erkenntnisse sind, in Form von Verfahren, Erzeugnissystemen und wissenschaftlichen Leistungen, die volkswirtschaftlich komplex zur Wirkung gebracht werden[1], dann muß jedes Land das eine moderne Wirtschaft entwickelt, die Schlüsseltechnologien beherrschen und entsprechend den konkreten Bedingungen anwenden. Solche Schlüsseltechnologien wie

- Mikroelektronik,
- moderne Rechen- und Informationstechnik,
- flexible automatisierte Fertigungssysteme,
- neue Bearbeitungsverfahren (Lasertechnik),
- Kernenergie u. a. alternative Energiequellen,
- neue Werkstoffe z. B. keramische Werkstoffe,
- Biotechnologie (z. B. in der Land- und Nahrungsgüterwirtschaft, Pharmazie)

sind in allen Ländern präsent, auch deshalb, weil zwischen den Schlüsseltechnologien eine gegenseitige Abhängigkeit besteht, wie z. B. zwischen der Mikroelektronik und Kerntechnik, oder zwischen Biotechnologie und neuen Werkstoffen und anderes mehr. Es muß sicher zwischen Schlüsseltechnologien und Basistechnologien unterschieden werden. Beispielsweise werden im Kombinat Mikroelektronik 27 Basistechnologien in der Produktion bei mikroelektronischen Bauelementen angewendet. Sicherlich ist das für jedes Land unterschiedlich.

Die Frage besteht also nicht darin, ob ein Land diese oder jene Schlüsseltechnologie anwendet, sondern in welchem Maße und in welcher Breite sich das jeweilige Land an der Entwicklung und Anwendung der konkreten Schlüsseltechnologien beteiligen kann und muß. Die unterschiedliche Teilnahme der Länder an den Hauptrichtungen des Komplexprogramms des wissenschaftlich-technischen Fortschritts der Mitgliedsländer des RGW bis zum Jahre 2000 unterstreicht diesen Standpunkt.

Während beispielsweise die DDR auf dem Gebiet der Mikroelektronik, Rechentechnik und bei flexiblen Fertigungssystemen einen entscheidenden Beitrag leistet, ist ihre Teilnahme auf dem Gebiet der Kerntechnik quantitativ weniger umfangreich. Es wird eingeschätzt, daß die DDR zur Zeit mit einem relativ geringen Anteil an der Ausstattung von Kernkraftwerken beteiligt ist, vor allem mit der Lieferung und Entwicklung von Sicherheits-, Meß- und Prüftechnik. Auf dem Gebiet der Ausstattung von Kernkraftwerken sind die UdSSR und ČSSR maßgebend, durch den Bau und die Lieferung von Reaktoren, dem Kernstück dieser Energieanlagen. Bei anderen alternativen Energielösungen wie z. B. der Sonnenenergie leistet Bulgarien einen wesentlichen Beitrag.

Trotzdem ist für die DDR eine umfassende Beteiligung an der Forschung auf dem Gebiet der Kernenergie notwendig, einmal von seiten der Standardisierung und Paßfähigkeit der Sicherheitstechnik und auch deshalb, um in der Lage zu sein, Kernkraftwerke aufzubauen und zu betreiben.

Das entscheidende Kriterium für den Umfang und die Art und Weise der Beteiligung ist die effektive Deckung des Bedarfs der Volkswirtschaft auf dem jeweiligen Gebiet. Bedarf und Effektivität werden beeinflußt von den natürlichen und territorialen Bedingungen, vom bereits erreichten Entwicklungsniveau, dem bereits vorhandenen Produktionsprofil, den Entwicklungstendenzen der Produktivkräfte, den materiellen, finanziellen und geistigen Potentialen sowie dem strategischen Konzept der wissenschaftlichen, wirtschaftlichen und sozialen Entwicklung des Landes.

Zweitens: Ist die Entwicklung und Anwendung der Schlüsseltechnologien durch eine hohe Forschungsintensität charakterisiert und zwingt sie zu einer umfassenden Zusammenarbeit im Rahmen des RGW, beginnend auf dem Gebiet von Wissenschaft und Technik[2].

Die Forschungsintensität der Erzeugnisse und Technologien, die Schlüsseltechnologien verkörpern, liegt über dem volkswirtschaftlichen Durchschnitt der Aufwendungen für Wissenschaft und Technik, für Investitionen.

Gebrauchswertmäßig äußert sich das in einem hohen technischen Kompliziertheitsgrad der Erzeugnisse selbst sowie in der notwendigen Verbindung mit immateriellen Leistungen bei der Anwendung. Typisches Kennzeichen sind komplexe Problemlösungen zur Produktion eines Endproduktes für den Anwender. Das ist vor allem typisch für die Automatisierung der Produktion. Als Beispiel können hierfür die flexiblen Fertigungssysteme genannt werden. Ein großer Teil des Werkzeugmaschinenbaus geht dabei von der Produktion von Einzelmaschinen zur Produktion komplexer Lösungen über. Ähnlich ist die Situation auf dem Gebiet der elektronischen Datenverarbeitung. Bei der Automatisierung des Entwurfs integrierter Schaltkreise, bei Meßgerätekomplexen für Laboratorien, bei der Einführung neuer Nachrichtensysteme werden komplexe Rechnersysteme, einschließlich peripherer Geräte und immaterieller Leistungen, anwenderbezogen geschaffen. Nach wie vor existieren daneben Produzenten einzelner Ausrüstungen und Baugruppen, die für den Maschinenbau, die Gerätetechnik als Zulieferung in großen Stückzahlen multivalent einsetzbar produziert werden.

Wertmäßig kommt die steigende Forschungsintensität der Erzeugnisse in einem wachsenden Vorleistungsaufwand für Wissenschaft und Technik zum Ausdruck und in einem wachsenden Anteil des Aufwandes für Wissenschaft und Technik am Gesamtaufwand zur Herstellung der komplexen Lösungen.

Der gesellschaftlich notwendige Arbeitsaufwand zur Herstellung eines Erzeugnisses wird damit immer mehr durch den Aufwand, der vor dem unmittelbaren Fertigungsprozeß und danach entsteht, beeinflußt. Ausgehend von der Marxschen Feststellung, daß „Jede neue Produktivkraft, sofern sie nicht eine bloß quantitative Ausdehnung der bisherigen schon bekannten Produktivkraft ist (...), (...) eine neue Ausdehnung der Teilung der Arbeit zur Folge“[2] (hat), muß die Frage beantwortet werden, welche Anforderungen an die wissenschaftlich-technische Zusammenarbeit aus den neuen Merkmalen der Produktivkräfteentwicklung zu stellen sind:

1. Die abgestimmte Arbeitsteilung und Spezialisierung erhält einen umfassenderen Charakter. Die Spezialisierung zu einzelnen Finalprodukten mit Baugruppen wird durch die Spezialisierung zunehmend auf Problemlösungen erweitert. Die Vielfalt der Verflechtungen nimmt zu.

Der Werkzeugmaschinenbau der DDR hat im Rahmen der Spezialisierung des RGW die Produktion von Bearbeitungszentren, Fertigungszellen, flexiblen Fertigungssystemen und -abschnitten sowie flexiblen Fertigungsstraßen für die Bearbeitung prismatischer Werkstücke in einer Baureihe von 250–300 mm Kantenlänge sowie zur Bearbeitung rotationssymetrischer Teile für die Verfahren Drehen, Verzahnen, Fräsen und Schleifen aufgenommen und mit der Lieferung an RGW-Länder begonnen.

Dabei werden gleichzeitig verschiedene Komponenten, wie Stellmotoren und Meßwandler an die UdSSR, geliefert und zugleich Kooperationsleistungen anderer Länder (z. B. Transportanlagen für flexible Fertigungssysteme aus Bulgarien u. a.) in Anspruch genommen.

2. Voraussetzung für eine planmäßige und effektive Gestaltung des Prozesses der Zusammenarbeit unter den Bedingungen komplexer Problemlösungen und hoher Forschungs- und Investitionsintensität ist eine langfristig abgestimmte Wissenschafts- und Strukturpoltik. Darüber hinaus ist über die multilaterale wissenschaftlich-technische Zusammenarbeit dringender denn je die Kompatibilität der Erzeugnisse im Gesamtkomplex der flexiblen Fertigungssysteme, der Systeme der Rechentechnik u. a. zu gewährleisten.

3. Die Forschungskooperation zur Schaffung neuer komplexer Lösungen aufgrund des hohen Vorleistungsaufwandes gewinnt zunehmende Bedeutung.

Sowohl bei der Produktion einer Problemlösung im Anschluß an die Forschung in jedem beliebigen Land oder bei einer spezialisierten Fertigung von Bestandteilen der Problemlösung sind von vornherein Abstimmungen zur Art und Weise der ökonomischen Verwertung erforderlich. Das ist notwendig, weil parallel zum Forschungsprozeß Investitionen erfolgen müssen und eine Markterschließung notwendig ist, um der Dynamik der internationalen Entwicklung zu entsprechen.

Auf jeder Produktionsstufe ist die ökonomische Verwertung der vorgeschossenen Mittel für Wissenschaft und Technik zu sichern, auch bei Baugruppen und Bauteilen sowie bei elektronischen Bauelementen. Auch hier sind die Möglichkeiten der internationalen Zusammenarbeit zur Senkung des Forschungs- und Produktionsaufwandes zu prüfen.

In allen Betrieben und Kombinaten sind bei der Gestaltung des Reproduktionsprozesses zwei Fragen zu beantworten, die bereits von Prof. Koziolek aufgeworfen wurden:

- Was wird an Produktionsmitteln, ausgedrückt in Geld, für die Produktion eingesetzt und
- welches Ergebnis fließt im Kreislauf der Reproduktion an Wertzuwachs, ausgedrückt in Geld, zurück?[3]

Diese Fragestellungen sind auch für den Anwender von Bedeutung, da sein Nutzen bei der Anwendung der Produkte in der Qualität, im technischen Niveau und im Preis zum Ausdruck kommt. Steigende Preise auf einer Stufe der Produktion führen zu steigenden Aufwendungen auf der nächst höheren Stufe der Verarbeitung. Auf dem internationalen Markt wird dabei nur vergütet, was international als gesellschaftlich notwendig anerkannt wird. Das geschieht sowohl bei materiellen Produkten als auch bei wissenschaftlich-technischen Ergebnissen aller Art.

4. Durch die Konzentration auf Schwerpunkte und die Spezialisierung in Forschung und Produktion gewinnt der Austausch von innmateriellen Leistungen als Bestandteil komplexer Problemlösungen, aber auch als „selbständige Ware“ (Anwendersoftware, Schulung und anderes mehr) an Bedeutung. Während beispielsweise der Anteil immaterieller Leistungen beim Gesamtexport im Kombinat Textima nur bei etwa 0,6 % liegt, beträgt der Anteil bei komplexen Anlagen rund 10 %. Bei Robotron hat der wertmäßige Anteil immaterieller Leistungen am Gesamtexport im Durchschnitt 20 bis 30 % (einschließlich Software) erreicht.

Im Zusammenhang mit der zunehmenden wissenschaftlich-technischen Zusammenarbeit und dem Austausch wissenschaftlich-technischer Ergebnisse treten Fragen des Preises und des Wertes dafür in den Vordergrund der praktischen Gestaltung der Zusammenarbeit. Für die Forschung ist hier ein breites Betätigungsfeld gegeben. Der nationale Rahmen für die Bestimmung des Wertes einer Ware wird auch für wissenschaftlich-technische Ergebnisse überschritten und ist durch den erreichten Grad der internationalen Verflechtung geprägt.

Eine weitere Aufgabe der Forschung besteht darin, Untersuchungen zur Effektivität wissenschaftlich-technischer und internationaler Zusammenarbeit generell aus der Sicht komplexer Problemlösungen und ihrer volkswirtschaftlichen Einordnung sowie aus der Sicht des gesamten Reproduktionsprozesses von der Forschung bis zum Absatz, d. h. eigentlich bis zur Konsumtion (Kundendienst, Produktpflege), zu verstärken.

Anmerkungen

[1] Vgl. Autorenkollektiv, Intensivierung 100 Begriffe zur ökonomischen Strategie, Verlag Die Wirtschaft, Berlin 1986, S. 108.

[2] K. Marx/F. Engels, Die deutsche Ideologie, in: MEW, Bd. 3, S. 21/22.

[3] Vgl. H. Koziolek, Produktivkraft und Gewinn im Sozialismus, in: Einheit 6/1988, S. 506.

Ingo Oelschläger

Einige Aspekte bei der weiteren Vertiefung der sozialistischen ökonomischen Integration durch Entwicklung des Außenhandels mit Erzeugnisbestandteilen

Der Übergang zur überwiegend intensiven volkswirtschaftlichen Entwicklung und das hohe Tempo des wissenschaftlich-technischen Fortschritts im internationalen Maßstab stellen die einzelnen Mitgliedsländer des RGW in den neunziger Jahren vor qualitativ neue Bedingungen bei der Lösung von Aufgaben zur weiteren Anhebung des Lebensniveaus ihrer Bevölkerung. Der dafür erforderliche qualitative und quantitative Zuwachs in der materiellen Produktion muß vor allem durch eine spürbare Erhöhung des Wirkungsgrades der lebendigen Arbeit sowie aller eingesetzten und einsetzbaren Produktionsfaktoren erbracht werden. Somit gewinnt für die Erhöhung der Effektivität der gesellschaftlichen Arbeit in jedem RGW-Land die zielgerichtete Spezialisierung von Forschung, Entwicklung und Produktion immer mehr an Bedeutung. Die Notwendigkeit hierzu ergibt sich allein schon aus der beträchtlichen Vergrößerung der diesbezüglichen Potentiale der einzelnen europäischen Mitgliedsländer des RGW in den vergangenen drei Jahrzehnten und aus der Tatsache, daß bei einer wachsenden Zahl von Erzeugnissen der metallverarbeitenden Industrie immer mehr in der Lage sind, ihren Bedarf aus eigener Produktion zu decken und darüber hinaus auf den Außenmärkten zu verkaufen.

In Anbetracht der weltweit rasch wachsenden Aufwendungen für Forschung und Entwicklung sowie der schnellen Entwicklung der Produktivkräfte gilt es, „an wichtigen Punkten Vorsprung zu erzielen und dadurch hohe ökonomische und soziale Ergebnisse zu erzielen“[1]. Ein wichtiger Gesichtspunkt für die Ermittlung und Bestimmung solcher „wichtigen Punkte“ ist die Verbreiterung des Angebots von attraktiven Waren und somit die hervorragende Beachtung außenwirtschaftlicher Erfordernisse auf lange Sicht. Weitere Kriterien für die Ermittlung und Bestimmung von Schwerpunkten könnten sein:

- Zeitpunkt bzw. Zeitaufwand bis zur Produktions- und Exportwirksamkeit von Erzeugnissen,
- gegenwärtiger und künftiger Bedarf an solchen Erzeugnissen bei potentiellen ausländischen Anwendern,
- Höhe von Forschungs- und Entwicklungsaufwendungen für neue und weiterzuentwickelnde Erzeugnisse,
- Volumen für Investitionsaufwendungen einschließlich des Ersatzbedarfs.

Im Hinblick auf die bestehenden Forschungs-, Entwicklungs- und Produktionspotentiale anderer RGW-Länder und ihrer zunehmenden Exportwirksamkeit ist ein langanhaltender Exportschub für die metallverarbeitende Industrie der DDR nur denkbar, wenn schnelle und spürbare Fortschritte erreicht werden bei

- der Produktion und dem Export von neuen Erzeugnissen bis hin zu Systemen mit gefragten Gebrauchswerteigenschaften,
- der beträchtlichen Ausweitung des Leistungsangebotes für ausländische Anwender bezüglich Beratung, Kundendienst bis hin zu Projektierungs- und Softwareleistungen und
- der gezielten Entwicklung der Produktion und des Exports von Erzeugnisbestandteilen.

Auch im RGW verstärkt sich die Nachfrage nach Baugruppen und Teilen, die mangels hinreichend eigener Produktionsmöglichkeiten importiert werden müssen. Fertigerzeugnisse werden im wachsenden Umfang mit importierten Baugruppen und Teilen komplettiert. Montageproduktion auf zunehmend internationaler Basis gewinnt an Bedeutung auf dem Wege zur Erhöhung der Effektivität von gesellschaftlicher Arbeit und somit zur Vertiefung der sozialistischen internationalen Arbeitsteilung.

Im Außenhandel der DDR haben Erzeugnisbestandteile bereits eine bemerkenswerte Größenordnung. In den letzten Jahren bestanden etwa ein Drittel der Maschinen- und Ausrüstungsexporte aus Baugruppen und Teilen. Wenn dennoch auf eine zielgerichtete Entwicklung der Produktion und des Exports von Baugruppen und Teilen orientiert wird, dann sollte es vor allem um neue Erzeugnisse gehen. Abgestimmte Forschung, Entwicklung und Produktion könnten sich beispielsweise auf 32-Bit-Rechenanlagen, Video- und CD-Geräte erstrecken, wo bekanntlich die UdSSR, die ČSSR und Ungarn ebenfalls wirksam werden wollen. Aufbauend auf Ergebnissen und Erfahrungen mit Zentralen Fertigungen und spezialisierten Kombinaten gilt es, Großserien- bis hin zur Massenproduktion für attraktive Erzeugnisbestandteile nach Exporterfordernissen aufzubauen bzw. weiter auszubauen. Somit können Exportlinien abgestützt und die Exportkraft der DDR erhöht werden. Das trägt des weiteren zur Vervollkommnung der Produktionsstruktur und zur weiteren Vergesellschaftung der Produktion und ihrer Effektivität im RGW bei.

Mit der Erhöhung der Leistungskraft von Zentralen Fertigungen bis hin zu spezialisierten Kombinaten für die Produktion von Baugruppen und Teilen werden Grundlagen für eine wirksame Montageproduktion auf internationaler Basis geschaffen. Erst das Wissen der Anwender um gesicherte und hinreichende Verfügbarkeit von Erzeugnisbestandteilen für seine Produktion wird eine neue Qualität in der gegenseitigen Zusammenarbeit der RGW-Länder bewirken. Baugruppen und Teile werden dabei immer mehr zu „Schnittpunkten ... verschiedener Intensivierungsfaktoren, die auf den verschiedenen Gebieten wesentlich (dazu beitragen),

Arbeitsproduktivität und Effektivität durch Rationalisierung zu erhöhen und Kosten zu reduzieren"[2]. Zur Sicherung bestmöglicher ökonomischer Ergebnisse in Forschung, Entwicklung und Produktion ist m. E. eine schnelle Einstellung der DDR auf diesen objektiv verlaufenden Spezialisierungsprozeß unerläßlich.

Anmerkungen

[1] E. Honecker, Bericht des Zentralkomitees der Sozialistischen Einheitspartei Deutschlands an den XI. Parteitag der SED, Dietz Verlag, Berlin 1986, S. 49.

[2] W. Wagner, Leistungssteigerung im Kombinat durch Produktionsspezialisierung, in: Schriften zur sozialistischen Wirtschaftsführung, Dietz Verlag, Berlin 1981, S. 49.

Harry Müller

Koordinierung der Volkswirtschaftspläne – Hauptinstrument zur Abstimmung der Wirtschaftspolitik

Einige Bemerkungen zur Koordinierung der Volkswirtschaftspläne aus der Sicht eines Genossen der Staatlichen Plankommission der DDR.

Entsprechend der Direktive unserer Partei haben die Vertreter der DDR an der Vorbereitung und Realisierung der Beschlüsse der 43. Tagung des Rates für gegenseitige Wirtschaftshilfe aktiven Anteil genommen. Das betrifft insbesondere auch die Aufgaben zur Weiterentwicklung, zur Vervollkommnung der Koordinierung der Volkswirtschaftspläne zwischen den Mitgliedsländern des RGW. Es ist nicht zuletzt dem Eintreten der DDR zuzuschreiben, daß im Beschluß der 43. RGW-Tagung die Koordinierung der Volkswirtschaftspläne erneut als das Hauptinstrument zur Abstimmung der Wirtschaftspolitik auf den mit der gegenseitigen Zusammenarbeit verbundenen Gebieten sowie zur Herausbildung stabiler Wirtschafts- und wissenschaftlich-technischer Beziehungen zwischen den RGW-Ländern charakterisiert wird, wie dies bereits im Komplexprogramm der sozialistischen ökonomischen Integration von 1971 enthalten war. Auf einen Vorschlag der DDR ist es zurückzuführen, daß in den Beschluß der 43. RGW-Tagung die Festlegung aufgenommen wurde, die zweiseitige Koordinierung der Fünfjahrpläne durch die Unterzeichnung eines einheitlichen Dokumentes über die ökonomische und wissenschaftlich-technische Zusammenarbeit abzuschließen, das von den zentralen Planungsorganen gemeinsam mit den Außenwirtschaftsorganen der RGW-Länder und den zentralen Organen für Wissenschaft und Technik unterzeichnet wird. Mit dieser Formulierung wird allerdings nur der Abschluß eines einheitlichen Prozesses erfaßt, der in den heute vorliegenden Thesen bei den inhaltlichen Anforderungen an die Koordinierung der Pläne als die durchgängige Verbindung der wissenschaftlich-technischen Zusammenarbeit mit der Zusammenarbeit in der Produktion und den gegenseitigen Lieferungen von Waren und Leistungen charakterisiert wird.

In der DDR sind, das ist ausreichend begründet worden, vom System der Leitung, Planung und wirtschaftlichen Rechnungsführung her erforderliche Voraussetzungen gegeben bzw. sie werden mit der weiteren Vervollkommnung dieses Systems entsprechend den Beschlüssen des XI. Parteitages der SED ständig geschaffen, um diesen einheitlichen Prozeß der Koordinierung der Pläne aktiv gestalten zu können und auch in Zukunft den Beitrag unseres Landes zur Realisierung des RGW-Komplexprogramms sowohl hinsichtlich der hohen wissenschaftlich-technischen Ziele als auch der Termine der Forschungs- und Entwicklungsarbeiten, der Produktionsaufnahme bis hin zu den gegenseitigen Lieferungen zu sichern.

Ich stelle diese Gedanken aus dem Beschluß zur Koordinierung der Pläne an den Anfang, weil bei der Diskussion der Festlegungen der 43. RGW-Tagung zur Plankoordinierung vielfach Vereinfachungen festzustellen sind, in denen die Koordinierung der Pläne auf den oft zitierten drei Ebenen allein als das Neue bezeichnet wird. Selbstverständlich bekennen wir uns zu den dazu im Beschluß der 43. RGW-Tagung enthaltenen Festlegungen. Wir halten es für erforderlich, den Betrieben und Kombinaten eine umfassende Rolle im Prozeß der Koordinierung der Pläne zuzuschreiben, weil dadurch die Zusammenarbeit in Wissenschaft und Produktion bis hin zum Warenaustausch noch genauer abgestimmt werden kann. Mit den vorbereiteten Festlegungen zur Plankoordinierung für den Zeitraum 1991–1995 werden dazu für die DDR exakte Festlegungen getroffen. Die Betriebe und Kombinate haben auf der Grundlage ihrer Rechte alle Möglichkeiten zur aktiven Teilnahme an der Plankoordinierung.

Ich möchte betonen, daß die drei Ebenen der Koordinierung zumindest für die DDR nicht so absolut neu sind, wie dies manchmal dargestellt wird. Wenn z. B. im Beschluß der 43. Tagung für die zweite Ebene, also die Ebene der Ministerien, der Zweigorgane, Aufgaben wie die Vorbereitung von gemeinsamen Objekten, die Festlegung der Nomenklaturen und des Umfangs der gegenseitigen Lieferungen von spezialisierten und kooperierten Erzeugnissen sowie die Ausarbeitung von Maßnahmen zur Gewährleistung der technischen und ökonomischen Unangreifbarkeit festgelegt sind, so kann man bei einer Analyse des Prozesses der Plankoordinierung für den Zeitraum 1986–1990, der im Jahre 1985 im wesentlichen abgeschlossen wurde, feststellen, daß wir in dieser Richtung bereits gearbeitet haben. Allein eine Durchsicht der Protokolle der in diesem Zeitraum durchgeführten Tagungen der Paritätischen Regierungskommission DDR/UdSSR sowie der Wirtschaftsausschüsse mit anderen RGW-Ländern zeigt, wie umfangreich die Arbeit im Rahmen der Ministerien auf diesen Gebieten war. Wir leiten jetzt Maßnahmen ein, um diese Tätigkeit weiterzuentwickeln, und haben keine Zweifel, daß die Koordinierung in drei Ebenen ohne Probleme verlaufen wird. Das haben die Vertreter zweier Länder in den RGW-Organen auch bereits deutlich zum Ausdruck gebracht, als sie darauf hinwiesen, daß durch die Auflösung ihrer Industrieministerien diese Drei-Ebenen-Planung eigentlich auf zwei reduziert werden müsse.

Was die Rolle der Betriebe und Kombinate in dem Prozeß der Koordinierung der Pläne betrifft, so bestehen dabei auch bei uns zweifellos noch Reserven. Wir bemühen uns, bestimmte Aufgaben entsprechend den Beschlüssen der 43. RGW-Tagung auf die Kombinate zu delegieren und auch zu zentralen Arbeitsgruppen Kombinatsvertreter hinzuzuziehen. Wir gehen dabei davon aus, daß das der beste Weg ist, um die Zusammenarbeit in Wissenschaft und Produktion bis hin zum Außenhandel noch präziser abzustimmen, wobei die Möglichkeiten und der Bedarf der Partner besser berücksichtigt werden können. Das wird sich auch günstig auf die Stabilität der langfristigen Vereinbarungen auswirken, die die DDR sowohl zwei- als auch mehrseitig mit den sozialistischen Ländern abgeschlossen hat.

Die Koordinierung der Volkswirtschaftspläne für den Zeitraum 1991–1995 weist als ein neues Merkmal auf, daß sie erstmals auf der Grundlage einer Kollektiven Konzeption der internationalen sozialistischen Arbeitsteilung erfolgt, die der Anfang Juli 1988 stattfindenden 44. RGW-Tagung zur Beschlußfassung vorliegt. Damit wird eine wesentliche Voraussetzung geschaffen, um auf der sogenannten ersten Ebene, der Regierungsebene, die Plankoordinierung auf die strategischen Richtungen der Zusammenarbeit zur Lösung wichtiger Probleme der ökonomischen und wissenschaftlich-technischen Entwicklung der RGW-Länder zu konzentrieren, vor allem in Verbindung mit der Realisierung des Komplexprogramms des wissenschaftlich-technischen Fortschritts und mit Strukturpolitik. Ich halte es aber für notwendig, die Rolle dieser Kollektiven Konzeption und anderer langfristiger Dokumente nicht zu verselbständigen, sondern immer wieder darauf hinzuweisen, daß deren Realisierung über den Prozeß der Koordinierung der Fünfjahrpläne erfolgt.

Wir haben uns darauf eingestellt, den Betrieben und Kombinaten unter Leitung der zentralen Planungsorgane in der Plankoordinierung eine bedeutende Rolle zu geben, wobei die gesamtvolkswirtschaftlichen Erfordernisse jederzeit zu beachten sind. Das ist notwendig, um die Wirtschaftsbeziehungen der DDR mit den einzelnen sozialistischen Ländern auf ausgeglichener und bilanzierter Grundlage zu entwickeln.

Es geht also gleichzeitig um die weitere Ausprägung der leitenden und koordinierenden Rolle der zentralen Staatsorgane – wie es in den Thesen heißt. In erster Linie geschieht das durch die Ausarbeitung einer volkswirtschaftlichen Gesamtkonzeption der Entwicklung für den Zeitraum 1991–1995. Diese inhaltliche Arbeit muß meiner Meinung nach vor allem die Rolle der Planungsorgane auf diesem Gebiet bestimmen.

Nur so wird es möglich sein, daß der Import an Roh- und Brennstoffen, vor allem aus der UdSSR, auf dem bis 1990 erreichten Niveau – als eine entscheidende Frage der weiteren Entwicklung unserer Republik – im Zeitraum 1991–1995 durch ein attraktives Exportangebot der DDR an rentablen, absatzfähigen Erzeugnissen gesichert werden kann. Nur so wird es möglich sein, die Spezialisierung und Kooperation, ausgehend von den gesamtvolkswirtschaftlichen Interessen, als einen entscheidenden Beitrag zur Erhöhung der Exportkraft der DDR und verstärkt als Quelle zur weiteren Erhöhung der volkswirtschaftlichen Effektivität zu nutzen. Nur so wird es möglich sein, durch eine dynamische Entwicklung des Warenaustausches mit den sozialistischen Ländern die Stellung der DDR im Gesamtprozeß der sozialistischen ökonomischen Integration zu festigen.

Wir stellen diese Arbeit an der inhaltlichen Konzeption der Plankoordinierung vor alle Diskussionen über Formen und Prinzipien, weil die Praxis gezeigt hat, daß Probleme nicht mit Diskussionen über Ebenen entschieden werden oder über allgemeine Austauschprinzipien. Dazu ein Beispiel:

Die DDR hat gegenüber den sozialistischen Ländern bei Erzeugnissen der metallverarbeitenden Industrie traditionell einen Exportüberschuß. Das wird immer wieder von Genossen einiger Länder angegriffen und man fordert teilweise ein Export-/Importverhältnis bei mvI-Erzeugnissen von 1:1. Das ist auf Grund der Produktions- und Außenhandelsstruktur der DDR für uns nicht akzeptabel. Es zeigt sich jedoch, daß diese Frage sich durch ein attraktives Angebot an hochwertigen Erzeugnissen des Maschinenbaus und der Elektrotechnik/Elektronik der DDR von selbst löst. Wenn wir flexibel hochwertige Erzeugnisse, z. B. von Textima, Nagema, Polygraph oder des Werkzeugverarbeitungsmaschinenbaus komplettiert mit moderner mikroelektronischer Steuerung oder Erzeugnisse einer Reihe anderer Kombinate anbieten, können wir in alle Länder exportieren.

Was unsere Einstellung auf derzeit bekannte neue Formen der Zusammenarbeit betrifft, so haben wir in den letzten zwei Jahren dazu auf der Grundlage unseres Systems der Leitung und Planung umfangreiche Arbeiten durchgeführt. In der SPK liegt ein Organisationsprojekt für die rechnergestützten Arbeiten zur Vorbereitung und Durchführung der Plankoordinierung für den Zeitraum 1991–1995 mit den sozialistischen Ländern vor. Durch dieses Organisationsprojekt, das von der Leitung des Prozesses durch die SPK ausgeht, werden die Fachministerien und Kombinate, der Außenhandel sowie Wissenschaft und Technik in alle Phasen der Vorbereitung und Durchführung der Plankoordinierung einbezogen, um zu sichern, daß die Koordinierung als einheitlicher Prozeß gestaltet wird.

In den der heutigen Beratung vorliegenden Thesen ist die Rede davon, daß die Formen der internationalen Plankoordinierung die erhöhte Selbständigkeit der Wirtschaftseinheiten im Rahmen des demokratischen Zentralismus in einer Reihe von RGW-Ländern widerspiegeln, bei weiterer Ausprägung der leitenden und koordinierenden Rolle der zentralen Staatsorgane. So sehr ich den zweiten Teil und die weitere Ausprägung der leitenden und koordinierenden Rolle der zentralen Staatsorgane für die DDR bejahe, so sehr zweifle ich es auf Grund der uns vorliegenden Materialien und erster informativer Konsultationen zur Plankoordinierung 1991–1995 bei einigen sozialistischen Ländern an, bei denen nach meiner Meinung die Rolle der zentralen Staatsorgane nicht ausgeprägt wird.

Ich möchte unterstreichen, daß unsere Arbeiten in der DDR darauf gerichtet bleiben, über die Koordinierung der Volkswirtschaftspläne für den Zeitraum 1991 bis 1995 den Erfordernissen einer planmäßig proportionalen Entwicklung zu entsprechen, um – wie es in den Thesen heißt – durch proportionale und effektive Strukturentwicklung eine auf die Intensivierung gerichtete sozialistische internationale Arbeitsteilung bei vorteilhaften Verflechtungsbeziehungen mit den Volkswirtschaften anderer Länder zu gewährleisten.

Wir haben uns die Aufgabe gestellt, mit der Koordinierung der Pläne für den genannten Zeitraum eine solide Grundlage für die Arbeit am kommenden Fünfjahrplan der DDR zu schaffen. Wir befinden uns jetzt in der Mitte des laufenden Fünfjahrplanzeitraumes, deshalb ist es auch an der Zeit, mit der Koordinierung der Pläne für den kommenden Fünfjahrplanzeitraum baldigst zu beginnen.

Gerhard Proft

Koordinierung der Volkswirtschaftspläne – Hauptinstrument zur Abstimmung der Wirtschaftspolitik

Mit den vorgelegten Thesen wird unterstrichen, daß sich die planmäßige Wirtschaftsleitung als eine große Errungenschaft und ein Vorzug des Sozialismus sowie als wichtigstes Instrument zur Realisierung der Wirtschafts- und Sozialpolitik der SED bewährt hat. Es wird deutlich gemacht, daß wir auch weiterhin die Planung als aktives Instrument für die Intensivierung der Produktion auf der Grundlage des wissenschaftlich-technischen Fortschritts einschließlich der Nutzung der Potenzen der internationalen sozialistischen Arbeitsteilung nutzen werden.

Die Planmäßigkeit als objektive Notwendigkeit und qualitativ neues Produktionsverhältnis erfordert die Kenntnis und Ausnutzung der ökonomischen Gesetze des Sozialismus, ihrer Wirkungszusammenhänge und Wirkungsbedingungen sowohl innerhalb der Volkswirtschaften der RGW-Länder als auch in der Zusammenarbeit zwischen ihnen. Die Planungszusammenarbeit ermöglicht es, von vornherein solche Integrationsmaßnahmen vorzubereiten und zu verwirklichen, denen als entscheidender ökonomischer Gradmesser der Nutzeffekt der gesellschaftlichen Arbeit zugrunde liegt und bei dem der gegenseitige Vorteil aller an der Zusammenarbeit beteiligten Länder gesichert ist. Bedeutende Impulse für die weitere Qualifizierung der Zusammenarbeit der RGW-Länder wurden nach den Beschlüssen der Wirtschaftsberatung des RGW auf höchster Ebene vom Juni 1984 mit den gemeinsamen Festlegungen der Mitgliedsländer auf der 43. (außerordentlichen) RGW-Tagung vom Oktober 1987 ausgelöst. Dazu möchte ich besonders hervorheben, daß die Abstimmung der Wirtschaftspolitik weitergeführt und die Koordinierung der Volkswirtschaftspläne als Hauptinstrument dafür kontinuierlich weiterentwickelt werden. Unter Abstimmung der Wirtschaftspolitik verstehen die Mitgliedsländer des RGW die kollektive Erarbeitung von Lösungswegen für solche ökonomische Probleme, die von gegenseitigem Interesse und in jedem der Bruderländer für die Bestimmung der Richtungen der ökonomischen Zusammenarbeit für eine lange Perspektive von großer Bedeutung sind, sowie die gemeinsame Festlegung von Wegen des direkten Zusammenwirkens in Wissenschaft, Technik, Produktion und im Investbau.

Die Koordinierung der Volkswirtschaftspläne soll entsprechend dem Beschluß der 43. RGW-Tagung als Drei-Ebenen-Koordinierung vorgenommen und noch stärker mit der Entwicklung von Direktbeziehungen zwischen Betrieben, Kombinaten und Institutionen der RGW-Länder verbunden werden.

Die Wechselbeziehungen zwischen der eigenen Volkswirtschaft und denen der anderen Mitgliedsländer des RGW bestimmt auch die Richtung, das Tempo und die Schwerpunkte bei der Vervollkommnung der Leitung und Planung der Integrationsprozesse unter den Bedingungen der umfassenden Intensivierung. Wichtige Einflüsse gehen in diesem Zusammenhang von solchen Faktoren in den einzelnen Volkswirtschaften aus, wie

- den wirtschaftspolitischen Aufgaben und Bedingungen für den jeweiligen Entwicklungsabschnitt,
- dem ökonomischen und wissenschaftlich-technischen Potential,
- der Organisationsstruktur der Wirtschaft,
- den Leitungsebenen mit ihren Kompetenzen hinsichtlich der internationalen Zusammenarbeit,
- der Rolle der Planung und des Planes im Maßstab der Volkswirtschaft und auf den einzelnen Leitungsebenen,
- der Stellung der grundlegenden Wirtschaftseinheit – Betrieb, Vereinigung, Kombinat – im Rahmen der Volkswirtschaft und ihrer Außenwirtschaftsbefugnisse,
- der Stellung der Volkswirtschaft in der sozialistischen internationalen Arbeitsteilung und ihrer Außenwirtschaftsintensität,
- den Unterschieden im ökonomischen Entwicklungsniveau.

Auf dem Boden dieser Entwicklung innerhalb der Volkswirtschaften, in ihrem Ergebnis und in Wechselwirkung mit ihr haben die RGW-Länder ihre bisherige wirtschaftliche und wissenschaftlich-technische Zusammenarbeit realisiert und richten diese auch für künftige Zeitabschnitte entsprechend den gewachsenen nationalen und internationalen Erfordernissen aus.

In Übereinstimmung mit der Existenz der sozialistischen gesellschaftlichen Verhältnisse in den Mitgliedsländern des RGW verwirklichen diese Länder ihre Zusammenarbeit planmäßig, werden die Prozesse der ökonomischen Integration auf der Grundlage des gesellschaftlichen Eigentums an den Produktionsmitteln und mit dem Ziel der Vermehrung des gesellschaftlichen Reichtums in den Partnerländern geleitet und geplant. Somit nimmt die Zusammenarbeit auf dem Gebiet der Planung im gesamten System der ökonomischen und wissenschaftlich-technischen Zusammenarbeit zwischen den RGW-Ländern einen spezifischen Platz ein; sie ist für die effektive Nutzung der Potenzen der internationalen sozialistischen Arbeitsteilung zur Lösung der in den Volkswirtschaften gestellten Aufgaben unabdingbar.

Die Zusammenarbeit auf dem Gebiet der Planung verwirklicht sich seit Bestehen des RGW in zwei Richtungen:

1. Sie führte alle Vorhaben, Maßnahmen und Aktivitäten internationaler Zusammenarbeit aus allen Bereichen und Ebenen der Volkswirtschaften in Form von

zwischenstaatlichen Dokumenten (internationalen Abkommen, Verträgen und sonstigen Vereinbarungen) zusammen; sie schafft damit die inhaltliche, rechtliche und methodische Voraussetzung zur planungsseitigen Aufbereitung der Aufgaben, die zur Verwirklichung der internationalen Vereinbarungen erfüllt werden müssen, und zu ihrer Einbeziehung in die Volkswirtschaftspläne der beteiligten RGW-Länder.

2. Sie wirkt als Bindeglied zwischen den Volkswirtschaftsplänen der beteiligten Länder, indem die jeweilige Integrationsmaßnahme für alle Partner der gemeinsame und gleiche Gegenstand abgestimmter wissenschaftlich-technischer oder ökonomischer Tätigkeit im volkswirtschaftlichen Rahmen ist.

Die Planungszusammenarbeit zeigt sich hiermit als eine Komponente des Planungsprozesses in der sozialistischen Wirtschaft, eine andere und bestimmende Komponente ist die innerstaatliche Planung. Das Ergebnis der Planungszusammenarbeit besteht letztlich in staatlichen Planaufgaben, die aus internationaler Abstimmung mit anderen Volkswirtschaften hervorgegangen sind und die in den einzelnen Phasen des volkswirtschaftlichen Reproduktionsprozesses sowie im internationalen Austausch von Waren und Leistungen verwirklicht werden. Die Planungszusammenarbeit hat in den vergangenen 40 Jahren des RGW den Mitgliedsländern gute Dienste geleistet und ihren Anteil an der Stärkung der sozialistischen Gesellschaft erbracht. Auch in der neuen Phase der ökonomischen Entwicklung in den Bruderländern wird die Planung für die Zusammenarbeit genutzt, um insbesondere die Errungenschaften der wissenschaftlich-technischen Revolution mit den Vorzügen der sozialistischen Planwirtschaft effektiv zu verbinden. Bei dem Bestreben, die Planungszusammenarbeit weiterhin im Interesse der Volkswirtschaften der RGW-Länder zu vervollkommnen, sind die Erfahrungen aus der bisherigen Entwicklung auf diesem Gebiet von Bedeutung.

Im Verlaufe seiner Entwicklung hat sich im RGW eine Vielzahl von Formen der Zusammenarbeit auf dem Gebiet der Planung herausgebildet. Die wichtigste ist die Koordinierung der Fünfjahres-Volkswirtschaftspläne. Sie hat von Beginn an die Zusammenarbeit der RGW-Länder bei der Herausbildung stabiler wirtschaftlicher und wissenschaftlich-technischer Beziehungen zwischen den Mitgliedsländern gefördert und zu deren ökonomischer Entwicklung wesentlich beigetragen. Sie hat sich selbst ständig weiter gefestigt und bezüglich des Inhalts und des Umfangs immer neue Gebiete in sich aufgenommen; sie wird auch den neuen Entwicklungen in den Volkswirtschaften Rechnung tragen und ihre bestimmende Rolle in der Planungszusammenarbeit der RGW-Länder beibehalten.

Bisher wurden siebenmal Fünfjahrpläne erfolgreich koordiniert (von 1956 bis 1990). Gegenwärtig beginnen die Koordinierungsarbeiten für 1991 bis 1995, wobei sich der Prozeßcharakter der Plankoordinierung immer deutlicher herausbildet. Die Koordinierung der Fünfjahrpläne zur Entwicklung der Volkswirtschaften hat sich als die am meisten komplexe und umfassende Form der Planungszusammenarbeit erwiesen. Durch sie werden Richtung und Aufgaben der Zusammenarbeit in der Forschung und Entwicklung, bei Investitionen, in der materiellen Produktion und im Austausch von Waren und Leistungen – d. h. in allen Reproduktionsphasen – vereinbart und vorgegeben. Sie wirkt damit als Grundlage für die Zusammenarbeit in den einzelnen volkwirtschaftlichen Bereichen wie auch für die Planung und Bilanzierung der Aufgaben zur Entwicklung der Volkswirtschaft, soweit sie durch internationale Beziehungen mitbestimmt werden. Die Plankoordinierung nimmt auch unter dem Aspekt der Planungszeiträume eine zentrale Stellung ein. Sie bezieht Aufgaben ein, die aus internationalen Dokumenten über längerfristige Zeiträume – wie aus Prognosen, langfristigen Programmen – hervorgehen; sie ist auch Ausgangspunkt für Vereinbarungen; die in kürzeren Zeiträumen als fünf Jahren zu erfüllen sind – wie für bestimmte Ex- und Importe an Waren oder immateriellen Leistungen, im Zusammenhang mit vertraglich geregelten Direktbeziehungen zwischen Wirtschaftseinheiten u. ä. Die Plankoordinierung ist ein wesentliches Instrument zur Herausbildung abgestimmter Volkswirtschaftsstrukturen zwischen den RGW-Ländern. Die Grundkonturen von internationaler Spezialisierung und Kooperation in der Forschung und Produktion im Maßstab der Volkswirtschaften wurden bisher und werden auch künftig durch die internationale Koordinierung vorgezeichnet.

Ein Merkmal der internationalen Plankoordinierung besteht darin, daß im Verlaufe ihrer Entwicklung das Problem der 3 Ebenen zunehmend wichtig geworden ist und daß die konkrete Gestaltung des demokratischen Zentralismus im Prozeß der Koordinierung in der internationalen Zusammenarbeit sowie in der Volkswirtschaft auf neue Erfordernisse auszurichten war. Das ist in der Hauptsache auf die gewachsene ökonomische Potenz, zu der die wirtschaftsorganisatorische Vervollkommnung in den RGW-Ländern beitrug, zurückzuführen. So vollzog sich die Plankoordinierung für die ersten drei Fünfjahreszeiträume im Prinzip als ausschließliche Tätigkeit der zentralen Planungsorgane, erfolgte die Einbeziehung von Zweigorganen oder Betrieben nach Abschluß des Koordinierungsprozesses zur Übergabe der Aufgaben für die Realisierung der eingegangenen Verpflichtungen. Nach der Annahme des Komplexprogramms der sozialistischen ökonomischen Integration von 1971 hat sich demgegenüber eine stärkere Einbeziehung der der Zentrale nachgeordneten Leitungsebenen in die Koordinierungsarbeiten erforderlich gemacht, um die gestiegenen Möglichkeiten und Aufgaben der internationalen Zusammenarbeit mit breiteren Kräften zu nutzen und zu realisieren. Diese Entwicklung war auch dadurch bedingt, daß die beginnende Umstellung vom extensiven auf den intensiven Typ der sozialistischen Reproduktion in den RGW-Ländern ein neues Herangehen an viele Fragen der Integration notwendig machte und dazu die Mitwirkung der anderen Wirtschaftsebenen schon ab der konzeptionellen Phase der Koordinierung beitragen konnte. Damit ging ein Ausbau von stabilen wirtschaftlichen und wissenschaftlich-technischen Beziehungen zwischen Ministerien, Kombinaten, Instituten und Betrieben der RGW-Länder vor sich, der neue Ressourcen zur Erschließung der Potenzen der SÖI freilegte.

Diese Entwicklung hat sich über die Koordinierungszeiträume der siebziger und achtziger Jahre fortgesetzt und bis zu dem Beschluß einer 3-Ebenen-Koordinierung geführt. Dabei stellt der Grundsatz – Leitung der Arbeit durch die zentralen Planungsorgane, Berücksichtigung der wachsenden Selbständigkeit, Selbstverwaltung und Eigenfinanzierung von Betrieben und wirtschaftlichen Organisationen in einer Reihe von Ländern – höhere qualitative Anforderungen an alle Beteiligten.

Neben der qualitativen und quantitativen Entwicklung der internationalen Plankoordinierung als historisch erste und wichtigste Form von Planungszusammenarbeit entwickelten die RGW-Länder andere Formen zur planmäßigen Organisation ihrer ökonomischen und wissenschaftlich-technischen Zusammenarbeit.

Die praktische Bedeutung dieser Formen hat sich im einzelnen als unterschiedlich erwiesen. So konzentriert sich die Ausarbeitung von Prognosen oder die Anwendung von gemeinsamer Planung auf ausgewählte Gebiete und wird von Fall zu Fall genutzt. Die Ausarbeitung von mehrseitigen langfristigen Zielprogrammen der Zusammenarbeit für bestimmte Wirtschaftsbereiche war ein entscheidender Vorgang im Prozeß des Umsetzens des Komplexprogramms der sozialistischen ökonomischen Integration während der siebziger Jahre. Der Effekt dieser Zielprogramme war insbesondere wegen der nicht erreichten Übereinstimmung der erforderlichen Ressourcen mit den vorgesehenen Zielen der Zusammenarbeit anfangs begrenzt. Aus heutiger Sicht ist einzuschätzen, daß die gemeinsamen Erfahrungen der RGW-Länder bei der Ausarbeitung weiterer Programme berücksichtigt wurden. So nehmen die für die achtziger Jahre und danach vereinbarten zweiseitigen Programme der Zusammenarbeit zwischen den jeweiligen RGW-Ländern und der UdSSR sowie untereinander einen wichtigen Platz in der langfristigen, gegenseitig verflochtenen Ausrichtung der Volkswirtschaftsstrukturen, bei ihrer spezialisierten Profilierung und bei der Konzipierung der Zusammenarbeit unter den Bedingungen der umfassenden Intensivierung ein. Diese Programme dienen auch als eine Grundlage für die Ausarbeitung und internationale Koordinierung der Fünfjahrpläne und stehen somit in direkter Beziehung zu der Hauptform der Planungszusammenarbeit.

Das letztere gilt auch für den abgestimmten Plan der mehrseitigen Integrationsmaßnahmen. Er ist neben der Plankoordinierung die einzige stetig und regelmäßig im Zyklus der Fünfjahrplanung angewandte Form der Zusammenarbeit. Er enthält in Übereinstimmung mit den Volkswirtschaftsplänen der Länder die wichtigsten mehrseitigen Maßnahmen der Zusammenarbeit und dient als gemeinsames Kontrollinstrument zur Erfüllung der entsprechenden Aufgaben.

Die weitere Entwicklung der Planungszusammenarbeit geht entsprechend ihrer Stellung als integrierender Bestandteil der ökonomischen und wissenschaftlich-technischen Zusammenarbeit der RGW-Länder überhaupt vor sich. Die Aufgaben dafür leiten sich aus den Erfordernissen der Entwicklung der beteiligten Volkswirtschaften ab. Das bedeutet für den kommenden Fünfjahrplanzeitraum und darüber hinaus, daß in der internationalen Zusammenarbeit die gemeinsamen Anstrengungen zur Erreichung von wissenschaftlich-technischen Spitzenleistungen und deren ökonomische Nutzung einen erstrangigen Platz einnehmen werden. Dazu muß die Zusammenarbeit auf die Realisierung der im Komplexprogramm des wissenschaftlich-technischen Fortschritts der RGW-Länder bis 2000 vereinbarten Aufgaben konzentriert werden.

Sie muß das Erzielen von wissenschaftlich-technischen Höchstleistungen, die Produktion neuer Erzeugnisse mit hohen Effekten und die Anwendung moderner Verfahren und Technologien auf dieser Basis fördern und beschleunigen. Auf diese Weise werden die Ergebnisse der ökonomischen und wissenschaftlich-technischen Zusammenarbeit zur erfolgreichen Durchsetzung der intensiven Entwicklungslinie in den Ländern der Gemeinschaft und damit zur Stärkung ihrer ökonomischen Leistungskraft beitragen. Eine solche Zusammenarbeit dient dem Ziel, die Errungenschaften der wissenschaftlich-technischen Revolution mit den Vorzügen der sozialistischen Planwirtschaft zum Nutzen der Volkswirtschaften der RGW-Länder in höherem Tempo und mit größerem Effekt zu verbinden.

Bei der Konzentration der weiteren internationalen Zusammenarbeit auf die entscheidenden Fragen der volkswirtschaftlichen Entwicklung bleibt das Erfordernis bestehen, diese Zusammenarbeit von der zentralen Ebene der volkswirtschaftlichen Leitung und Planung aus zu steuern. Dabei kommt von den verschiedenen schon bewährten und den neueren Formen der Planungszusammenarbeit der internationalen Koordinierung der Fünfjahrpläne die hauptsächliche Bedeutung zu. Das wurde auf der 43. Tagung des RGW 1987 mit der Feststellung bekräftigt, diese Arbeit auch künftig unter Leitung der zentralen Planungsorgane der RGW-Länder durchzuführen. Die Einbeziehung der Kombinate und Betriebe in die Plankoordinierung, die auch künftig unter Leitung der zentralen Planungsorgane durchgeführt wird, wird ein wichtiges Moment im Zusammenwirken der Bruderländer sein. Auf der Grundlage der konkreten Gestalt des demokratischen Zentralismus im Verhältnis zwischen den wirtschaftlichen Leitungsebenen in den einzelnen Mitgliedsländern des RGW gewinnt die Beteiligung der Organe und Wirtschaftseinheiten der nachgeordneten Ebenen an der internationalen Plankoordinierung an Bedeutung. Das ist in der in einer Reihe von Ländern wachsenden Selbständigkeit, Selbstverwaltung und Eigenfinanzierung von Betrieben und Wirtschaftsorganisationen begründet.

Die hauptsächliche Funktion der Wirtschaftseinheiten im Verlaufe des stufenweisen Prozesses der Plankoordinierung ist darin zu sehen, daß sie auf dem Gebiet ihrer spezifischen Produktion und aus der Kenntnis der detaillierten volkswirtschaftlichen und außenwirtschaftlichen Erfordernisse auf diesem Gebiet dem zentralen Planungsorgan beratend und präzisierend zur Seite stehen. Damit werden z. B. die mit der internationalen Plankoordinierung festgelegten außenwirtschaftlichen Aufgaben des betreffenden Kombinates quantitativ und strukturell in die internationale Abstimmung im volkswirtschaftlichen Maßstab eingeordnet. Die von der Zentrale mit der Plankoordinierung getroffenen Entscheidungen werden dabei schon frühzeitig mit den späteren Ausführenden der wissenschaftlich-technischen, Produktions- und Außenhandelszusammenarbeit abgestimmt.

Die internationale Plankoordinierung wird unter dem

Aspekt der volkswirtschaftlichen Leitungsebenen immer mehr dazu entwickelt, daß bei Wahrnehmung der entscheidenden Funktion durch die zentrale Ebene sich ein Prozeß des Zusammenwirkens, der Verbindung von Grundsatzentscheidungen mit den detaillierten Bedingungen ihrer Realisierung, der schrittweisen Abstimmung zwischen Zentrale und Wirtschaftseinheiten bei der Festlegung von Aufgaben der internationalen Zusammenarbeit vollziehen kann.

Andreas Forner

Neue Aspekte der Fünfjahrplankoordinierung und Rolle des wissenschaftlich-technischen Fortschritts

Der Inhalt der Koordinierung der Volkswirtschaftspläne wird zunehmend von den Aufgaben zur Intensivierung sowie der Entwicklung und ökonomischen Verwertung des wissenschaftlich-technischen Fortschritts bestimmt. Das wird aus den Dokumenten der 43. (Außerordentlichen) RGW-Ratstagung deutlich und steht in Übereinstimmung mit den vorliegenden Thesen. Bei der Bewertung von Erfahrungen und künftigen Aufgabenstellungen im Rahmen der Plankoordinierung ist es richtig, von der Einheit und wechselseitigen Abhängigkeit inhaltlichen Aufgabenstellungen und organisatorischer, planungstechnischer Methoden und Instrumentarien auszugehen. Erstere werden wesentlich durch den Stand und die Dynamik in der Entwicklung der Produktivkräfte geprägt und erfordern eine solche Gestaltung des Koordinierungsmechanismus, die die weitere Entwicklung der Produktivkräfte in der Volkswirtschaft sowie in ihrer internationalen Entfaltung fördert. Damit ist die Rückwirkung aufgezeigt: Mit dem Niveau und durch die Methoden der Plankoordinierung wird auch darüber entschieden, in welchem Maße im Fünfjahrzeitraum die Reserven der internationalen sozialistischen Arbeitsteilung für die Verwirklichung der wirtschaftsstrategischen Zielsetzungen im Lande erschlossen werden können.

Wesentliche inhaltliche Anforderungen an die Fünfjahrplankoordinierung aus der Sicht der Volkswirtschaft der DDR sind dabei

- die verstärkte Nutzung von Wissenschaft und Technik als dem entscheidenden Intensivierungsfaktor;
- die stabile Sicherung des Bedarfs an Roh- und Brennstoffen;
- eine aktive Rolle der metallverarbeitenden Industrie als gegenwärtige Hauptträger des Exports;
- die Vertiefung der internationalen Spezialisierung und Kooperation in effektiven, insbesondere in innovativen Richtungen.

Angesichts dieser inhaltlichen Anforderungen wäre es nicht richtig, die wachsende Rolle des wissenschaftlich-technischen Fortschritts auf das eine oder andere der genannten Kriterien zu reduzieren bzw. von dem einen oder anderen abzukoppeln.

Beispielsweise ergeben sich aus der perspektivischen Sicherung des Roh- und Brennstoffbedarfs der Volkswirtschaft der DDR zunehmende Anforderungen u. a.

- an das wissenschaftlich-technische Niveau der Exportware zur Finanzierung von Roh- und Brennstoffimporten insbesondere aus der UdSSR;
- an neue Werkstoffe, Erzeugnisse und Technologien zur Senkung der Rohstoff- und Energieintensität.

Über neuen Aspekte, Formen und Methoden der Fünfjahrplankoordinierung zu sprechen, erfordert auch und zunächst, eine Reihe von Prinzipien hervorzuheben, die sich bewährt haben, und von denen die RGW-Länder übereinstimmend bei der Koordinierung der Fünfjahrpläne 1991–95 und darüber hinaus ausgehen. Dazu gehören folgende:

1. Die Koordinierung der Fünfjahrpläne ist Hauptinstrument der Abstimmung der Wirtschaftspolitik auf den mit der gegenseitigen Zusammenarbeit verbundenen Gebieten. Dieses Prinzip wurde auf der 43. (Außerordentlichen) RGW-Ratstagung erneut bekräftigt und findet auch im Entwurf der Kollektiven Konzeption der internationalen sozialistischen Arbeitsteilung bis 2005 seinen Niederschlag. Es ist in seinen Grundzügen bereits im RGW-Komplexprogramm des Jahres 1971 enthalten.

2. Die Koordinierung der Fünfjahrpläne erfolgt als zeitlich parallel verlaufender und sich inhaltlich ergänzender, iterativer Prozeß von Arbeit am Fünfjahrplan und Abstimmung der mit der Zusammenarbeit verbundenen Gebiete mit den Partnern.

3. Die Koordinierung der Fünfjahrpläne erfolgt auf zwei- und mehrseitiger Grundlage unter Gewährleistung der Verknüpfung beider Formen. Dabei behält der zweiseitige Charakter der Koordinierung seine Bedeutung.

4. Die Koordinieurng der Fünfjahrpläne umfaßt alle mit der gegenseitigen Zusammenarbeit verbundenen Gebiete und trägt daher komplexen Charakter. Die Abstimmungen erstrecken sich von Wissenschaft und Technik über Produktions- und Investitionszusammenarbeit bis zum Außenhandel und den Valuta- und Kreditbeziehungen.

Von hohem Gewicht bleibt dabei aus der Sicht der DDR die Abstimmung der Lieferungen an Roh- und Brennstoffen, ihrer Exportäquivalente sowie die Fixierung des materiellen und finanziellen Beitrages von RGW-Ländern zur Erschließung und Förderung von Rohstoffen in der UdSSR. Die auf diesen Gebieten praktizierten Methoden der Fünfjahrplankoordinierung haben sich bewährt und werden fortgeführt.

5. Eng verbunden mit der hohen Komplexität der Fünfjahrplankoordinierung ist schließlich die Verantwortung der zentralen Planungsorgane bei ihrer Durchführung. Auch sie wird in den Materialien der 43. (Außerordentlichen) RGW-Ratstagung bekräftigt. Ihre objektive Notwendigkeit ergibt sich neben der genannten Komplexität des Koordinierungsprozesses auch aus der wirtschaftspolitisch-strategischen Funktion der zentralen Planungsorgane, einer Funktion, die die Verbindung strategischer Beschlüsse mit der Initiative der Wirtschaftseinheiten einschließt.

Die aktuellen Bedingungen und wirtschaftsstrategischen Zielstellungen innerhalb der Mitgliedsländer des RGW wie auch im Rahmen ihrer Zusammenarbeit (ich kann hier im wesentlichen auf die Thesen 1 und 2 des vorliegenden Materials verweisen) verlangen, daß die Koordinierung der Volkswirtschaftspläne als ein wichtiges Element des Mechanismus der RGW-Zusammenarbeit den gegenwärtigen und perspektivischen Erfordernissen entspricht. Die neuen Aspekte, die sich ausgehend von den genannten bewährten Prinzipien vor allem durch die notwendige Beschleunigung des wissenschaftlich-technischen Fortschritts für die Fünfjahrplankoordinierung ergeben, sind vielfältig. Sie lassen sich in zwei Hauptgruppen zusammenfassen:

Es geht *erstens* um neue Aufgaben der Koordinierung in horizontaler Richtung, die aus der erhöhten Komplexität und wechselseitigen Verbundenheit der zu koordinierenden Prozesse erwachsen.

Der verstärkten Verbindung aller Reproduktionsphasen im Rahmen der Zusammenarbeit muß bereits im Stadium der gemeinsamen Konzipierung Rechnung getragen werden. Der Anteil spezialisierter Erzeugnisse am Export in die UdSSR hat sich von 1% 1970 auf 49% 1985 erhöht.[1] Ähnliche Tendenzen lassen sich hinsichtlich des zunehmenden Einflusses der wissenschaftlich-technischen Zusammenarbeit auf Umfang und Struktur des gegenseitigen Warenaustauschs erkennen. „Die Dynamik der gegenseitigen Lieferungen", heißt es im Bericht des ZK an den XI. Parteitag der SED, „besteht in zunehmendem Maße auf einer Forschungs- und Produktionskooperation, die nahezu alle Zweige umfaßt."[2]

Daraus ergibt sich mit Konzequenz, daß ein mit der Fünfjahrplankoordinierung abgestimmter Warenaustausch in Umfang und Struktur nur dann Basis für die real erfolgenden Lieferungen sein kann, wenn er bereits die außenhandelsseitigen Ergebnisse der wesentlichen, für den gleichen Zeitraum geltenden Maßnahmen der wissenschaftlich-technischen Zusammenarbeit und der Spezialisierung und Kooperation der Produktion einschließt.

Aus dieser Forderung ergeben sich eine Reihe praktischer und auch theoretischer Fragen, von denen aus Zeitgründen hier lediglich eine genannt werden soll: Es ist die Frage nach dem Verhältnis von Kontinuität der zu koordinierenden Prozesse und dem Etappencharakter der Koordinierung selbst.

Zweifellos gewinnt in diesem Zusammenhang der folgende Gedanke Rybakows an Bedeutung: „Gegenwärtig werden die Ergebnisse der Plankoordinierung in Form von Abschlußprotokollen festgehalten... Jedoch schon bei der Ausarbeitung der Entwürfe dieser Abkommen und in darauffolgenden Stadien ihrer Realisierung werden häufig übernomme Verpflichtungen verändert. Würden alle Fragen der Zusammenarbeit schon bei der Plankoordinierung gründlich geklärt, ließen sich solche Erscheinungen auf ein Minimum reduzieren."[3]

Die Kompliziertheit des Problems liegt offensichtlich darin, daß die Beschleunigung des wissenschaftlich-technischen Fortschritts einerseits eine verstärkte inhaltliche Verbindung der Koordinierungsergebnisse in Wissenschaft, Technik und Produktion mit den abgestimmten Lieferungen verlangt, sie andererseits aber selbst zu einer rascheren Veränderung der Bedingungen und Erfordernisse der Zusammenarbeit innerhalb des Fünfjahreszeitraumes führt.

Ein *zweiter* Komplex neuer Aufgaben der Fünfjahrplankoordinierung ergibt sich in vertikaler Richtung, aus der notwendigen engeren Zusammenarbeit der zentralen Planungsorgane mit Ministerien und Kombinaten in Vorbereitung und Durchführung der Koordinierung. Als ein Schwerpunkt der Einbeziehung der Fachministerien erscheint dabei ihre Arbeit in der Paritätischen Regierungskommission und den Gemeinsamen Wirtschaftsausschüssen bei der Abstimmung der Zusammenarbeit in Wissenschaft, Technik und Produktion.

In den Thesen wird zu Recht festgehalten, daß die Konsequenzen für den Koordinierungsmechanismus, die sich aus der Umgestaltung in anderen RGW-Ländern ergeben, in ihrem vollen Umfang noch nicht eingeschätzt werden können. Erste Erfahrungen hierzu ergeben sich gegenwärtig aus den bilateralen Gesprächen zur Koordinierung 1991–95. Unabhängig davon, wie am Ende der konkrete Abstimmungsmechanismus auf drei miteinander verbundenen Ebenen aussehen wird, wird hier bereits eines deutlich:

Die zunehmende Vielfalt der Wirtschaftsmechanismen in den RGW-Ländern kann und wird offensichtlich auch eine zunehmende Differenziertheit in konkreten bilateralen Koordinierungsmechanismen mit sich bringen.

Von wachsendem Gewicht ist zweifellos die direkte und sachkundige Mitarbeit der Kombinate und ihrer Betriebe im Koordinierungsprozeß, im Rahmen der vertikalen Ausrichtung auf neue Aufgaben, wie sie in den Thesen hervorgehoben wird. Ihre Notwendigkeit ergibt sich aus

- der wachsenden Bestimmung von Umfang und Struktur der Warenströme durch wissenschaftlich-technische und Produktionszusammenarbeit, ein Prozeß, für dessen Konzipierung und Realisierung die Kombinate eine entscheidende Verantwortung tragen;
- dem gewachsenen Volumen der Warenströme (von 1966/70 zu 1981/85 auf knapp das Fünffache);
- der mit der Konzentration der Zusammenarbeit auf die Hauptgebiete des wissenschaftlich-technischen Fortschritts einhergehenden Komplizierung und Spezifizierung der unmittelbaren Verhandlungsgegenstände;
- dem (wie in den Thesen formuliert) „erhöhten Stellenwert der direkten Beziehungen zwischen Produzent und Anwender" für eine „verstärkt markt- und kundenorientierte Produktion".

Aus all dem ergibt sich gleichzeitig, daß der Grad der Einbeziehung verschiedener Ebenen in die Fünfjahrplankoordinierung für einzelne volkswirtschaftliche Bereiche unterschiedlich sein kann; daß eine verstärkte direkte Einbeziehung der Kombinate und Betriebe in nächster Zeit vor allem für die Bereiche von Bedeutung sein wird, die Hauptträger des wissenschaftlich-technischen Fortschritts sind – die Bereiche der verarbeitenden, insbesondere der metallverarbeitenden Industrie.

Wichtige praktische und theoretische Fragen, die aus dem genannten vertikalen Aufgabenkomplex erwachsen, sind u.a.

- die abgestimmte Berücksichtigung von Effektivitätsgesichtspunkten unter den Bedingungen der verstärk-

ten Einbeziehung der Kombinate in den Koordinierungsprozeß;
- die Bestimmung des Platzes der Direktbeziehungen im Prozeß der Fünfjahrplankoordinierung.

Diesen sollte auch in der theoretischen Arbeit größere Aufmerksamkeit geschenkt werden.

Anmerkungen

[1] Vgl. Statistisches Taschenbuch der DDR 1987, Staatsverlag der DDR, Berlin 1987, S. 101.

[2] E. Honecker, Bericht des Zentralkomitees der SED an den XI. Parteitag der SED, Dietz Verlag, Berlin 1986, S. 42.

[3] O. K. Rybakow, Probleme der Koordinierung der Volkswirtschaftspläne der RGW-Länder; in: Sowjetwissenschaft 2/1982, S. 193.

Edith Becker

Zu Leitungsanforderungen an die Kombinate der DDR bei der Organisation der internationalen Plankoordinierung

Um für das gesellschaftliche Voranschreiten auf der Grundlage des Kurses der Einheit von Wirtschafts- und Sozialpolitik auch in Zukunft die erforderlichen Fonds und Mittel zur Verfügung zu haben und weitere Ressourcen erschließen zu können, muß es gelingen, in allen RGW-Ländern die Arbeitsproduktivität wesentlich zu erhöhen und der von den imperialistischen Staaten eingesteuerten Politik des Wettrüstens und der ökonomischen Erpressung wirksam zu begegnen.

Notwendig ist dazu, in der Einheit und Wechselwirkung von volkswirtschaftlichen Interessen der RGW-Länder und kollektiven Interessen ihrer Wirtschaftsorganisationen die Kräfte zu konzentrieren, die ökonomische und wissenschaftlich-technische Zusammenarbeit auf ein höheres Tempo in der Leistungs- und Effektivitätsentwicklung auszurichten und die materiellen und finanziellen Bedingungen rechtzeitig, langfristig orientiert und im gegenseitigen Interesse zu sichern.

Von allen RGW-Ländern wird hierzu die Qualifizierung der internationalen Plankoordinierung als eine wichtige Aufgabe angesehen. Dieser Qualifizierung dient die Festlegung der 43. Tagung des RGW, in die internationale Plankoordinierung die Wirtschaftsorganisationen der RGW-Länder aktiv einzubeziehen und sie auch künftig unter Leitung der zentralen Staatsorgane zu realisieren.

Die Durchführung der internationalen Plankoordinierung auf der Ebene der Wirtschaftsorganisationen erfordert, in allen RGW-Ländern ihre inhaltliche und organisatorische Vorbereitung und Realisierung sowie ihre Leitung als einen normalen Bestandteil der Wirtschafts- und Leitungsorganisation zu behandeln. In der DDR können dazu von forschungs- und exportintensiven Kombinaten verschiedenster Zweige verallgemeinerungsfähige Erfahrungen vermittelt werden, weil diese Kombinate seit Jahren aktiv am Prozeß der Plankoordinierung mitwirken.

Beispielsweise nahmen an den Koordinierungsarbeiten der Staatlichen Plankommission der DDR und des Staatlichen Plankomitees der UdSSR für den Zeitraum 1986 bis 1990 besonders Kombinate der Elektrotechnik und Elektronik sowie des Maschinenbaus der DDR teil. Die Koordinierungsberatungen DDR–UdSSR begannen bekanntlich schon 1982.

Diese Kombinate, aber auch Kombinate anderer Bereiche führten darüber hinaus eigenständig eine Reihe von Konsultationen mit ihren RGW-Partnern durch. Die Generaldirektoren leiteten vielfach selbst die DDR-Delegation in den Koordinierungsberatungen mit sowjetischen bzw. anderen RGW-Partnern, stellten sich an die Spitze der Arbeit im Kombinat und ordneten sie fest in ihre komplexe Leitungstätigkeit ein. Bewährt hat sich in der Praxis auch, daß Kombinate im Auftrage eines zentralen Staatsorgans Integrationsprozesse und -maßnahmen mit den entsprechenden Partnern in der UdSSR und den anderen RGW-Ländern koordinierten. In internationalen Wirtschaftsorganisationen wurden vor allem Kombinate des Maschinenbaus, der Elektrotechnik/Elektronik und der chemischen Industrie koordinierend tätig.

Alles das trug wesentlich zur inhaltlichen Gestaltung der gemeinsamen Ziele, Bedingungen und Maßnahmen der Zusammenarbeit bei. Jetzt ist es an der Zeit, diese Praxis in der Breite der Volkswirtschaften aller RGW-Länder ökonomisch wirksam durchzusetzen.

Zu Recht wird in diesem Sinne in den vorliegenden Thesen die Feststellung getroffen, daß die wesentlichste Veränderung bei der internationalen Plankoordinierung in der aktiven Rolle der Wirtschaftseinheiten von Anfang an, in ihrer erhöhten Verantwortung für die Zusammenarbeit in allen Phasen des Reproduktionsprozesses besteht. Ausgehend von dieser qualitativ höheren Verantwortung der Kombinate können im Zusammenhang von inhaltlichen und organisatorischen Aspekten folgende drei Leitungsanforderungen zur aktiven Teilnahme der Kombinate an der internationalen Plankoordinierung abgeleitet werden:

Erstens ist es notwendig, die eigenverantwortliche Teilnahme der Kombinate an der internationalen Plankoordinierung in die Wirtschafts- und Leitungsorganisation als einen ihr immanenten Bestandteil fest einzubeziehen. Das Problem besteht darin zu sichern, daß von jedem Kombinat ein fundierter Standpunkt für eine aktive DDR-Position in der internationalen Plankoordinierung erarbeitet wird, der charakterisiert ist durch die

- konsequente Orientierung auf hohe volkswirtschaftliche Ergebnisse,
- flexible Einstellung auf die Interessen der UdSSR und der anderen RGW-Partner,
- wesentliche Steigerung der Effektivität der Zusammenarbeit und kurze Realisierungszeiten für die eingesetzten Fonds und Mittel,
- zuverlässige Durchsetzung der Verantwortung für die exakte Erfüllung der eingegangenen internationalen Verpflichtungen.

Zweitens müssen die Organisationsformen für die Teilnahme der Kombinate an der internationalen Plankoordinierung ein rasches flexibles Handeln in Übereinstimmung mit der Realisierung aller anderen volkswirtschaftlichen Aufgaben des jeweiligen Kombinates gewährleisten.

Das qualitative Moment besteht darin, die Orientierung von Partei und Regierung auf die rasche Durchsetzung der Schlüsseltechnologien und Spitzenerzeugnisse zu verwirklichen.

In den Thesen werden eine Reihe von Ansatzpunkten

für vielfältige Organisationsformen aufgezeigt, die genutzt werden können, um dabei die notwendige Dynamik und Flexibilität zu sichern und die im Prozeß der Plankoordinierung neu entstandenen Organisationsanforderungen zu bewältigen.

Berücksichtigt werden muß m. E., daß in der Organisation der ökonomischen und wissenschaftlich-technischen Zusammenarbeit mit den RGW-Partnern von Kombinat zu Kombinat Unterschiede auftreten, die in erster Linie den spezifischen Reproduktionsbedingungen jedes Kombinates, aber auch dem differenzierten Zusammenwirken mit den RGW-Partnern geschuldet sind. Folglich gilt es, in jedem Kombinat selbst wirksame Initiativen zu entwickeln, um den für den konkreten Reproduktionsprozeß erforderlichen inhaltlichen und zeitlichen Vorlauf für die Abstimmung mit den sowjetischen und anderen RGW-Partnern zu erreichen.

Das Angebot des Kombinates für den Koordinierungsprozeß mit den RGW-Partnern muß insgesamt auf einem tragfähigen, mit den zentralen Organen und den Inlandspartnern abgestimmten Veredlungskonzept beruhen.

Die Praxis von fortgeschrittenen Kombinaten läßt erkennen, daß dazu mindestens folgende Aktivitäten erforderlich sind:

- die Erarbeitung der ökonomischen Ziele, Bedingungen und Maßnahmen für die Zusammenarbeit mit dem jeweiligen RGW-Partner als Kombinats-Standpunkt im Rahmen des DDR-Angebotes für die Plankoordinierung;
- die Erarbeitung der Verhandlungsdirektiven für die bilateralen bzw. multilateralen Koordinierungsberatungen;
- die notwendige Abstimmung mit dem zuständigen Minister oder den Leitern anderer zuständiger zentraler Staatsorgane der DDR;
- die Abstimmung mit den wichtigsten Kooperationspartnern und Bedarfsträgern oder deren übergeordneten Organen.

Wichtig ist, daß alle diese Arbeiten und Entscheidungen eng und wechselseitig miteinander verbunden und auf die langfristige Leistungs- und Effektivitätsentwicklung ausgerichtet sind. Heute erwächst bereits aus der zunehmenden Eigenverantwortung der Kombinate für die Erwirtschaftung und Verwendung der Mittel objektiv immer mehr ihr Interesse an einer längerfristig orientierten Koordinierung mit den sowjetischen und anderen RGW-Partnern. Damit gewinnen differenziertere inhaltliche und organisatorische Aufgaben- und Fragestellungen im Koordinierungsprozeß an Bedeutung.

Drittens dürfen keine Möglichkeiten rationeller Organisation verschenkt werden, um die vielschichtigen Aufgaben im iterativen Prozeß der Plankoordinierung zu realisieren und eine hohe Wirksamkeit und Effektivität der Plankoordinierung zu erreichen.

Aus der Praxis beispielgebender Kombinate des Maschinenbaus und der Elektrotechnik/Elektronik kann als Grundsatz abgeleitet werden, daß die Organisationsaufgaben im Prozeß der internationalen Plankoordinierung auf eine disponible und reaktionsschnelle Lösung der Intensivierungsprobleme ausgerichtet werden müssen.

Aus der Vorbereitung der Plankoordinierung für 1986 bis 1990 läßt sich verallgemeinernd feststellen, daß diese Aktivitäten in Industriezweigen, die im Rahmen des RGW bereits stark spezialisiert und exportorientiert sind, wie die der metallverarbeitenden Industrie, deutlich mehr und speziellere Informationen für den Entscheidungsprozeß erfordern als noch vor Jahren. Zu einem Springpunkt für die qualifizierte Teilnahme der Kombinate an der internationalen Plankoordinierung wird die Information über die Leistungsfähigkeit und Leistungsbereitschaft der RGW-Partner. Günstig wirken sich hier Direktbeziehungen mit ihnen aus.

Eine qualifizierte Vorbereitung und Realisierung der Aufgaben in der internationalen Plankoordinierung verlangt darüber hinaus innerhalb des Kombinates, die konzeptionellen Arbeiten der verschiedenen Struktureinheiten im Kombinat (z. B. im Bereich Forschung und Entwicklung, Absatz, Marktforschung, internationale Zusammenarbeit) so zu organisieren, daß der inhaltliche und organisatorische Zusammenhang der Arbeiten gewahrt wird und sie auf die rationellste Weise durchgeführt werden.

Dabei müssen Primärdaten und Informationen kompatibel sein und von anderen Struktureinheiten weiterbenutzt werden können. Insgesamt setzt der für die Rationalisierung der Arbeiten in der Plankoordinierung notwendige Einsatz der elektronischen Rechentechnik eine hohe organisatorische Disziplin und Ordnung voraus.

In einigen Kombinaten werden erste nachnutzungsfähige Lösungen für rechnergestützte Arbeiten zur qualifizierten Vorbereitung der Plankoordinierung entwikkelt.

Am weitesten fortgeschritten ist in dieser Hinsicht die Arbeit im VEB Kombinat Wälzlager und Normteile. Dieses Kombinat wirkt über viele Jahre hinweg aktiv an der Entwicklung der rechnergestützten Plankoordinierung im Rahmen der internationalen Organisation für die Zusammenarbeit in der Wälzlagerindustrie (OZWI) mit. Auch hieran wird deutlich, daß sich die Rolle der Kombinate im Prozeß der internationalen Plankoordinierung qualitativ verändert und der eigenverantwortlichen direkten Zusammenarbeit mit den sowjetischen und anderen RGW-Partnern im Prozeß der Plankoordinierung ein neuer Stellenwert zukommt.

Der Handlungsraum der Kombinate im Prozeß der internationalen Plankoordinierung erstreckt sich von den direkten Beziehungen mit sowjetischen und anderen RGW-Partnern bis zu den kombinatsinternen Beziehungen. Dies verlangt, mit den ökonomischen Bedingungen auch die rechtlichen Bedingungen für die aktive eigenverantwortliche Rolle der Kombinate weiter auszugestalten. Auch das gehört zur Entwicklung eines neuen Niveaus der ökonomischen und wissenschaftlich-technischen Zusammenarbeit der DDR mit der UdSSR und den anderen Mitgliedsländern des RGW.

Karl Morgenstern

Zu Wechselbeziehungen zwischen volkswirtschaftlicher Strukturentwicklung und internationaler Arbeitsteilung

In den Thesen wird erneut und mit vollem Recht auf die Notwendigkeit der progressiven Weiterentwicklung der Volkswirtschaftsstrukturen in der DDR und in den anderen RGW-Ländern sowie auf den engen Zusammenhang zur internationalen Arbeitsteilung (IAT) hingewiesen. Dieser Problemkreis beinhaltet ein breites Spektrum hochaktueller theoretischer und praktischer Fragen, die auch in der DDR seit einigen Jahren wieder verstärkt Gegenstand der Forschung und der wissenschaftlichen Diskussion sind. Eine der Grundfragen hierbei ist m. E.: Wie entwickeln sich insbesondere die Produktions- und Außenhandelsstrukturen der Länder weiter, in welchen Richtungen sind sie zu vervollkommnen bzw. zu erneuern? Untrennbar damit ist die Frage nach dem Gewicht der IAT und speziell nach der weiteren Gestaltung der Arbeitsteilung und Zusammenarbeit zwischen den Mitgliedsländern des RGW verbunden.

Die Entwicklung der Volkswirtschaftsstrukturen wird bekanntlich von einer großen Zahl und breiten Vielfalt von Faktoren und Bedingungen beeinflußt. Von bestimmendem, vor allem langfristig wirkendem Einfluß sind, ausgehend von den gesellschaftlichen Verhältnissen, der wissenschaftlich-technische Fortschritt, der Bedarf (Eigenbedarf, Bedarf anderer RGW-Länder, insbesondere der UdSSR, Absatzmöglichkeiten und -bedingungen auf internationalen Märkten), die Bedingungen des eigenen Landes (innere und äußere, ökonomische, politische, historische) und die IAT (Erfordernisse, Möglichkeiten und Bedingungen der Teilnahme an der IAT).

Eine wichtige Voraussetzung effektiver volkswirtschaftlicher Strukturentwicklung als der entscheidenden materiellen Grundlage für intensives Wirtschaftswachstum und langfristigen Effektivitätsanstieg der Volkswirtschaft ist die richtige Beachtung und Nutzung der strukturbestimmenden Einflußfaktoren. Das setzt unter anderem voraus, daß der Komplexität, der wechselseitig miteinander verbundenen Wirkung der Faktoren und Bedingungen für die Entwicklung von Produktions- und Außenhandelsfaktoren Rechnung getragen wird. Diesen Gesichtspunkt möchte ich besonders unterstreichen. Dazu einige Anmerkungen. Der wissenschaftlich-technische Fortschritt übt, im untrennbaren Zusammenhang mit der Bedarfsentwicklung, einen dominierenden Einfluß auf die Produktions- und Außenhandelsstrukturen aus. In Verbindung mit den sich aus der umfassenden Intensivierung und aus den Veränderungen in den Nachfrage- und Angebotsstrukturen der RGW-Länder und auf den internationalen Märkten ergebenden qualitativ neuen Anforderungen zwingt er zu ständiger Vervollkommnung und Erneuerung der Strukturen.

Deshalb unternimmt die DDR außerordentliche Anstrengungen zur Entwicklung und Anwendung von Schlüsseltechnologien. Eine Volkswirtschaft ist bzw. bleibt nur modern, wenn in ihrer Struktur ständig neue Errungenschaften von Wissenschaft und Technik materialisiert werden.

Aber – und das ist einer der springenden Punkte – der wissenschaftlich-technische Fortschritt negiert nicht die differenzierte Entwicklung von Produktions- und Außenhandelsstrukturen der Länder. Im Gegenteil. Auf seiner Grundlage nimmt die Variantenvielfalt vor allem hinsichtlich der Entwicklung der Mikrostrukturen (Produktionsstrukturen innerhalb der Zweige bis zu den Erzeugnissortimenten und Leistungsarten) zu. Das Spektrum verschiedener möglicher Varianten der Produktions- und Exportprofilierung auf der Ebene der Volkswirtschaft und der Betriebe erweitert sich und die ökonomische Verwertung des wissenschaftlich-technischen Fortschritts sowie die unterschiedlichen Bedingungen und Voraussetzungen der Länder und Betriebe zwingen zur Auswahl der jeweils realisierbaren und effektivsten Variante. Die Potentialbegrenzungen erfordern angesichts der wachsenden Vorleistungen und Aufwendungen eine größere Konzentration. Das bezieht sich auch auf Wissenschaft und Technik, auf die im einzelnen zu verfolgenden Richtungen des wissenschaftlich-technischen Fortschritts, wo neben der Notwendigkeit immer auch die Machbarkeit, die volkswirtschaftliche Wirksamkeit und Effektivität über die Aufgaben in Forschung und Entwicklung, den Umfang und die Intensität der Arbeiten entscheiden.

Die Effektivität der volkswirtschaftlichen Strukturentwicklung sowie der Produktions- und Exportstrukturen der Wirtschaftseinheiten ist, ausgehend vom Bedarf und den Exporterfordernissen und -möglichkeiten sowie bei umfassender Verwertung neuer wissenschaftlich-technischer Errungenschaften, in hohem Maße davon abhängig, wie die konkreten Voraussetzungen beachtet und günstige Produktionsbedingungen auf ökonomische Weise genutzt und weiterentwickelt werden (Forschungs- und Produktionspotentiale, Investitionsmöglichkeiten, Leistungsvermögen, vorhandene Erfahrungen usw.).

Das aber ist nur bei rationeller Nutzung und Gestaltung der IAT möglich. Auf diese Weise können verstärkt Austauschvorteile, insbesondere komparative Vorteile erschlossen werden, was von steigendem Gewicht ist.

Dabei kommt es darauf an, das Effektivitätspotential der IAT und der Zusammenarbeit so auszuschöpfen, daß den heutigen Erfordernissen der Ökonomie der Zeit, also den Erfordernissen der wissenschaftlich-technischen Revolution und der Systemauseinandersetzung immer besser entsprochen wird. Das heißt, mit Hilfe der

IAT den wissenschaftlich-technischen Fortschritt in den Hauptrichtungen zu beschleunigen, die Kräfte und Mittel in den Ländern und in der Zusammenarbeit mit der UdSSR und anderen sozialistischen Ländern konzentrierter vor allem für die Entwicklung der Schlüsseltechnologien einzusetzen und dadurch optimale Größenordnungen auf den entscheidenden Gebieten der Forschung, Entwicklung und Produktion zu erreichen, die internationale Spezialisierung der Volkswirtschaft und Betriebe unter Berücksichtigung ihrer Ressourcensituation und der sich entwickelnden Forschungs- und Produktionsbedingungen weiter auszubauen bzw. neu zu gestalten und die jeweils zweckmäßigsten Varianten und Formen der internationalen Kooperation anzuwenden. In dieser so erzielbaren Gesamtheit von Nutzeffekten der IAT – und m. E. nur in dieser Gesamtheit – lassen sich dann auch Austauschvorteile in volkswirtschaftlich spürbarer Größenordnung erschließen.

Die IAT ist also so weiter zu entwickeln und zu gestalten, daß eine progressive Strukturentwicklung auf der Grundlage des wissenschaftlich-technischen Fortschritts in jedem Land gefördert wird, wobei aber die Produktions- und Außenhandelsstrukturen den volkswirtschaftlichen Bedingungen Rechnung tragen und günstige Produktionsvoraussetzungen optimal genutzt werden müssen. Auf dieser Grundlage vollzieht sich auf immer höherem Entwicklungsniveau ein ständiger Prozeß der Annäherung und Differenzierung der volkswirtschaftlichen Strukturen. Internationale Spezialisierung in Wissenschaft und Technik ist hierin eingeschlossen. Das alles spricht gegen jegliche schematisierenden Vorstellungen bezüglich der Weiterentwicklung der Volkswirtschaftsstrukturen in unseren Ländern, gegen vereinfachte Strukturmodelle.

Ein wichtiges Erfordernis bei der Erfüllung der Aufgaben, die vorhandenen Forschungs- und Produktionsvoraussetzungen der Volkswirtschaft einschließlich der spezifischen außenwirtschaftlichen Bedingungen zu berücksichtigen und richtig zu nutzen, besteht darin, den erforderlichen Aufwendungen für Forschung und Entwicklung, Produktion und Absatz und den Möglichkeiten ihrer Realisierung die gebührende Aufmerksamkeit zu widmen. Das betrifft Strukturentscheidungen und damit direkt oder indirekt fast stets auch Entscheidungen über internationale arbeitsteilige Beziehungen.

Erfahrungen zeigen immer wieder, daß nicht in jedem Fall genau und nüchtern analysiert wird, welche materiellen, finanziellen und geistigen Aufwendungen für Neu- und Weiterentwicklungen und für Maßnahmen der wissenschaftlich-technischen Zusammenarbeit und internationalen Spezialisierung und Kooperation benötigt werden (in Größe und Struktur) und ob die Möglichkeiten bestehen bzw. im erforderlichen Zeitraum geschaffen werden können, den quantitativen und qualitativen Anforderungen für weltmarktfähige Erzeugnisse und Leistungen zu entsprechen – und mit welcher Effektivität. Das gilt sowohl für neue Produktionen als auch für die Pflege traditioneller Produktions- und Exportgebiete. Werden die Aufwendungen im Verhältnis zu den erreichbaren Ergebnissen nicht rechtzeitig ermittelt, wird kein nüchterner, realer Kapazitäts- und Ressourcenvergleich vorgenommen, vergibt man entscheidende Grundlagen für richtige Strukturentscheidungen und für einen soliden Leistungsanstieg. Eng mit dem Problem der Aufwandsrealisierung ist der Kostenaspekt verbunden. Die internationale Wettbewerbsfähigkeit zu verbessern, erfordert nicht nur weltmarktfähige Gebrauchswertparameter, hohe Erzeugnisqualität, gut funktionierenden Kundendienst und rechtzeitiges Erscheinen auf dem Markt mit neuen Erzeugnissen und Leistungen, sondern unbedingt auch niedrige Kosten – erfordert mitzuhalten mit der internationalen Produktivitäts- und Kostenentwicklung. Gebrauchswert und Wert entscheiden über die Weltmarktfähigkeit und über Exporterlöse. Internationale Anerkennung findet bekanntlich nur nationale Arbeit, die dem Niveau der internationalen Produktivitätsentwicklung entspricht und für die wirklicher Bedarf vorliegt. Die Kosten als ein wichtiges Kriterium effektiven sozialistischen Wirtschaftens sind mehr zu beachten.

Zwischen Aufwands- und Kostenentwicklung einerseits und dem Produktionsumfang eines Erzeugnisses oder Erzeugnisbestandteils bzw. konstruktiv-technologisch ähnlicher andererseits besteht ein funktioneller Zusammenhang. Der Einsatz flexibler Fertigungstechnik modifiziert nur bestimmte Seiten dieses Zusammenhangs, hebt ihn aber prinzipiell nicht auf. Das haben bisherige Untersuchungen und Diskussionen bewiesen.

Wenn Mindestgrößen nicht erreicht werden, können produktive Technologien gar nicht oder nicht effektiv angewendet werden, kann die Produktion nicht in einen internationalen konkurrenzfähigen Kostenbereich einlaufen. Das kann soweit führen, daß die aufgewendete Arbeit aus internationaler Sicht faktisch als vergeudet zu bewerten ist. Hierbei ist immer wieder zu unterstreichen, daß sich effektive Produktionsgrößen je nach Charakter der Produktion, der Erzeugnisse und des Bedarfs sowohl auf Massenproduktion und Großserien als auch auf mittlere und kleine Stückzahlen beziehen und des weiteren die Tatsache, daß sich die Bedarfsentwicklung auf den internationalen Märkten sehr differenziert vollzieht. Neben Erzeugnissen, die in geringen Stückzahlen gefragt sind – Maschinen, Ausrüstungen, Geräten und Materialien für spezielle Anwendungszwecke – gibt es Produkte, für die sehr großer Bedarf besteht bzw. für die ein solcher Absatzbereich im Interesse eines effektiven Produktionsumfangs aktiv erschlossen werden muß, wenn man mit der Produktivitäts- und Kostenentwicklung im internationalen Maßstab Schritt halten will.

Auch aus dieser Sicht ergibt sich der für eine effektive Strukturentwicklung und für das intensive Wirtschaftswachstum so wichtige Schluß, zwischen Diversifikation und Konzentration – und damit internationaler Arbeitsteilung – stets ökonomisch begründete Proportionen herzustellen und zu wahren. Darauf ist natürlich auch von Einfluß, wie sich das Verhältnis von Erneuerung und Aussonderung gestaltet. Die schnellere Aussonderung älterer Erzeugnisse gehört zu den Bedingungen effektiver Strukturentwicklung und wachsender Exportfähigkeit, weil es die hauptsächliche Quelle ist, um rechtzeitig Kapazitäten für neue, effektivere Produktionen und gefragte Erzeugnisse zu gewinnen. Hohes Innovationstempo und rasche Reaktion auf Bedarfs- und Marktänderungen verlangen unabdingbar hohe Aussonderungsraten.

Zusammenfassend soll hervorgehoben werden: Entscheidungen über Weiterentwicklung und Veränderungen von Produktions- und Außenhandelsstrukturen sowie über Maßnahmen der wissenschaftlich-technischen Zusammenarbeit und der internationalen Spezialisierung und Kooperation können fundierter getroffen werden, wenn die darauf einwirkenden Faktoren bekannt sind und die Voraussetzungen für die Verwirklichung struktureller Erneuerungen exakt geprüft werden. Hohe Anforderungen an die analytische und konzeptionelle Arbeit, an exakte quantitative Begründungen und Effektivitätsberechnungen leiten sich daraus ab.

Es ist eine komplexe Analysentätigkeit gefragt, in der vor allem die Entwicklungstendenzen der Produktivkräfte, des Bedarfs und der Marktentwicklung, weltwirtschaftliche Strukturveränderungen, Entwicklungsziele und Voraussetzungen in den anderen RGW-Ländern, eigene Bedingungen und die Erfordernisse sowie die Möglichkeiten rationeller internationaler arbeitstei liger Beziehungen untersucht werden.

Dabei sollte den Weltstandsvergleichen eine größere Aufmerksamkeit geschenkt werden.

Den Zielstellungen für Strukturveränderungen und für die weitere Gestaltung der Exportsortimente müssen konsequenter internationale Maßstäbe, Entwicklungstendenzen und -bedingungen zugrunde liegen. Es geht also bei Weltstandsvergleichen nicht nur und nicht mal in erster Linie darum, die Weltmarktfähigkeit gegenwärtig exportierter Erzeugnisse und Leistungen festzustellen, sondern vor allem sind aus internationalen Vergleichen objektive Kriterien und Anhaltspunkte für strukturelle Veränderungen zu gewinnen. Dabei spielen neben den Gebrauchswertparametern die ökonomischen Parameter wie Kosten, Preise von Konkurrenzerzeugnissen, effektive Produktionsgrößen, Aufwendungen, Entwicklungs- und Fertigungszeiten sowie Marktperioden eine große Rolle.

Peter Sydow

Wissenschaftlich-technischer Fortschritt und sozialistische internationale Zusammenarbeit in der Grundlagenforschung

In ihrer zwei- und mehrseitigen Zusammenarbeit stehen die Akademien der Wissenschaften sozialistischer Länder vor der Aufgabe, ihren Beitrag zur Meisterung des wissenschaftlich-technischen Fortschritts wesentlich zu erhöhen. Die Dynamik der wissenschaftlich-technischen Revolution bewirkt, daß die volkswirtschaftlichen Bedürfnisse nach neuen Erkenntnissen über die Gesetze in Natur, Technik und Gesellschaft sich beständig verändern und tendenziell wachsen.

Damit erhöht sich der Anspruch an die volkswirtschaftliche Wirksamkeit, vor allem der zielgerichteten, aber auch der erkundenden Grundlagenforschung und auch an die internationale sozialistische Zusammenarbeit gerade auf diesem Gebiet. Auch in diesem Bereich der Forschung ist die Intensivierung der Hauptweg zur Bewältigung wachsender Aufgaben. Folglich ist auch in der internationalen Zusammenarbeit zwischen den Akademien der Wissenschaften sozialistischer Länder ein Entwicklungsprozeß erforderlich, in dem erprobte Lösungen an den wachsenden Anforderungen zu überprüfen und neue Elemente, Formen zu erarbeiten sind.

Volkswirtschaftlich wirksame Ergebnisse der sozialistischen Forschungskooperation zwischen den Akademien der Wissenschaften, vor allem mit der Akademie der Wissenschaften der UdSSR, auf solchen Gebieten wie der Kernforschung, der Laser- und Optoelektronik, der Mikroelektronik weisen auf große Vorteile und noch nicht erschlossene Möglichkeiten der Arbeitsteilung hin. Sie ist angesichts der Vielfalt sich spezialisierender Disziplinen, Forschungsrichtungen und -methoden sowie der progressiv steigenden Vorleistungen für das Erzielen neuer Erkenntnisse auf immer mehr Gebieten zu einer notwendigen Voraussetzung für erfolgreiche Grundlagenforschung geworden. Die mit dem RGW-Komplexprogramm des wissenschaftlich-technischen Fortschritts bestätigte gemeinsame wissenschaftlich-technische Politik zeigt den prinzipiell richtigen sozialistischen Lösungsansatz auch für alle Bereiche der internationalen sozialistischen Zusammenarbeit in der Grundlagenforschung.

Das Anliegen der Tagung, die politökonomischen Grundlagen von Integrationsprozessen zur Entwicklung und Anwendung des wissenschaftlich-technischen Fortschritts zu erweitern und zu vertiefen, muß daher auch die internationale sozialistische Zusammenarbeit in der Grundlagenforschung einschließen. Verschiedene Aussagen von Referat und Thesen sind auf diesem Gebiet durchaus anwendbar (z.B. die volkswirtschaftliche Bestimmung der Ziele; das Ensemble der Arbeitsteilung; die Notwendigkeit eines maximalen Ergebnisses; die wachsende Verantwortung der Institute; die Vervollkommnung von zentraler staatlicher Planung und Eigenverantwortung der Wirtschaftseinheiten). Aber die Spezifik der Grundlagenforschung verpflichtet uns, die politökonomische Untersuchung weit stärker als bisher auf deren Bedürfnisse auszurichten. Aus theoretischer und praktischer Sicht sollen einige Erfahrungen, Probleme und Lösungsansätze zur Diskussion gestellt werden.

1. Beim Übergang zu den neunziger Jahren verstärkt sich die Notwendigkeit, die internationale Wissenschaftskooperation konsequent auf das Erreichen neuer Einblicke in die Gesetze von Natur und Gesellschaft auszurichten. Der bisher stark verbreitete Austausch von Informationen und Erkenntnissen über laufende Forschungen verliert keineswegs an Bedeutung. Aber der Zwang zur Konzentration auf die arbeitsteilige Bearbeitung erkenntnisversprechender Arbeitsrichtungen und -methoden wächst: Das Ringen um international führende Positionen rückt in den Vordergrund. Grundlagen für die Schlüsseltechnologien von morgen und übermorgen sind mit volkswirtschaftlich verfügbaren Vorleistungen zu schaffen, um Neuerungsprozesse in Industrie und Gesellschaft vorzubereiten.

Daher wird das Bestimmen volkswirtschaftlicher Ziele der Grundlagenforschung auf den verschiedenen Gebieten – ausgehend von der ökonomischen Strategie und deren Weiterentwicklung – und daraus abgeleitet auch für die internationale sozialistische Kooperation zu einer beständigen Aufgabe, woraus sich zwei Konsequenzen ergeben:

- Die analytisch-prognostische Arbeit zur Auswahl der erfolgversprechenden Arbeitsgebiete und Richtungen, zur Bestimmung der Lösbarkeit bestimmter Probleme wird selbst zum Gegenstand der Wissenschaftskooperation zwischen den Akademien der Wissenschaften.
  Beratungen führender Wissenschaftler sozialistischer Länder gehören auf den verschiedenen Gebieten bereits zur Tradition. Deren Ausrichtung auf das Fixieren der nächsten möglichen Lösungsstufe, der Austausch national erarbeiteter Prognosen, das Erarbeiten gemeinsamer Prognosen, die verbindliche Vereinbarung komplexer Hauptrichtungen in der Chemie, Physik, Mathematik/Informatik und in den Biowissenschaften wie die Ableitung von Zielprojekten, die arbeitsteilig gelöst werden – das sind neue Entwicklungsprozesse, die zwischen den Akademien der Wissenschaften gegenwärtig verstärkt werden.
- Angesichts des wachsenden Ranges, den die zielgerichtete Grundlagenforschung erhalten hat, beeinflußt ihr Verhältnis zum gesamten Zyklus Wissenschaft–Technik–Produktion–Absatz gleichzeitig auch ihre gesellschaftliche Wirksamkeit. Je besser die Ziele der Grundlagenforschung aus den künftigen volkswirt-

schaftlichen und weltwirtschaftlichen Bedürfnissen der sozialistischen Gemeinschaft vorausschauend bestimmt werden, um so reibungsloser wird sich die Überführung der Ergebnisse gestalten. Den Kern dieses Zyklus bildet die Verflechtung von Wissenschaft und Produktion. Dieser langfristige Entwicklungsprozeß ist in allen europäischen sozialistischen Ländern in jüngster Zeit beschleunigt worden. Dennoch gibt es nicht unbeträchtliche Unterschiede zwischen den einzelnen Partnerländern hinsichtlich der bereits erreichten Fortschritte, der Leitungs- und Organisationsstrukturen, der nationalen Potentiale und ihrer Einordnung in Forschung, Lehre und in die Wirtschaftseinheiten wie auch ihrer Finanzierung. Folglich setzt die intensive Arbeitsteilung in der Grundlagenforschung voraus, daß diese Spezifika detailliert bekannt sind und bei der Auswahl von Partnern und Formen der Zusammenarbeit berücksichtigt werden. Nach meiner Ansicht wird die konkrete Kenntnis der Verflechtung von Wissenschaft und Produktion in den einzelnen Bruderländern zur wichtigen Voraussetzung für erfolgreiche Wissenschaftskooperation und der beständige Erfahrungsaustausch zu einem neuen Element im Ensemble der Zusammenarbeit.

2. Bei der Weiterentwicklung der Wissenschaftskooperation mit den befreundeten Akademien haben wir davon auszugehen, daß deren gesellschaftliche Verantwortung Unterschiede aufweist und Veränderungen erfährt, die aus den Gesellschafts- und Wirtschaftsstrategien der Bruderländer abgeleitet werden.

Die Verantwortung für die Grundlagenforschung ist in den einzelnen Ländern durchaus nicht einheitlich geregelt. Die Forschungsziele unterscheiden sich in Abhängigkeit von volkswirtschaftlichen Zielen und verfügbaren Potentialen. Die Mitwirkung an der internationalen Arbeitsteilung weist Unterschiede auf. Für die Finanzierung der Grundlagenforschung stehen neben dem Staatshaushalt weitere Quellen bereit. Neben der zentralen staatlichen Planung werden in der Sowjetunion, in Ungarn und Bulgarien in jüngster Zeit Ausschreibungsverfahren angewendet.

Wir sind Zeuge eines Prozesses, in dem in den einzelnen Akademien der befreundeten Staaten Rechte und Pflichten der Institute – der Grundeinheiten der Forschung – neu überdacht und verändert werden.

Innerhalb der Akademien erhalten Leitungsgremien (Präsidien, Abteilungen, Nationalkomitees verschiedener Disziplinen) veränderte Aufgaben. Führende Leitungspositionen werden neu besetzt.

Diese Entwicklungsprozesse, die man keineswegs als abgeschlossen ansehen kann – oft handelt es sich auch um Experimente, deren Erfolg mit Hilfe unserer Partner zu analysieren sein wird – schaffen neue Voraussetzungen und damit auch neue Interessen und Motivationen für die Wissenschaftskooperation. Wie können wir uns darauf einstellen?

- Bei der Realisierung vereinbarter Vorhaben wie bei der Vorbereitung neuer für den Zeitraum 1991 bis 1995 haben wir die komplexe Wirkung des veränderten Mechanismus der Leitung und Planung der Wissenschaften und der Wirtschaft in den Bruderländern zu beachten.
  Das bietet die aussichtsreiche Grundlage, um bei allen Vorschlägen eine reibungsarme Übereinstimmung der Interessen kooperierender Institute zu erreichen, um deren Potentiale und Rechte für eine ergebnisorientierte Zusammenarbeit zum gegenseitigen Vorteil zu nutzen. Der nationale Aufwand für die Analyse von Niveau und Zielen der Kooperationspartner, für die Festigung stabiler, freundschaftlicher Arbeitsbeziehungen zu Leitungsgremien verschiedener Ebenen wird notwendigerweise wachsen. Er ist zugleich eine notwendige, erfolgsichernde Investition für die künftige Wissenschaftskooperation.
- Anhand der Ergebnisse laufender Vorhaben der vertraglichen Zusammenarbeit und der Vorbereitung jener Forschungsrichtungen, die im nationalen Interesse vorrangig zu entwickeln sein werden, besteht die Aufgabe, die Kooperationsfähigkeit unserer Institute zu analysieren und generell zu erhöhen.
  Insgesamt bestehen zu den befreundeten Akademien stabile Grundlagen (und auch Früchte) der Kooperation, deren Wurzeln vielfältig sind: Übereinstimmung in politischen Motiven und Forschungszielen; gemeinsam erzielte Erkenntnisse; freundschaftliche Beziehungen, oft beim gemeinsamen Studium entstanden.
  Künftige Wissenschaftskooperation mit höherem Ergebnis erfordert, ausgehend von den Forschungsprofilen der Institute und Einrichtungen, Varianten der Zusammenarbeit vorzubereiten, Vorschläge für eine höhere Verbindlichkeit der Rechte wie Pflichten der Partner zu durchdenken, vorhandene und neu zu installierende Forschungsgeräte zum gegenseitigen Vorteil zugänglich zu machen, Entwicklung und Einsatz von Wissenschaftlern aus dem gemeinsamen Interesse heraus zu überdenken. Vor allem eine realistische Einschätzung des erreichten Forschungsstandes am international führenden Niveau und das Konzipieren anspruchsvoller Ziele der Forschungskooperation bildet die Voraussetzung dafür, daß die Bereitschaft der Partner zur Zusammenarbeit mit unseren Instituten erhalten bleibt und gefestigt wird.

Die Wissenschaftskooperation mit der Akademie der Wissenschaften der UdSSR ist und bleibt Eckpfeiler unserer internationalen Beziehungen und das Hauptfeld der Anwendung dieser neuen Prozesse.

Jüngste Beratungen von Leitungsgremien beider Akademien zeigen ein gegenseitig wachsendes Interesse, wissenschaftliche Erkenntnisse für künftige Schlüsseltechnologien im Rahmen von Zielprojekten zu schaffen. Es zeichnet sich ab, daß Direktbeziehungen zwischen den Instituten den Hauptweg ergebnisorientierter Kooperation bilden werden. Hier werden Erfahrungen zu sammeln sein, um Rechte und Pflichten der Partner nach den spezifischen Anforderungen der Grundlagenforschung genau zu bestimmen.

Zwischen beiden Staaten und beiden Akademien geschlossene Vereinbarungen bilden dafür Grundlage und Ausgangspunkte. Dazu gehören vor allem die Einordnung in den Staatsplan Wissenschaft und Technik, der Abschluß von Verträgen (durch konkrete Ausgestaltung der zwischen beiden Staaten vereinbarten Musterverträge), die Eigenfinanzierung der nationalen Leistungen, die volle Verantwortung der Direktoren für Abschluß und Realisierung von Verträgen im Rahmen gegebener Vollmachten. In diesem Prozeß werden Ziele und Bedingungen der Direktbeziehungen in der Grundlagenforschung zu erproben und zu verallgemeinern sein.

An der Seite der Industriekombinate arbeiten Institute der Akademien auch bei der Realisierung des RGW-Komplexprogramms des wissenschaftlich-technischen Fortschritts aktiv zusammen, wobei sie vor allem ihre Aufgaben zur Sicherung des wissenschaftlichen Vorlaufs in den einzelnen Hauptrichtungen wahrnehmen. Der Vertragsabschluß ist weit fortgeschritten. Die Bearbeitung der Aufgaben verläuft planmäßig. Die Einordnung in den Staatsplan Wissenschaft und Technik bildet zugleich Grundlage der Eigenfinanzierung. Die Weiterentwicklung einzelner Aufgaben des RGW-Komplexprogramms, für die Akademieinstitute im nationalen Rahmen Verantwortung tragen, erfolgt ausgehend von volkswirtschaftlich bestimmten Zielen der Grundlagenforschung und künftigen Aufgaben der Industriekombinate.

Abschließend sei auf zwei Aufgaben weiterer politökonomischer Forschung verwiesen:

- Angesichts der Dynamik der Entstehung und Nutzung wissenschaftlicher Erkenntnisse, der Veränderung volkswirtschaftlicher Bedürfnisse und der wachsenden Vorleistungen für Vorhaben der Grundlagenforschung bilden Auswahl und Bewertung von Zielen der Wissenschaftskooperation ein wesentliches Feld von Forschung und Entscheidung.
  Es wird darum gehen, Ergebnis (Anwendbarkeit aus gesellschaftlicher und ökonomischer Sicht) und Aufwand (vor allem Vorleistungen in Form aufwendiger Forschungsgeräte) der Vorhaben aus interdisziplinärer Sicht komplex zu beurteilen und dadurch Varianten für perspektivische Entscheidungen vorzulegen, die volkswirtschaftlich zu bilanzieren sind.
- Im Prozeß der internationalen Koordinierung der Fünfjahrpläne wird der Platz der Grundlagenforschung zu überdenken sein, um die Protokolle der Akademiezusammenarbeit stärker auf die Vorbereitung von neuen Erkenntnissen für perspektivische Abschnitte volkswirtschaftlichen Wachstums auszurichten. Das betrifft Ziele, Bedingungen und Umfang der Wissenschaftskooperation mit den befreundeten Akademien ebenso wie Rechte und Pflichten der Institute sowie den Modus der Überleitung von Erkenntnissen in die Produktion.

Eberhard Prager

Zu Erfahrungen aus gemeinsamer Forschung von Gesellschaftswissenschaftlern der UdSSR und der DDR

Thesen, Referat und die Diskussion haben herausgearbeitet, daß die intensiv erweiterte Reproduktion auch erfordert, die sozialistische ökonomische Integration noch zielstrebiger zu nutzen. Es gibt dabei viele Reserven, manches muß neu durchdacht werden. Zu dieser Palette der neuen Überlegungen soll hier aus einer anderen Sicht ein weiterer Aspekt genannt werden. Es geht um Erfahrungen aus der direkten gemeinsamen Forschung von Gesellschaftswissenschaftlern.

Im Ergebnis einer Vereinbarung zwischen den Parteiführungen der KPdSU und der SED wurden gemeinsame Forschungsgruppen gebildet, um einerseits aus soziologischer und andererseits aus ökonomischer Sicht aktuelle Probleme der Verbindung von Wissenschaft und Produktion zu untersuchen und theoretisch zu verallgemeinern. Mit einem gemeinsamen Forschungsbericht an die Parteiführungen der KPdSU und der SED haben die bilateralen Arbeitsgruppen ihre Ergebnisse vorgelegt. Ende 1987 wurde dieser Bericht übergeben und damit eine erste Etappe beendet. Obwohl unser Institut in den zurückliegenden vier Fünfjahrplanperioden regelmäßig gemeinsame Publikationen mit den Politökonomen der Akademie für Gesellschaftswissenschaften beim ZK der KPdSU veröffentlicht hat, war das eine eine Aufgabe, die uns neue Erfahrungen brachte.

Auf ökonomischem Gebiet wurden in beiden Ländern Forschungsgruppen gebildet, die über den Rahmen der Akademien für Gesellschaftswissenschaften hinausgingen. Während auf sowjetischer Seite das Institut für Ökonomik des sozialistischen Weltsystems der Akademie der Wissenschaften der UdSSR beteiligt war, arbeiteten auf unserer Seite das Zentralinstitut für sozialistische Wirtschaftsführung beim ZK der SED, die Parteihochschule „Karl Marx“ beim ZK der SED, das Zentralinstitut für Wirtschaftswissenschaften und das Institut für Theorie, Geschichte und Organisation der Wissenschaften der Akademie der Wissenschaften der DDR mit. Im Ergebnis unserer gemeinsamen Arbeit konnten folgende für Theorie und Praxis gleichermaßen bedeutsame Schwerpunkte zur ökonomisch wirksameren Verbindung von Wissenschaft und Produktion herausgearbeitet werden, die für beide Länder wichtig sind:

- Kriterien für die Neuerungsprozesse und ihre Effektivität im Rahmen der intensiv erweiterten Reproduktion als qualitativ neuem Wachstumstyp;
- strategische Überlegungen zur Entwicklung und Anwendung der Schlüsseltechnologien unter Einbeziehung der Grundlagenforschung für den erforderlichen zeitlichen Vorlauf für Spitzenleistungen und die Notwendigkeit der Ausrüstung der Forschungseinrichtungen mit moderner Forschungstechnik und Möglichkeiten ihrer rationellen Nutzung;
- neue Anforderungen an den Prozeß der Aufgabenfindung für die wissenschaftlich-technische Arbeit und Zusammenarbeit im Rahmen der sozialistischen ökonomischen Integration sowie die ausschlaggebende Bedeutung der Paßfähigkeit in der abgestimmten Entwicklung der Produktionsinstrumente und anderer wissenschaftlich-technischer Lösungen;
- Probleme und Kriterien für die optimale Nutzung des gesellschaftlichen Arbeitsvermögens unter Berücksichtigung des Wechsels der Arbeiten im Verlauf des mit der umfassenden Intensivierung verbundenen Strukturwandels der Volkswirtschaft;
- Bedingungen für höhere Flexibilität und Stabilität in den Kooperationsbeziehungen, zur Sicherung der Übereinstimmung von materiellen und finanziellen Prozessen sowie zur komplexen Leitung zweigübergreifender Neuerungsprozesse;
- Erfahrungen in der ideologischen Arbeit der Parteiorganisation zur Motivierung der Werktätigen bei der Bewältigung komplexer Neuerungsprozesse, vor allem bei der ökonomisch wirksamen und breiten Anwendung von Schlüsseltechnologien.

Das Ringen um solche gemeinsamen Aussagen war kein einfacher Prozeß. Es ging im Hinblick auf den Auftrag durch die Parteiführungen auch nicht um die Herstellung einer formellen Übereinstimmung, sondern um die Suche nach gemeinsamen Nennern unter unterschiedlichen Bedingungen in unseren Ländern auf dem Weg der intensiv erweiterten Reproduktion. Das erfordert von beiden Seiten nicht nur die Analyse der eigenen Prozesse, sondern auch das Verständnis für die Bedingungen des Partners. Gerade dieses gegenseitige Verständnis, die Bedingungen des Partners zu berücksichtigen, hat letztlich zu dem gemeinsamen Ergebnis geführt.

Folgende Erfahrungen, die auch für zukünftige gemeinsame Forschungen – einschließlich von Forschungen mit Gesellschaftswissenschaftlern anderer sozialistischer Länder – aufschlußreich sind, konnten gewonnen werden.

1. Der Prozeß der Aufgabenfindung, also der Festlegung und Konzipierung der gemeinsam zu lösenden Forschungsaufgabe, entscheidet bereits weitgehend über das Engagement beider Seiten bei der gemeinsamen Arbeit.

Bei unserer Zusammenarbeit mit den sowjetischen Ökonomen gab es Anfangsschwierigkeiten in der Bestimmung der Hauptrichtungen der gemeinsamen Arbeit, weil die Vorgaben dafür noch nicht in der bilateralen Arbeitsgruppe entstanden waren. Die zweifellos auf beiden Seiten vorhandenen Interessen der Beteiligten (bisheriger Forschungsgegenstand, Erfahrungen, Erkenntnisstand bis zu vorliegenden Ergebnissen und Manuskripten) waren noch nicht genügend berücksichtigt worden. Es bedurfte komplizierter flexibler Verhandlungen, um eine Übereinstimmung dieser Interessen mit der grundsätzlichen Aufgabenstellung zu erreichen. Erst dann setzte hohes Engagement für die gemeinsame Forschung ein.

Dabei wurden Aufgaben behandelt, die für beide Seiten von Interesse waren. Die Verbindung von Wissenschaft und Produktion, vor allem die Einbeziehung der Grundlagenforschung und die über die Grenzen von Zweigen hinausgehenden Aufgaben erfordern neue Lösungen. Sie wurden dann in dem gemeinsamen Ergebnis der Arbeit dargestellt. Nach unseren Erfahrungen ist es wenig sinnvoll, Fragen in die gemeinsame Forschung aufzunehmen, von denen man im voraus weiß, daß

- sie zwar von grundlegender Bedeutung sind, es aber grundlegende Unterschiede in den Auffassungen gibt, die nicht überbrückt werden können;
- sie ausschließlich von einseitigem Interesse sind.

Es zeichnet sich im Verlauf der gemeinsamen Arbeit ab, daß enger begrenzte Forschungen sich auf alle Fälle unkomplizierter in der Gemeinschaftsarbeit lösen lassen, als es bei globalen Themen der Fall ist, bei denen viele Meinungen und Fakten zu berücksichtigen sind. Das ist wichtig für die Festlegung der vorgesehenen Ergebnisformen und ihren Umfang.

2. Alle Aussprachen – ganz gleich, ob sie konzeptionelle Überlegungen oder Erkenntnisfortschritte oder auch die Abrechnung von Forschungsergebnissen zum Inhalt haben – sind mit einer großen Kompromißbereitschaft zu führen. Der Partner muß spüren, daß seine Überlegungen beachtet und berücksichtigt werden. Diese Kompromißbereitschaft muß auch bewiesen werden, wenn es sich um Grundfragen der Zusammenarbeit handelt. Bei aller Kompromißbereitschaft bietet in den gemeinsamen Diskussionen das überzeugende Argument ein wichtiges Fundament für die Einigung.

3. Die Zusammenarbeit bedarf außer der klaren inhaltlichen Abstimmung auch klarer Festlegungen zu Organisation und Terminen und einer sorgfältigen Disziplin aller Beteiligten. Ohne geistige und organisatorische Disziplin ist keine erfolgreiche Zusammenarbeit zu gestalten. In erster Linie ist die geistige Disziplin, das heißt die Konzentration auf die Lösung der abgestimmten Aufgaben, zu sichern. Jeder Wissenschaftler muß seinen „Baustein" an Erkenntnissen liefern. Wenn es aus irgendeinem Grund erforderlich wird, davon abzuweichen, muß jeder Partner soviel Disziplin haben, den Gesamtauftrag und die sich aus der eigenen Veränderung ergebenden Konsequenzen zu überdenken und die anderen rechtzeitig zu informieren.

Terminverstöße oder auch Überziehen des vorgegebenen Umfangs der Ergebnisse können stets die Gesamtarbeit gefährden. Damit werden auch Fragen der Qualität der Ergebnisse berührt.

4. Für die internationale Zusammenarbeit ist der klare, kurze und verständliche sprachliche Ausdruck von entscheidender Bedeutung. Vor allem neue Gedanken, also Gedanken mit Erkenntnisfortschritt, werden von den Dolmetschern weggelassen oder auch entstellt, wenn sie von ihnen nicht vollständig verstanden werden. Dieser Aspekt gewinnt mit der Ausdehnung der Zusammenarbeit und dem anhaltenden Bedarf an Dolmetschern weiter an Bedeutung. Mehrfach hat es sich gerade bei diesem Projekt gezeigt – das wurde in der Zwischenzeit mehrfach bestätigt –, daß neue Gedanken nicht wirksam geworden sind oder beinahe nicht wirksam geworden wären, weil sie für den Nichtfachmann, der der Dolmetscher meistens ist, nicht klar genug formuliert worden waren. Dieser Umstand wird häufig unterschätzt. Deshalb sollten die Gedanken ganz klar, eindeutig und verständlich dargelegt und neue Aspekte besonders sorgfältig formuliert werden.

5. Entscheidend für den Erfolg der Zusammenarbeit ist stets die eigene Haltung und die eigene Leistung für das Gemeinschaftsprojekt. Eine Unterschätzung der Leistung des Partners führt auch zu ungenügendem eigenem Engagement. Solche Haltungen mußten anfänglich auch bei dieser Gemeinschaftsarbeit überwunden werden. Die Erkenntnis von dem politisch notwendigen und nützlichen Auftrag setzte sich durch, und im Verlauf der Arbeiten wurde sichtbar, daß beide Seiten interessante Forschungsergebnisse einbrachten. Bei der Beschleunigung des wissenschaftlich-technischen Fortschritts, bei der Herausbildung der Kombinate als leistungsstarke, für ihren Reproduktionsprozeß selbst verantwortliche Produzenten, bei der vertraglichen Bindung der Grundlagenforschung an den Reproduktionsprozeß der Kombinate und bei der Gestaltung des Systems der Leitung, Planung und wirtschaftlichen Rechnungsführung entsprechend dem Prinzip des demokratischen Zentralismus konnten wir Erfahrungen vermitteln und unsere Art des Herangehens verständlich machen. Das traf auch auf die optimale Nutzung des gesellschaftlichen Arbeitsvermögens zu. Andere Fragen, wie z. B. die Lösung zweigübergreifender Aufgaben des wissenschaftlich-technischen Fortschritts, waren für uns von großem Interesse. Auf alle Fälle darf keine Überschätzung der eigenen Leistungen zugelassen werden, weil daraus schnell Rückstände im Erkenntnisgewinn und im Zeitplan entstehen. Für den gesamten Fortgang war der eigene Beitrag, aber immer auch die eigene Initiative wichtig. Mit den eigenen Arbeitsergebnissen galt es immer wieder auch den Partnern zur termingerechten Vorlage der Ergebnisse und zum Ringen um die Einhaltung der Termine anzuregen. Ohne die damit verbundene Initiative wären die Arbeiten nicht planmäßig verlaufen.

Deshalb ist das Ringen um die Termine mit der eigenen Leistung eine der entscheidenden Fragen für den Erfolg der Gesamtarbeit.

Die vorgelegte Arbeit hat Anerkennung gefunden und wird mit der tiefergehenden Untersuchung zu Problemen der Grundlagenforschung und die Ausnutzung ihrer Erkenntnisse für die sozialökonomische Entwicklung fortgesetzt.

Die zeitweilige Forschungsgruppe wollte mit ihrer Arbeit den Erfahrungsaustausch fördern und zugleich einen Beitrag für die weitere Stärkung des Sozialismus leisten. Von diesem Engagement lassen wir uns auch bei der Fortführung unserer gemeinsamen Forschung leiten.

Peter Sigmund

Zu einigen Fragen des Einflusses der Interessen auf die konkreten Formen der Zusammenarbeit

Die Thesen umfassen einen großen Fragenkomplex. Sie sind ausgewogen, geben prinzipielle Orientierungen und ihnen kann grundsätzlich zugestimmt werden.

Bei der Verwirklichung der sozialistischen Arbeitsteilung im Rahmen des RGW spielen die Interessen der beteiligten Länder im allgemeinen und die der Vereinigungen, Kombinate und Betriebe im besonderen eine wesentliche Rolle.

Die Frage, wer Träger der Interessen ist und welche Stellung er im Wirtschaftsgefüge seines Landes einnimmt, beeinflußt die konkreten Formen der Zusammenarbeit ganz wesentlich. Für den entwickelten Sozialismus ist charakteristisch daß die gesellschaftlichen Triebkräfte und Interessen auf das dialektische Wechselverhältnis von zentraler staatlicher Planung mit volkswirtschaftlicher Aufgabenstellung bei der Vorgabe von Plankennziffern und eigenverantwortlicher Tätigkeit der Kombinate, Vereinigungen, Betriebe und Genossenschaften einwirken.

In der Sowjetunion wurde begonnen, das System der Leitung, Planung und ökonomischen Stimulierung in bedeutend stärkerem Maße als je zuvor auf die Freisetzung der Triebkräfte der gesellschaftlichen Entwicklung auszurichten. Den Interessen der Kollektive wird dabei eine exponierte Stellung eingeräumt.

In den Thesen wird vorrangig der Zusammenhang zwischen wissenschaftlich-technischem Fortschritt und Veränderungen der Produktionsstruktur herausgearbeitet. Zur Zeit und in den nächsten Jahren werden sich daraus bedeutende Einflüsse auf die Entwicklung der Produktionsstruktur ergeben, die vorrangig in den Veränderungen der gesellschaftlichen Bedingungen der Produktion in den Partnerländern, vor allem in der Sowjetunion, begründet sind. Diesen Prozessen sollten wir in der theoretischen Arbeit größere Aufmerksamkeit widmen, gerade unter den Bedingungen der wissenschaftlich-technischen Revolution. In den Thesen wird an verschiedenen Stellen bereits darauf verwiesen.

Ich möchte in diesem Zusammenhang die Aufmerksamkeit auf einige gesellschaftliche Prozesse in der Sowjetunion richten, die unmittelbar auch unseren Tagungsgegenstand berühren.

Erstens wird das Gesetz über den Betrieb (Vereinigung) schrittweise verwirklicht. Bis 1990 sollen alle Zweige nach den neuen Bedingungen der wirtschaftlichen Rechnungsführung arbeiten. Die guten Ergebnisse der Planerfüllung in den ersten fünf Monaten des Jahres werden nicht zuletzt auf die neuen Methoden der Wirtschaftsleitung zurückgeführt. Auch die geschaffenen Rechte der Betriebe auf dem Gebiet des Außenhandels entsprechen dem neuen Techniktyp.

Die Veränderungen des Wirtschaftsmechanismus ermöglichen nicht nur die direkten Kontakte zu den Verbrauchern, sondern zwingen auch die Kombinate der DDR, den direkten Kontakt zu ihren Partnern aufzunehmen. Ohne Berücksichtigung der Interessen der Kunden bereits vor Aufnahme der Produktion wird in der nahen Zukunft kein vorteilhafter Warenaustausch mehr möglich sein.

Die Marktarbeit der Kombinate ist wesentlich zu qualifizieren. Die Kombinate müssen direkt in den Ballungsgebieten und den territorialen Produktionskomplexen wirksam werden. Mit der vollen Wirksamkeit der neuen Methoden der Wirtschaftsleitung werden sich neue Anforderungen im Vergleich zu heute ergeben, muß sich die traditionelle Produktions- und Außenhandelsstruktur unserer Kombinate verändern.

Zweitens wurden mit dem Gesetz über den Betrieb (Vereinigung) und dem Gesetz über die Kooperativen Regelungen geschaffen, die den Betrieben das Recht geben, über ihre Struktur selbst zu entscheiden. Es ist auch die Bildung neuer kleiner Betriebe und Kooperationen vorgesehen. Sie sollen vor allem Dienstleistungen für die Bevölkerung erbringen, die Versorgung mit Nahrungsmitteln und anderen Konsumgütern verbessern, schnell auf neue Lösungen reagieren sowie Dienstleistungen für den produktiven Bereich, z. B. Projektierungen, Produktion von Software erbringen. Die Bildung neuer Betriebe und Kooperationen mit den genannten Aufgaben ist sicher eine perspektivische Aufgabe. Diese Betriebe werden jedoch aus verschiedenen Gründen unverzichtbarer Bestandteil der neuen Wirtschaftspolitik werden.

Sie sollen zur Lösung sozialer und auch nationaler Probleme beitragen. So ist z. B. die Beschäftigungsrate in den südlichen Landesteilen z. T. äußerst gering. Nach sowjetischen Veröffentlichungen beträgt der Anteil der Berufstätigen an der Bevölkerung im arbeitsfähigen Alter in der Kirgischen Republik nur 30 %. Daraus ergibt sich auch das geringe durchschnittliche Familieneinkommen in diesen Landesteilen, das im Vergleich zum Durchschnitt des Landes nur etwa 2/3 und im Verhältnis zu den baltischen Republiken nur etwa die Hälfte beträgt. Auf Grund der konkreten Situation ist in diesem Zusammenhang die Schaffung einer effektiven örtlichen Industrie ein ganz notwendiger Schritt.

Für die DDR ergeben sich aus dieser strategischen Linie neue Möglichkeiten für den Export und die Arbeitsteilung. In den Thesen wird z. B. auf neue Systemlösungen verwiesen. Die Umsetzung neuer wissenschaftlich-technischer Erkenntnisse darf jedoch nicht nur über Großanlagen erfolgen.

Auf unserem Hauptmarkt sind zunehmend auch hochmoderne Ausrüstungen für Kleinbetriebe gefragt, wo moderne Rechentechnik mit der Technologie verbunden ist (Näh- und Strickmaschinen u. a. bis zur Produktion von Software). Dazu noch ein weiterer Aspekt. Nach Meinung sowjetischer Spezialisten wird in einigen Jahren die Produktion an Personalcomputern in allen RGW-Ländern insgesamt einen solchen Stand erreicht haben, daß die gegenseitigen Lieferwünsche den Importbedarf übersteigen werden. Ausgehend von den Interessen des Partners bzw. der Partner ist es notwendig, die Produktion reiner Rechentechnik auch auf die bedarfsgerechte Kopplung mit traditioneller Technik zu tausendfach wiederholbaren Systemlösungen für die Ausrüstung von Kleinbetrieben oder selbständigen Abteilungen von anderen Betrieben umzustellen, um eine neue effektive Produktions- und Außenhandelsstruktur durchzusetzen. Wir sollten diese Aspekte in die Analyse mit einbeziehen.

Drittens wurden in der Landwirtschaft mit dem Gesetz über die Kooperation, mit dem neuen Statut der Kolchosen und anderen Verordnungen Grundlagen für die Selbständigkeit und Eigenverantwortung der Kolchosen und Sowchosen geschaffen. In kurzer Zeit wird die Produktion unter den Bedingungen der Familienverträge bzw. ähnlicher Formen immer umfassender organisiert und auf der Basis der vollen wirtschaftlichen Rechnungsführung realisiert.

Unter diesen Bedingungen werden die Interessen der landwirtschaftlichen Produzenten direkter als bisher auf unsere Außenhandelstätigkeit einwirken. Es ergeben sich neue Anforderungen an die Ausrüstungen, ihre Qualität und den Preis. Wenn man den Einschätzungen sowjetischer Ökonomen über den Bedarf an Landmaschinen folgt, ergibt sich letztlich auch eine wesentliche Senkung des Importbedarfs. Werden die Landmaschinen nicht mehr verteilt, sondern entsprechend ihren Interessen von den Produzenten der Landwirtschaft gekauft, muß nach diesen Einschätzungen davon ausgegangen werden, daß sich der Export von Landmaschinen in Kürze verändern wird. Wir sollten auch diesen Prozeß gründlich analysieren und rechtzeitig Schlußfolgerungen für unsere Produktionsstruktur ziehen.

In den Thesen wird des weiteren auf die Bedeutung der traditionellen Produkte verwiesen. Das sollte ergänzt werden, denn die Ergebnisse der Schlüsseltechnologien müssen auch über die sogenannten traditionellen Produkte exportwirksam gemacht werden, um Effektivitäts- und Tempoverluste auf den Außenmärkten zu vermeiden.

Viertens wird in den Thesen auch zu den Formen der Zusammenarbeit Stellung genommen und die Vorrangstellung der Direktbeziehungen mit Recht betont. Bei der Untersuchung von Fragen der perspektivischen Zusammenarbeit sollten jedoch andere Formen nicht vernachlässigt werden. Ausgehend von den Interessen der sowjetischen Partner, von ihrer Leistungsfähigkeit und den konkreten Bedingungen sollten wir bei der theoretischen Durchdringung der Probleme der weiteren Vertiefung der Zusammenarbeit die Formen der Bildung gemeinsamer Betriebe nicht ausklammern. Gedacht ist hier auch vor allem an kleinere Objekte, die Serviceleistungen übernehmen könnten. Allein auf Grund unserer Arbeitskräftelage ist der Wirksamkeit unserer Kombinate im Ausland eine Grenze gesetzt. Unter den heutigen und noch mehr unter künftigen Bedingungen müssen für die Auslandsarbeit auch neue Wege gesucht werden. Mitarbeiter sowjetischer Institute klagen mitunter über mangelnde Software für unsere Großrechner und Personalcomputer. Könnte nicht durch gemeinsame Betriebe der Softwareproduktion sogar ein nachfolgender Export an Hardware geradezu stimuliert werden? Hierbei könnte auch berücksichtigt werden, daß die Sowjetunion ein großes Interesse an gemeinsamen Betrieben hat. Bisher wurden auf ihrem Territorium 36 Betriebe mit kapitalistischen Firmen gegründet, davon 9 mit Firmen aus der BRD. Die Wirkungssphäre umfaßt den produktiven und den Dienstleistungsbereich (Werkzeugmaschinen, Kranbau, Schuhe, Konfektion, Industrieausrüstungen, Service und Programmierung von Computertechnik). Offensichtlich gibt es auch in anderen Ländern zunehmende Aktivitäten, um den sowjetischen Markt zu erschließen. In der BRD wurde von der Industrie eine Stiftung geschaffen, die sich mit der Ausbildung von Managern für gemeinsame Betriebe in der UdSSR befassen wird. Die Deutsche Bank wird nach sowjetischen Presseveröffentlichungen der Sowjetunion einen Kredit von 3,5 Mrd. DM gewähren, sowohl für große Anlagen (der tieferen Erdölspaltung) als auch für die Ausrüstungen kleiner Betriebe. Das sind Aktivitäten, die unmittelbar unsere Exportinteressen berühren. Auch in der theoretischen Arbeit dürfen wir an diesen Entwicklungstendenzen nicht vorbeigehen.

Wir sollten uns in der theoretischen Arbeit noch konsequenter auf die sich neu herausbildenden gesellschaftlichen Bedingungen einstellen, um der Wirtschaftspraxis mögliche Entscheidungsvarianten anbieten zu können.

Hartmut Becker

Erfordernisse kundenspezifischer Arbeit mit den Partnern in den RGW-Ländern

In den Thesen zur Ratstagung wird auf wesentliche Veränderungen in den Absatz- und Bezugsbedingungen auf dem Markt der RGW-Länder verwiesen, die sich im Ergebnis der Verwirklichung der von den Parteien und Regierungen beschlossenen Wirtschaftsstrategien und der Veränderungen in den nationalen Wirtschaftsmechanismen vollziehen. Damit verändern sich die Bedingungen für die Entwicklung effektiver arbeitsteiliger Beziehungen und daraus folgender Exporte der Kombinate und Betriebe der Volkswirtschaft der DDR in die Mitgliedsländer des RGW.

Der Intensivierungsprozeß in den Volkswirtschaften der RGW-Länder ist mit einer effektiveren Gestaltung ihrer Außenwirtschaftsbeziehungen, einschließlich der sozialistischen internationalen Arbeitsteilung verbunden. Die Wirtschaftseinheiten werden zunehmend mit den Anforderungen der Außenwirtschaft konfrontiert. Das verändert ihre ökonomischen Interessen in der Zusammenarbeit mit Partnern in RGW-Ländern sowie an der Vorbereitung und Durchführung damit verbundener Ex- und Importe. Die Wirtschaftseinheiten erhalten – zwischen den Mitgliedsländern des RGW differenziert – neue Befugnisse zur ökonomischen und wissenschaftlich-technischen Zusammenarbeit sowie zur Aufnahme von Direktbeziehungen. Ihnen werden teilweise Außenhandelsfunktionen übertragen. Den Kombinaten, ihren Betrieben und den Außenhandelsbetrieben (-firmen) der DDR stehen bei der Lösung ihrer Exportaufgaben im Rahmen der sozialistischen internationalen Arbeitsteilung als Partner in den RGW-Ländern zunehmend Wirtschaftseinheiten, Einrichtungen des Produktionsmittelhandels, Großhandelsorganisationen und sonstige Anwender gelieferter Erzeugnisse und Leistungen gegenüber.

Alle Formen internationaler ökonomischer und wissenschaftlich-technischer Zusammenarbeit führen bei ihrer Realisierung und teilweise bereits in der Vorbereitung zu einem grenzüberschreitenden kommerziellen Austausch von Waren und Leistungen. Importentscheidungen für eine Vielzahl von Erzeugnissen aus der DDR wurden bisher überwiegend auf zentraler Ebene durch zuständige Planungs- und Außenhandelsorgane der UdSSR und anderer RGW-Länder getroffen. Diese Erzeugnisse wurden meist über zentrale Einrichtungen der materiell-technischen Versorgung des Importlandes verteilt. Nur in wenigen Fällen bestand, bedingt durch die Erzeugnisspezifik sowie Montage- und Kundendienstleistungen, direkter Kontakt zu den Anwendern in den RGW-Ländern.

Mit der Erhöhung der ökonomischen Selbständigkeit der Wirtschaftseinheiten der RGW-Länder verändern sich Beschaffungs- und Realisierungsbedingungen für Waren und Leistungen zwischen ihnen. Die Entscheidungen über konkrete Importe aus der DDR und anderen RGW-Ländern werden immer mehr von Wirtschaftseinheiten, dem Groß- und Produktionsmittelhandel und anderen Anwendern selbst getroffen oder wesentlich beeinflußt. Die Arbeit der Kombinate der DDR, ihrer Betriebe wird zusammen mit den Außenhandelsbetrieben (-firmen) zur Vorbereitung und Realisierung effektiver Exporte zunehmend auf die Wirtschaftseinheiten und unmittelbaren Verbraucher ausgerichtet. Sie entwickeln eine kundenspezifische Arbeit in den Außenwirtschaftsbeziehungen gegenüber den Partnern in den RGW-Ländern. Mit kundenspezifischer Arbeit wird eine solche Arbeitsweise charakterisiert, die direkt auf die Partner bei der Vorbereitung und Durchführung von Exporten in die RGW-Länder und auf die Anwender der dabei gelieferten Erzeugnisse und Leistungen gerichtet ist. Dabei geht es in wachsendem Maße um Exporte von Erzeugnissen, die

- den wissenschaftlich-technischen Höchststand repräsentieren,
- durch einen hohen Anwendernutzen zur Intensivierung der Volkswirtschaft der UdSSR und der anderen RGW-Länder beitragen bzw.
- als Konsumgüter der Befriedigung materieller Bedürfnisse der Bevölkerung dienen.

Mit der Hervorhebung kundenspezifischer Arbeit soll der wesentliche Unterschied zur bisherigen Arbeitsweise gezeigt werden, die weitgehend als eine Verteilung importierter Erzeugnisse durch zentrale administrative Organe in den RGW-Ländern charakterisiert werden konnte. Der Prozeß des Übergangs zu einer kundenspezifischen Arbeit mit Partnern in den RGW-Ländern entsprechend den neuen Anforderungen hat in einer Reihe von Kombinaten und Betrieben – wenn auch differenziert – begonnen.

Die Notwendigkeit kundenspezifischer Arbeit (als unter den neuen Bedingungen wichtiger werdende Arbeitsweise) resultiert neben der engeren Verbindung der Wirtschaftseinheiten mit der Außenwirtschaft und daraus folgender Erhöhung der Anzahl der Entscheidungsträger für Importe aus der DDR und anderen RGW-Ländern aus

- der Anwendung der Schlüsseltechnologien als materiell-technische Träger der Intensivierung zur Durchsetzung des wissenschaftlich-technischen Fortschritts;
- der Erhöhung des technischen Kompliziertheitsgrades der im Rahmen der sozialistischen internationalen Arbeitsteilung zu entwickelnden und zu liefernden Erzeugnisse und Leistungen;
- den Veränderungen in den nationalen Systemen der materiell-technischen Versorgung;
- der Einbeziehung der Aufwendungen des Imports in die wirtschaftliche Rechnungsführung der Partner

und damit in seine Effektivitätsberechnungen und -entscheidungen.
Die kundenspezifische Arbeit widerspiegelt sich in der Aktivierung und der Veränderung des Zielobjekts lang- und mittelfristiger Markt- und Bedarfsforschung, der Marktbearbeitung, insbesondere der technisch-ökonomischen Beratung, Werbung, Öffentlichkeitsarbeit sowie dem Kundendienst einschließlich der Ersatzteilversorgung u. a. Untersuchungen in Kombinaten und Betrieben zeigen, daß sich Formen und Methoden kundenspezifischer Arbeit bisher unterschiedlich herausgebildet haben. Das ist durch die Erzeugnis- und Anwenderspezifik bedingt. Eine Reihe von Kombinaten und Betrieben, darunter insbesondere des Anlagenexports, verfügen über Erfahrungen in der kundenspezifischen Arbeit mit Partnern in der VR Polen, der ČSSR und besonders in Ungarn, deren Verallgemeinerung für die weitere Zusammenarbeit mit Partnern in der UdSSR unter den neuen Bedingungen des Wirtschaftens von großem Interesse ist.

Für die Entwicklung stabiler arbeitsteiliger Beziehungen und damit verbundener effektiver Exportlinien in die RGW-Länder ergeben sich aus kundenspezifischer Sicht neue Anforderungen an die lang- und mittelfristige Markt- und Bedarfsforschung der Kombinate und ihrer Betriebe. Ausgehend von der Bedarfsentwicklung und den sie beeinflussenden erzeugnis- und länderspezifischen Faktoren sind die konkreten Absatzmöglichkeiten für die Erzeugnisse bzw. Erzeugnissortimente sowie die Absatzwege in den RGW-Ländern zu untersuchen.

Besondere Bedeutung kommt dabei der Entwicklung der ökonomischen Interessen der Entscheidungsträger für die Importe aus der DDR zu. Im Zusammenhang mit den Veränderungen in der Leitung und Planung der Volkswirtschaften der RGW-Länder und der Einbeziehung der Importaufwendungen in die wirtschaftliche Rechnungsführung der Partner und Anwender stehen diese bei einer Reihe von Erzeugnissen vor den möglichen Alternativen: Eigenproduktion, Import aus der DDR, Import aus anderen RGW-Ländern bzw. Import aus dem NSW. Diese Problematik zeigt sich besonders auf dem Markt der UdSSR.

Die Größe des Marktes der UdSSR mit einer Vielzahl von Anbietern beeinflussen die Absatzmöglichkeiten unserer Kombinate und ihrer Betriebe. Das Vorhandensein einer Eigenproduktion in der UdSSR ist bei einigen Exporterzeugnissen der DDR als ein zunehmend den Absatz beeinflussender Faktor zu betrachten. Die Intensivierungsbestrebungen in der UdSSR und die erhöhte Auslastung sowjetischer Produktionskapazitäten führen zu einer erhöhten eigenen Bedarfsdeckung auf bestimmten Gebieten.

Veränderungen in der Investitionspolitik der UdSSR und eine Sättigung des Bedarfs bei einigen Investitionsgütern führen zum Rückgang des Importbedarfs und zwingen zu einer grundlegenden Erneuerung der Exportsortimente einiger Betriebe und Kombinate. Die Kombinate und Betriebe, die sich auf Erzeugnisse spezialisieren konnten, für die sie Alleinhersteller im RGW sind, und dabei auch den Bedarfsanforderungen gerecht werden (z.B. Feinsamenlinien des VEB Anlagenbau Petkus Wutha) haben, basierend auf einer langfristig-strategischen Markt- und Bedarfsforschung, ihre Produktionsprofile auf effektive Exportlinien ausrichten können. Diese Betriebe konzentrieren sich nicht nur auf den Grundbedarf der UdSSR und anderer RGW-Länder, sondern auch auf spezielle kundenspezifische Anforderungen, denen sie bedarfsdeckend gerecht werden können.

Für eine qualifizierte kundenspezifische Arbeit muß neben der Untersuchung der Bedarfsentwicklung und der Absatzbedingungen in den RGW-Ländern die Kenntnis der spezifischen Anwenderbedingungen Ergebnis langfristiger Markt- und Bedarfsforschung sein. Dabei ist erzeugnisspezifisch zwischen und auch innerhalb der RGW-Länder zu differenzieren.

Neben den neuen Anforderungen an die lang- und mittelfristige Markt- und Bedarfsforschung aus kundenspezifischer Sicht kommt der technisch-ökonomischen Beratung bei der Kundenmotivierung für die Einführung neuer Erzeugnisse und der Marktpflege unter den Bedingungen der sich beschleunigenden wissenschaftlich-technischen Entwicklung besondere Bedeutung zu. Die Erhöhung der Anzahl der Entscheidungsträger für Importe und der zunehmende Einfluß der Partner und Anwender auf die Entscheidungen unterstreichen die Wichtigkeit der technisch-ökonomischen Beratung. Mit einer qualifizierten technisch-ökonomischen Beratung kann der Entscheidungsträger für Importe davon überzeugt werden, wie er durch die Anwendung der aus der DDR gelieferten Erzeugnisse seinen Reproduktionsprozeß intensivieren kann und somit unter den Bedingungen der Eigenerwirtschaftung die für ihn notwendigen Fonds und Mittel erbringt. Dazu können jetzt in zunehmendem Maße bis zum Anwender durch Nutzensargumentationen, Problem- und Systemlösungen die spezifischen technisch-ökonomischen Leistungen der Erzeugnisse dargelegt werden.

Neben der Lieferung qualitativ hochwertiger Erzeugnisse müssen durch die kundenspezifische Arbeit der Kombinate und Betriebe die Voraussetzungen zur Sicherung eines hohen Anwendernutzens und Intensivierungseffekts der internationalen sozialistischen Arbeitsteilung aus der Sicht des Reproduktionsprozesses des Partners bzw. Anwenders in den RGW-Ländern geschaffen werden. Damit wird sein ökonomisches Interesse an der Zusammenarbeit mit Kombinaten als Voraussetzung für die Entwicklung effektiver und stabiler arbeitsteiliger Beziehungen geprägt. Für die Gewährleistung eines hohen Anwendernutzens ist die veränderte Arbeitsweise gegenüber den Partnern eine immer notwendiger werdende Voraussetzung. Nur auf dieser Grundlage können die Positionen auf dem Markt der RGW-Länder gefestigt und ausgebaut werden. Das ermöglicht erst in vielen Kombinaten eine kostengünstige Produktion durch die Erschließung von Intensivierungseffekten aus der sozialistischen internationalen Arbeitsteilung.

Die Sicherung des qualitativen Einsatzes gelieferter Erzeugnisse wird wesentlich durch den Kundendienst und die Ersatzteilversorgung für die Gewährleistung einer zuverlässigen Gebrauchswertnutzung ermöglicht.

Die Veränderungen in der Außenhandelsorganisation in der UdSSR und anderer RGW-Länder bewirken bei einer Reihe von Erzeugnissen Veränderungen in der Organisation der Kundendienstleistungen. Dabei sind zur Zeit noch einige Fragen zu klären. Aufgabe der kundenspezifischen Arbeit der Kombinate ist, ausgehend von vorhandenen Erfahrungen beratend an der Organisation des Service für ihre Erzeugnisse in den RGW-Ländern mitzuwirken. Hauptweg ist unter Ausschöpfung aller Möglichkeiten der Allgemeinen Kundendienstbedingungen des RGW (AKB) die Konzentration auf landeseigene Servicefirmen in der UdSSR und in anderen RGW-Ländern. Dabei sind die sich aus der Anwendung der Mikroelektronik ergebenden veränderten Anforderungen an Umfang und Reaktionsfähigkeit der Kundendienstleistungen und an die direkte Zusammenarbeit mit den Anwendern zu berücksichtigen.

Ein Hauptproblem, dessen Lösung zur Sicherung des qualitativen Einsatzes der Erzeugnisse und des Anwendernutzens sowie zur Wahrung des Rufbildes gesichert werden muß, ist die Ersatzteilversorgung. Die vorhandenen Probleme bei der Sicherung der Ersatzteilversorgung der RGW-Länder zeigen, daß der Ersatzteilbedarf und seine Entwicklung bereits bei der Erzeugniskonzipierung stärkere Beachtung finden muß. Das betrifft insbesondere die Zulieferindustrie. Für die Lösung des Ersatzteilproblems können durch die kundenspezifische Arbeit der Kombinate und ihrer Betriebe günstigere Voraussetzungen geschaffen werden. Der direkte Kontakt zu den Partnern und Anwendern ermöglicht eine Qualifizierung der Ersatzteilbedarfsermittlung. Bisher erfolgten die Bestellungen durch zentrale Außenhandelsorgane und Einrichtungen des Systems der materiell-technischen Versorgung. Die dabei geforderten Ersatzteilmengen werden durch die zur Verfügung gestellten Valutamittel limitiert, so daß der reale Ersatzteilbedarf bei den Anwendern teilweise bedeutend höher ist. Jetzt ergeben sich Möglichkeiten des Übergangs von Ersatzteillieferungen zu einer qualifizierten Ersatzteilwirtschaft unter Einbeziehung der Ersatzteilregenerierung. Hier können die in den Instandsetzungsbetrieben der DDR gesammelten Erfahrungen in Form von Technologien und dazu notwendigen Arbeitsmitteln zur Nutzung durch die Partner verkauft werden.

Durch eine auf die Sicherung eines hohen Anwendernutzens gerichtete kundenspezifische Arbeit werden die Voraussetzungen für die Vertiefung der sozialistischen ökonomischen Integration, für die Pflege und Erweiterung der Positionen der DDR-Kombinate auf den Märkten der sozialistischen Länder geschaffen. Gleichzeitig werden Kenntnisse über die Entwicklung der spezifischen Anwenderbedingungen und für die weitere Vervollkommnung der gelieferten Erzeugnisse und Leistungen gewonnen.

Ulrich Thiede

Zur ökonomischen und wissenschaftlich-technischen Zusammenarbeit auf dem Gebiet der Landwirtschaft

Es ist davon auszugehen, daß den Anforderungen der intensiv erweiterten Reproduktion auch auf dem Gebiet der Landwirtschaft nur durch die Ausnutzung der Vorzüge der internationalen Arbeitsteilung und Kooperation Rechnung getragen werden kann. Sicher gibt es in der internationalen Diskussion unter Ökonomen noch unterschiedliche Standpunkte dazu, ob und inwieweit internationale Arbeitsteilung auch in der Landwirtschaft zu höherer Produktion und Effektivität führt. Diese Auffassungen resultieren m. E. vor allem aus verschiedenen Ausgangspositionen, was reproduktionstheoretisch zur landwirtschaftlichen Produktion gerechnet wird. Wir vertreten die Auffassung, daß eine moderne intensiv wirtschaftende Landwirtschaft durch eine umfassende Nutzung der modernen Wissenschaft und Technik gekennzeichnet sein muß. Die Landwirtschaft ist schon seit langem kein sich selbst versorgender Zweig mehr. Die Verflechtungsbeziehungen mit den anderen Zweigen der Volkswirtschaft entwickeln sich qualitativ und quantitativ.

Mit dem Übergang zur intensiv erweiterten Reproduktion wird die breite Anwendung des wissenschaftlich-technischen Fortschritts und der Einsatz industrieller Produktionsmittel zu einem objektiven Erfordernis. Aus den Erfahrungen der DDR lassen sich diesbezüglich vor allem zwei Erkenntnisse ableiten:

1. Unter den Bedingungen einer hochentwickelten intensiv wirtschaftenden und industriemäßig organisierten Landwirtschaft wird der Einsatz industrieller Produktionsmittel immer mehr zu einer Schlüsselfrage des weiteren Leistungsanstieges. Die Mehrzahl der LPG und VEG der DDR hat bereits einen so hohen Intensivierungsgrad erreicht, daß eine weitere Produktions- und Effektivitätssteigerung nur mit Hilfe neuer und wirksamerer Produktionsmittel möglich ist.

2. Auch in der Landwirtschaft ist der entscheidende Intensivierungsfaktor der wissenschaftlich-technische Fortschritt. Deshalb ist es im Interesse der weiteren Intensivierung der landwirtschaftlichen Produktion unbedingt notwendig, die Landwirtschaft zu einem Zweig angewandter Wissenschaft zu machen. Steigerung der Hektarerträge, Senkung der Verluste, Erhöhung der Leistungen der Tiere, Verbesserung der Qualität der Erzeugnisse und günstigere Gestaltung des Verhältnisses von Aufwand und Ertrag sind heute effektiv nur noch mit Hilfe neuer wissenschaftlich-technischer Erkenntnisse und Verfahren möglich.

Wenn das aber so ist, erhebt sich die Frage, ob dem jedes Land allein, aus eigener Kraft, Rechnung tragen kann. Ich meine nein, aber manchmal hat es den Anschein, als ob in einigen Ländern diese Auffassung nicht geteilt wird. Ich erinnere nur daran, daß fast alle europäischen Mitgliedsländer des RGW eigene Traktoren bauen, daß in vielen Ländern parallel zueinander Landmaschinen der gleichen Art produziert werden.

Auch bei Herbiziden und anderen Agrochemikalien ist das noch der Fall. Ähnlich ist es auf vielen Gebieten der Züchtung und agrarwissenschaftlichen Forschung.

Aus diesem Grund ist es zu begrüßen, daß sich der Wissenschaftliche Rat für die wirtschaftswissenschaftliche Forschung auf seiner heutigen Sitzung diesem Problemkreis zugewandt hat und theoretische Fragen bei der Nutzung der sozialistischen ökonomischen Integration zur Meisterung des wissenschaftlich-technischen Fortschritts zur Diskussion stellt. Den vorgelegten Thesen möchte ich prinzipiell meine Zustimmung geben. Besonders unterstreichen möchte ich aus der Sicht der Landwirtschaft die Feststellung, daß die Beschleunigung des wissenschaftlich-technischen Fortschritts und besonders die Nutzung der Schlüsseltechnologien in der notwendigen Breite und dem erforderlichen Tempo nur bei konsequenter Entwicklung und Vertiefung der internationalen Zusammenarbeit möglich ist. Das ergibt sich vor allem aus der Tatsache, daß jeder ökonomische Fortschritt wissenschaftlich-technischen Fortschritt in Form neuer Technologien, neuer Wirkprinzipien und neuer Erzeugnisse einschließt.

Deshalb rücken die Aufgaben zur Beschleunigung des wissenschaftlich-technischen Fortschritts zunehmend in den Mittelpunkt der Zusammenarbeit im RGW. Von ihnen geht – wie auch in den Thesen festgestellt wird – der entscheidende Einfluß auf die Intensivierung der Produktion aus. Jeglicher Fortschritt – ob in Gestalt der Produktions- und Effektivitätssteigerung, in bezug auf die Gebrauchswerterhöhung oder die Qualitätsverbesserung – setzt neue wissenschaftlich-technische Lösungen voraus.

Das gilt auch in vollem Umfang für die Landwirtschaft. Auf die Nutzung der aus der Konzentration der Kräfte und Mittel und der Forschungskooperation erwachsenden Effekte kann heute auch in der Landwirtschaft nicht mehr verzichtet werden. Die Notwendigkeit dessen wird besonders deutlich, wenn man die Vielfalt und Komplexität der zu lösenden wissenschaftlich-technischen Aufgaben mit dem zur Verfügung stehenden Wissenschaftspotential ins Verhältnis setzt. Dabei zeigt sich eindeutig, daß die Kräfte und Potentiale begrenzt sind und nur durch ihre effektive Nutzung sowie durch den Übergang zu einer qualitativ höheren Stufe der Forschung der notwendige wissenschaftlich-technische Fortschritt gesichert werden kann. Damit sind vor allem das Eindringen in biologische Gesetzmäßigkeiten, die Entwicklung und die Nutzung der Biotechnologien, die Entwicklung neuer Prinziplösungen zur Erhöhung der Bodenfruchtbarkeit, die Erschließung neuer Nährstofffonds und anderes gemeint. Dafür wiederum bedarf es einer mikroelektronischen Basis auf hohem Niveau, die zum Beispiel für eine industriemäßige Gentechnik unerläßlich ist.

Der mit dieser Entwicklung der Produktivkräfte in der Landwirtschaft eng verbundene Vergesellschaftungsprozeß entfaltet sich zunehmend auch international, weil tatsächlich revolutionierende Lösungen in Wissenschaft und Technik in zunehmendem Maße überhaupt nur noch durch gemeinsame Anstrengungen zu erbringen sind. Wesentliche Ursachen dafür sind die wachsende Komplexität in der Wissenschaftsentwicklung, die steigende Kompliziertheit der Aufgaben und immer höhere Anforderungen an die materiell-technische Basis der Wissenschaft selbst. Das zwingt dazu, auch für die wissenschaftliche Arbeit selbst die potentiellen, vom Wesen her aufwandssenkenden und ergebnissteigernden Wirkungen aus der internationalen sozialistischen Arbeitsteilung und Kooperation zu nutzen. Deshalb sind wichtige Aufgaben des langfristigen Programms der Forschung auf dem Gebiet der Land-, Forst- und Nahrungsgüterwirtschaft bis zum Jahre 2000 auch in den Aufgaben der internationalen Zusammenarbeit fest verankert. Das betrifft insbesondere ihre Eingliederung in die detaillierten Programme zur Anwendung der Mikroelektronik und der Biotechnologie in der Landwirtschaft, die sich aus den Aufgabenstellungen des Komplexprogramms des wissenschaftlich-technischen Fortschritts des RGW bis zum Jahre 2000 ableiten und die im August 1986 von den Mitgliedsländern des RGW unterzeichnet worden sind. Davon ausgehend wurden und werden von Forschungseinrichtungen der DDR zweiseitige Verträge zur Realisierung der sich daraus ergebenden Aufgaben, vor allem mit der UdSSR, abgeschlossen.

Dabei geht es vor allem um folgende Schwerpunkte:
Auf dem Gebiet der Elektronisierung steht in der Landwirtschaft in erster Linie die Anwendung von rechnergestützten Systemen zur Informationsgewinnung und -verarbeitung, zur Steuerung von Leitungsprozessen der landwirtschaftlichen Produktion und ihrer Automatisierung sowie zur Anwendung der Mikroelektronik zur Entwicklung von landwirtschaftsspezifischen Sensoren, Manipulatoren und Robotern auf der Tagesordnung. Es handelt sich dabei unter anderem um computergestützte Systeme der Boden- und Bestandsführung, der Ertragsprogrammierung, der Prognostizierung des Schaderregerbefalls, Systeme der automatischen Kontrolle und Steuerung der Landtechnik sowie Systeme zur Kontrolle und Steuerung technologischer Prozesse der industriemäßigen Tierproduktion.

Auf dem Gebiet der Biotechnologie geht es vorrangig um die Ausarbeitung und Anwendung von Methoden der Zell- und Protoplastenkultur für die Züchtung und zur wesentlichen Verkürzung des Zuchtprozesses, um Verfahren zur gentechnischen Manipulation hinsichtlich bestimmter Qualitätseigenschaften (Ertragsbestimmung, Inhaltsstoffe – besonders Protein –, Resistenzeigenschaften), um gentechnische Arbeiten bei Mikroorganismen zur Erhöhung der Luftstickstoffixierung und zur Verbesserung der Phosphorversorgung der Pflanzen, um die Entwicklung enzymgekoppelter Sonden für die Diagnose von Pflanzenviren und die Herstellung von Präparaten zur Bekämpfung von Insektenlarven auf der Basis biotechnologischer Verfahren, um die Anwendung gentechnischer Verfahren in der Fortpflanzungsforschung beim Tier und zur Vervollkommnung des Embryotransfers, um die genetische Verbesserung landwirtschaftlicher Nutztiere und um die Anwendung genetischer, insbesondere molekulargenetischer Erkenntnisse, beispielsweise zur Steigerung der Wachstums- und Milcheiweißleistung und zur gezielten Beeinflussung des Geschlechts beim Rind. So ist es unseren und sowjetischen Wissenschaftlern gelungen, beim Rind Fremdgene zu übertragen, die eine Beschleunigung des Wachstums bewirken sollen. Auch bei Schweinen laufen Versuche in dieser Richtung.

All diese Aufgaben haben für ein weiteres Voranschreiten der Landwirtschaft auf dem Wege der umfassenden Intensivierung langfristig entscheidende Bedeutung. Kein Land ist – wie all diese Beispiele zeigen – heute in der Lage, diese Aufgaben allein und in der erforderlichen Effektivität zu lösen. Ein Vordringen zur Weltspitze wird auch in der Landwirtschaft nur dann möglich sein, wenn die dem Sozialismus innewohnenden Potenzen und Vorzüge zielstrebig genutzt, die Potentiale und Erfahrungen der sozialistischen Bruderländer vereint werden. Dabei geht es darum, auf ausgewählten, entscheidenden Gebieten internationales Spitzenniveau zu erreichen und mitzubestimmen. Die vor der Landwirtschaft stehenden großen Aufgaben lassen kein Mittelmaß auf wissenschaftlich-technischem Gebiet zu. Internationales Spitzenniveau ist nicht um seiner selbst willen notwendig, sondern um den wachsenden Bedarf an Nahrungsmitteln aus der eigenen Produktion zu sichern. Die schnelle Steigerung der Nahrungsmittelproduktion gehört in vielen RGW-Ländern zu den dringlichen Aufgaben der Wirtschafts- und Sozialpolitik, damit die Ernährung als sozialpolitisches Problem gelöst werden kann. Die Sicherung der Ernährung ist nicht nur im Interesse des ersten und wichtigsten Lebensbedürfnisses der Menschen notwendig, sondern von großer Bedeutung für

- die politische Stabilität in unseren Ländern,
- die soziale und geistige Entwicklung der Menschen,
- die volle Reproduktion der gesellschaftlichen Arbeitskräfte,
- die Gewährleistung des notwendigen Kaufkraftäquivalents und
- die politische Ausstrahlung des Sozialismus auf die Länder des NSW usw.

Die Steigerung der landwirtschaftlichen Produktion und deren Intensivierung mit Hilfe des wissenschaftlich-technischen Fortschritts ist eine Aufgabe von strategischer Bedeutung. Für besonders dringlich soll hier hervorgehoben werden:

1. Die Konzentration der Kräfte und Mittel auf die Schwerpunkte des wissenschaftlich-technischen Fortschritts, insbesondere auf die Realisierung der Aufgaben des Komplexprogramms des wissenschaftlich-technischen Fortschritts bis zum Jahre 2000. Besonders geht es hier um den konzentrierten Einsatz der nur begrenzt vorhandenen Spitzenwissenschaftler, die gezielte und konzentrierte materielle Absicherung der Forschungsaufgaben z. B. durch Biolabore, die Entwicklung und den effektiven Einsatz modernster wissenschaftlicher

Geräte bis hin zur Anwendung neuer Formen der Forschungskooperation.

2. Es ist eine klare Fixierung der wissenschaftlich-technischen und ökonomischen Aufgabenstellung notwendig. Erst auf dieser Grundlage können die effektivsten Formen der Realisierung der Forschungsaufgaben festgelegt werden – und nicht umgekehrt, wie das in der Vergangenheit oft geschehen ist. Es ist uneffektiv, zuerst die Koordinierungszentren, gemeinsamen Forschungsgruppen oder auch Züchterräte zu bilden und dann zu beraten, welche Aufgaben sie in Angriff nehmen sollen.

3. Der Interessenübereinstimmung bei der Vereinbarung der Zusammenarbeit muß mehr Aufmerksamkeit geschenkt werden. Günstig ist der beschrittene Weg, die im Komplexprogramm des wissenschaftlich-technischen Fortschritts festgelegten Aufgaben der Zusammenarbeit durch bilaterale Verträge zu untersetzen. Auf diese Weise können viele Fragen – angefangen von den jeweiligen Interessen bis zur materiellen Absicherung – konkreter vereinbart werden. Allein zu den Schwerpunkten des Komplexprogramms auf dem Gebiet der Agrarforschung wurden an der Akademie der Landwirtschaftswissenschaften der DDR bisher 27 zweiseitige Verträge abgeschlossen.

Außerdem können auf diese Weise die der Zusammenarbeit entgegenstehenden Fragen und Probleme effektiv geklärt werden, wie z.B.

- Fragen der Finanzierung unter den Bedingungen der Eigenfinanzierung,
- das Ineinandergreifen der Wirtschaftsmechanismen bei Direktbeziehungen,
- Fragen der Nutzensteilung usw.

Diese und andere Fragen, die auch in den Thesen behandelt werden, müssen zielstrebig gelöst werden, denn nur dann führt die richtige Einsicht zu meßbaren und für alle Beteiligten nützlichen Ergebnissen. Aber darauf kommt es an, damit die Produktion von Nahrungsmitteln und landwirtschaftlichen Rohstoffen in Umfang, Struktur und Qualität entsprechend dem Bedarf der Bevölkerung und der Industrie aus eigenem Aufkommen stabil und auf ständig höherem Niveau gesichert werden kann.

4. SCHLUSSWORT

Helmut Koziolek

Die gemeinsame Tagung des Wissenschaftlichen Rates für die wirtschaftswissenschaftliche Forschung und seines Hauptgebietsrates für Fragen der sozialistischen ökonomischen Integration hat ihre Zielstellung erreicht.

Ich meine, daß die Ratstagung durch gute Thesen, ein interessantes Referat und eine ausgesprochen schöpferische Diskussion geprägt war. Sicher kann in voller Übereinstimmung mit allen Teilnehmern eingeschätzt werden, daß ein kameradschaftlicher, interessanter und konstruktiver Erfahrungs- und Meinungsaustausch zur Nutzung der sozialistischen ökonomischen Integration bei der Meisterung des wissenschaftlich-technischen Fortschritts stattgefunden hat.

Es wurde eine Breite in der Diskussion erreicht, die für die weitere Erfüllung unserer Aufgaben auf diesem Gebiet und für viele weitere angrenzende Themen sowie für andere Bereiche der wirtschaftswissenschaftlichen Forschung auf weite Sicht von Bedeutung ist.

Bevor ich zu einigen inhaltlichen Schwerpunkten übergehe, möchte ich noch zwei Feststellungen treffen.

Erstens: Die politische und ökonomische Situation ist gegenwärtig äußerst dynamisch. So wie Erich Honecker in seinem Artikel zum 43. Jahrestag des Sieges und der Befreiung zum Ausdruck brachte, kommt es darauf an, die Attraktivität des Sozialismus vor allem durch Spitzenleistungen in der wissenschaftlich-technischen Revolution zu erhöhen. Dabei wurden in der Zusammenarbeit mit der Sowjetunion und den anderen sozialistischen Ländern nicht geringe Fortschritte erzielt, und es wird daran gearbeitet, sie auszubauen.[1] Von entscheidender Bedeutung dafür ist die Realisierung des Komplexprogramms des wissenschaftlich-technischen Fortschritts der RGW-Länder bis zum Jahre 2000.

Auf der 6. Tagung des ZK der SED wurde festgestellt, daß die Stärkung des Sozialismus als Ganzes und in jedem einzelnen Bruderland eine entscheidende Voraussetzung für die Festigung des Friedens ist. Von strategischer Bedeutung dabei ist, wie es den sozialistischen Staaten gelingt, der sozialistischen Gesellschaft durch die Erlangung führender Positionen in der Arbeitsproduktivität höhere Dynamik und Effektivität zu verleihen und so die Attraktivität des Sozialismus weiter zu erhöhen.[2]

Zweitens möchte ich den Beitrag von Käthe Frei hervorheben. Sie hat Probleme und Schwerpunkte der sozialistischen ökonomischen Integration im Zusammenhang mit dem wissenschaftlich-technischen Fortschritt sowie die Zusammenarbeit mit der Sowjetunion auf dem Gebiet der Schlüsseltechnologien, Probleme des Marktes und der Marktarbeit deutlich herausgearbeitet. Dabei wurde in ganzer Breite auf die Aufgaben eingegangen, die in Budapest auf der Beratung der Sekretäre für Wirtschaftsfragen der ZK der Bruderparteien behandelt worden sind.

Dort wurde festgestellt, daß es um den Übergang zu einem qualitativ höheren Niveau der Zusammenarbeit geht. Dabei wird Bewährtes beibehalten und Effektivitätskriterien sollen noch mehr als bisher in den Vordergrund gestellt werden. Bei voller Nutzung der Vorzüge der sozialistischen Planwirtschaft sind die ökonomischen Instrumente der Ware-Geld-Beziehungen zu vervollkommnen und die Bedingungen für die umfassende Einbeziehung der Wirtschaftseinheiten in die Zusammenarbeit zu schaffen.

Diese Aufgaben seien ohne Zeitverzug in Angriff zu nehmen, d. h. beginnend mit der Untersuchung der konkreten Bedingungen und Abstimmung der Schritte zur etappenweisen Vervollkommnung der gegenseitigen Zusammenarbeit.[3]

Insgesamt hat unsere Diskussion gezeigt, daß zu einer Reihe von Schwerpunkten ein gemeinsamer Standpunkt erreicht werden konnte. Zugleich muß festgestellt werden, daß es Probleme gibt, zu deren Lösung noch keine einheitlichen Auffassungen bestehen und an denen weiter gearbeitet werden muß. Ein Punkt, worauf wir uns einigen können, ist der, daß die Vertiefung der internationalen Zusammenarbeit im Rahmen des RGW aus reproduktionstheoretischer Sicht ein objektiver Prozeß ist. Zu Recht wurde in fast allen Beiträgen die Entwicklung der Produktivkräfte ins Zentrum gerückt.

Die Vertiefung der Zusammenarbeit ist bedingt durch folgende materiellen Zusammenhänge, die sich aus der wissenschaftlich-technischen Revolution ergeben:

- Die wissenschaftlich-technische Revolution bedingt hohe und ständig wachsende Vorleistungen der Gesellschaft für Forschung und Investitionen, die für die Entwicklung und Anwendung der Schlüsseltechnologien erforderlich sind. Gleichzeitig sind die materiellen und finanziellen Ressourcen eines Landes zu einem bestimmten Zeitpunkt begrenzt.
- Die wissenschaftlich-technische Revolution ist durch ein hohes Tempo der Entwicklung der Produktivkräfte gekennzeichnet. Das erfordert eine hohe Umschlagsgeschwindigkeit der Fonds und einen schnellen Rückfluß der Mittel, was wiederum nur möglich ist bei einem hohen Konzentrationsniveau.
- Die volle Nutzung der Potenzen der neuen Technik ermöglicht einen großen Produktionsumfang und findet in einer hohen ökonomischen Verwertung der vorgeschossenen Fonds ihren Ausdruck, wenn die Grenzen des nationalen Marktes überschritten und die internationale Arbeitsteilung entfaltet wird.

Das heißt unabhängig von dem, wozu wir heute schon in der Lage sind, werden wir uns auf eine stärker organisierte Form der internationalen Zusammenarbeit zwischen den sozialistischen Ländern auf dem Gebiet der Forschung und Entwicklung einstellen müssen. Dabei wird sich die Rolle neuer Technologien und Produktionsleistungen verstärken. Die Anteile neuer Maschinen und Ausrüstungen sowie unifizierter Einzelteile und Baugruppen wird sich erhöhen. Vor allem im Maschinenbau und in der elektronischen Industrie, aber auch bei der Gewinnung und rationellen Nutzung wichtiger Brennstoffe, Energie, Rohstoffe und Werkstoffe sowie bei der Produktion von industriellen Konsumgütern und Lebensmitteln wird die internationale sozialistische Arbeitsteilung immer stärker den gesamten Zyklus „Wissenschaft-Technik-Produktion-Absatz" erfassen. Dabei werden Direktbeziehungen zwischen den produzierenden Einheiten der RGW-Länder bzw. ihren Forschungseinrichtungen eine zunehmende Rolle spielen. Nur Wirtschaftssubjekte, die eine hohe Flexibilität haben, können hier auf Dauer einen wichtigen Beitrag für die Effektivität unserer eigenen Volkswirtschaft im RGW-Bereich bringen.

Weitgehend einig sind wir uns sicherlich auch darin, daß die Entwicklung neuer Formen der Zusammenarbeit Ausdruck der Wechselbeziehungen zwischen der Entwicklung der Produktivkräfte und der Vervollkommnung der Produktionsverhältnisse im Integrationsprozeß ist. Der zunehmend gesellschaftliche Charakter der modernen Produktivkräfte, der natürlich entsprechend den spezifischen Potentialen und Effektivitätsbedingungen der Länder differenziert zur internationalen Zusammenarbeit führt bzw. sie bedingt, verlangt eine ihm adäquate Art und Weise der Zusammenarbeit, in der die Sachkunde zur Nutzung der vielfältigen Möglichkeiten einer effektiven internationalen Zusammenarbeit, Operativität und Flexibilität voll zum Tragen kommt.

Die Entwicklung von Direktbeziehungen zwischen Wirtschaftseinheiten ist ein konkreter Ausdruck der Einstellung der sozialistischen Produktionsverhältnisse auf die Erfordernisse der modernen Produktivkräfte. Sie verkörpern eine bestimmte Art und Weise der planmäßigen Gestaltung der Internationalisierung der Produktivkräfte. Direktbeziehungen auf der Ebene der produzierenden Wirtschaftseinheiten umfassen das planmäßige, unmittelbare Zusammenwirken der Betriebe, Kombinate, Vereinigungen und wissenschaftlich-technischen Einrichtungen sozialistischer Länder zur Gestaltung einer effektiven Zusammenarbeit. Zur Unterstützung dieser Prozesse sind Direktbeziehungen zwischen den Kombinaten besonders geeignet. Ich möchte noch einmal das unterstreichen, was Prof. Kunz gesagt hat, daß wir vor Jahren schon in unserem Rat auf die Entwicklung der Direktbeziehungen eingegangen sind und sie auf Grund analytischer Untersuchungen besonders herausgestellt haben. Die Frage ist nur, wie entwickeln sich unter den Bedingungen des wissenschaftlich-technischen Fortschritts die Direktbeziehungen weiter? Wir befinden uns in einer frühen Phase der Entwicklung dieser Beziehungen. Der Prozeß und die Möglichkeiten für effektiveres Zusammenarbeiten, die sich aus den Direktbeziehungen ergeben, sollten sorgfältig studiert werden. Das ist von außerordentlich großer Bedeutung für das Einbringen weiterer eigener Vorstellungen zur Entwicklung der Direktbeziehungen.

Die Kombinate der DDR werden vor allem in der Zusammenarbeit mit der UdSSR auf veränderte Bedingungen und neue Anforderungen stoßen. Der Anspruch an die Qualität, das technische Niveau und die Preise der Lieferungen, insbesondere bei Erzeugnissen des Maschinenbaus und der Elektrotechnik/Elektronik, wächst. Effektivitätskriterien werden weit mehr im Mittelpunkt stehen. Die Ansprüche an die Marktarbeit auf dem sowjetischen Markt, an das kaufmännische Verhalten und Geschick der Leiter in den Kombinaten und Betrieben werden steigen. Bedarfsänderungen werden durch das Zusammenwirken mit den Anwendern kurzfristig abzustimmen sein. Die größeren Entscheidungsbefugnisse sowjetischer Betriebe und Vereinigungen über Importe auf der Basis ihrer Valutafonds läßt kurzfristig Bedarf bei gefragten Erzeugnissen aus der DDR entstehen. Um unter Umständen effektive Exporte nicht ablehnen zu müssen, ergeben sich höhere Anforderungen an die Flexibilität in der Planung der Kombinate und Außenhandelsbetriebe sowie an die Forschung und Produktion.

Nun zu einigen Fragen, über die wir uns heute noch nicht einigen können und die weiter durchdacht werden müssen. Das sind vor allem Fragen, die mit der Bildung eines vereinigten Marktes der Mitgliedsländer des RGW sowie mit den Valuta- und Finanzbeziehungen zwischen ihnen zusammenhängen. Mit der zunehmenden Bedeutung der wirtschaftlichen Rechnungsführung und der Eigenerwirtschaftung der Mittel (auch der Valuta) in den europäischen RGW-Ländern bekommen auch die Wertkategorien wie Preis, Kredit, Zins, Kurs u. a. eine größere Bedeutung. Dabei sollten wir auch in unserer theoretischen Arbeit davon ausgehen, daß bei allen Vorschlägen, ob es sich um einen gemeinsamen Markt im RGW-Raum oder um die Konvertibilität der Währungen handelt, die erforderlichen Bedingungen und vor allem die materiellen Voraussetzungen analysiert und geschaffen werden müssen. Die Frage ist nicht, ob es zu einem gemeinsamen Markt kommen wird oder nicht. Dieser Prozeß wird sich in der Perspektive mit Sicherheit vollziehen. Die Frage ist vielmehr, welche materiellen Voraussetzungen in welchen Stufen bzw. Etappen dafür geschaffen werden müssen. Gleiches trifft für die Konvertibilität der Währungen zu. Auch sie kann nicht überstürzt werden, sondern ist an materielle Voraussetzungen gebunden. Für die meisten Länder sind dafür die ökonomischen Realitäten noch nicht vorhanden. Der Grad der Konvertibilität der Währungen wird nur stufenweise verändert werden können. Die entscheidende Voraussetzung ist eine proportionale Entwicklung zwischen Angebot und Nachfrage.

Mehr und mehr geht es heute auch darum, ein Gespür für historische Prozesse zu haben. In den einzelnen RGW-Ländern sind neue Probleme entstanden. Es müssen noch viel stärker historische Trends beobachtet, verfolgt und daraus Schlußfolgerungen gezogen werden, die der eigenen Entwicklung und der Gemeinschaft des RGW auf dem jeweiligen Gebiet nutzen. Planmäßigkeit z. B. heißt ja nicht nur Vorgänge vorauszubestimmen, sondern Prozesse, die sich historisch abspielen, auch zur Kenntnis zu nehmen, um auf ihrer Grundlage weitere Schlußfolgerungen für die gesellschaftliche Entwicklung zu ziehen. In diesem Zusammenhang gewinnt z. B. die Interessenfrage in den Beziehungen zwischen unseren Ländern eine zunehmende Bedeutung. Die Vorzüge des Sozialismus sind unter den jeweiligen konkreten historischen Bedingungen der einzelnen Länder zu gestalten. Das bedingt ein teilweise unterschiedliches Verständnis und Herangehen. In jedem Fall sind solche Lösungen herauszuarbeiten, die den konkreten Erfordernissen am besten Rechnung tragen. Vielfalt und Unterschiedlichkeit in der Entwicklung der Länder und im Herangehen an die Lösung ihrer spezifischen Aufgaben sind aber zugleich Bedingungen für eine neue Einheit, für eine Einheit der sozialistischen Länder in ihrer Mannigfaltigkeit.

Die Diskussion hat gezeigt, daß es in diesem Prozeß übergeordnete Ziele gibt, die vorgegeben und gemeinsam durchgesetzt werden müssen. In diesem Zusammenhang möchte ich den Beitrag von Prof. Morgenstern nennen und ihn voll unterstützen. Wenn man bis zur Rolle des Marktes und eines effektiven Austausches vordringt, dann gewinnen die Ansprüche des Kunden immer mehr an Bedeutung. Der Kunde muß erreicht werden und seine Interessen sind zu treffen. Auf diese Weise kann man auf dem Markt bestehen und ein höheres Nationaleinkommen erwirtschaften.

Die DDR nimmt als moderner Industriestaat aktiv an der internationalen Arbeitsteilung teil und ist eng mit dem Welthandel verflochten. Es ist völlig klar, daß aus verschiedenen Gründen auch die Verflechtung zwischen den Märkten zunimmt. Daraus entstehen auch neue Wettbewerbsbedingungen auf dem RGW-Markt.

Dazu sind neue Studien über das Verhältnis zwischen dem sozialistischen System und den anderen Märkten erforderlich, wie das in den Diskussionsbeiträgen von Prof. Brauer und Prof. Luft zum Ausdruck kam. Innerhalb des kapitalistischen Systems vollziehen sich zunehmend dynamische Beziehungen auf dem asiatischen, dem europäischen und dem amerikanischen Markt. Im Zuge der Entspannungspolitik werden auch die Anforderungen an uns, an die sozialistischen Länder und besonders an die Mitgliedsländer des RGW, wachsen.

Die DDR gehört zu den Ländern mit einer hohen außenwirtschaftlichen Intensität. Für eine erfolgreiche Entwicklung des Sozialismus in der DDR sind die Außenwirtschaftsbeziehungen von entscheidender Bedeutung. Die DDR realisiert gegenwärtig bereits 50 % ihres Nationaleinkommens über Export und Import.[4] Die Verankerung unserer Wirtschaft im Rat für Gegenseitige Wirtschaftshilfe erweitert die Möglichkeit der DDR, mit kapitalistischen Industrieländern und Entwicklungsländern zum gegenseitigen Vorteil zusammenzuarbeiten. Fast 90 % unseres Außenhandelsumsatzes mit diesen Regionen entfallen auf kapitalistische Industrieländer. So sind z. B. in der DDR Maschinen, Ausrüstungen und Konsumgüter aus der BRD, aus Österreich, Frankreich und vielen anderen Ländern gut bekannt. Ebenso gehen viele unserer Erzeugnisse in diese und andere Länder.

Der Trend in der DDR und den anderen RGW-Ländern zu Hochtechnologien erweitert das Feld für vorteilhafte Wirtschaftsbeziehungen und überwindet Embargolisten. Wir wollen dort kaufen, wo höchstes internationales Niveau in Wissenschaft und Technik gesichert ist, gute Konditionen bestehen und Möglichkeiten für wechselseitige Kooperation gegeben sind. Darin sieht die DDR einen Weg, auf Gegenseitigkeit die Handelsstruktur zu verbessern und modernste Technologien stärker einzubeziehen sowie Handelshemmnisse abzubauen. Viele unserer langjährigen Partner heben bereits heute hervor, daß die Beziehungen zur DDR langfristig bestimmbar und berechenbar sind. Die zentrale Leitung und Planung ist dafür eine wichtige Grundlage.

Handels- und andere Wirtschaftsbeziehungen sind für die DDR Bestandteil der gesamten Außenbeziehungen und damit des friedlichen Zusammenwirkens der Staaten. Mit diesem Ziel hat unser Land in den letzten Jahren seine Aktivitäten in der UNO-Organisation für Entwicklung und Handel verstärkt und befürwortet die Zusammenarbeit mit der OECD. Die DDR hat ihre Bereitschaft bekundet, offizielle Beziehungen zur EG aufzunehmen und nach Brüssel einen Botschafter zu entsenden. Im Auftrage der UNO führt die DDR auch Weiterbildungskurse für Wirtschaftskader aus Entwicklungsländern durch, z. B. im Rahmen der UNIDO.

Abschließend möchte ich sagen, daß die heutige Beratung unserer beiden Wissenschaftlichen Räte einen fruchtbaren Boden bereitet hat, um die Forschung weiter voranzubringen. Das ist vor allem das Ergebnis einer längerwährenden systematischen Arbeit in unseren Wissenschaftlichen Räten.

Die im Referat von Prof. Kunz und in der Diskussion vorgetragenen konkreten Vorschläge für die Forschungsarbeit auf dem Gebiet der sozialistischen ökonomischen Integration sind richtungweisend. Sie sollten in die Arbeitspläne unserer beiden Räte und der hier vertretenen Forschungseinrichtungen eingearbeitet werden.

Ich bedanke mich nochmals bei allen Anwesenden für die konstruktive Mitarbeit in Vorbereitung und Durchführung dieser wichtigen Ratstagung.

Anmerkungen

1 Vgl. E. Honecker, Großtat im Namen der Zukunft, Artikel in der Prawda zum 43. Jahrestag des Sieges und der Befreiung, in: Neues Deutschland vom 9. Mai 1988, S. 3.

2 Vgl. Aus dem Bericht des Politbüros an die 6. Tagung des ZK der SED, Berichterstatter Kurt Hager, in: Neues Deutschland vom 10. Juni 1988, S. 3.

3 Vgl. Turnusmäßige Beratung der Sekretäre für Wirtschaftsfragen der ZK der Bruderländer, in: Neues Deutschland vom 3. Juni 1988, S. 6.

4 Vgl. Aus dem Bericht des Politbüros an die 6. Tagung des ZK der SED, a. a. O., S. 6.

Abhandlungen der Akademie der Wissenschaften der DDR

Abteilung Veröffentlichung der wissenschaftlichen Räte

Aus den zu Tagungen des Wissenschaftlichen Rates für die wirtschaftswissenschaftliche Forschung bei der Akademie der Wissenschaften der DDR erschienenen Veröffentlichungen

Jahrgang 1984
Nr. 2 Leistungssteigerung der Kombinate und ökonomische Strategie 1984, Seiten 246, 32,–M
Bestell-Nr. 7544136 (2001/84/2/W)
Nr. 3 Theorie und Praxis der ökonomischen Strategie in der Landwirtschaft der DDR
1984, 91 Seiten, 12,–M
Bestell-Nr. 7544603 (2001/84/3/W)

Jahrgang 1985
Nr. 1 Sozialistische ökonomische Integration und umfassende Intensivierung
1985, 96 Seiten, 12,–M
Bestell-Nr. 7545403 (2001/85/1/W)
Nr. 3 Effektivität der Volkswirtschaft in der intensiv erweiterten Reproduktion
1985, 125 Seiten, 16,–M
Bestell-Nr. 7546254 (2001/85/3/W)
Nr. 4 Territorialstruktur und umfassende Intensivierung
1985, 125 Seiten, 16,–M
Bestell-Nr. 7546561 (2001/4/W)

Jahrgang 1986
Nr. 1 Sozialistischer Wettbewerb und umfassende Intensivierung
1986, 103 Seiten, 14,–M
Bestell-Nr. 7546801 (2001/86/1/W)

Jahrgang 1987
Nr. 4 Leitung in den Kombinaten und umfassende Intensivierung
1987, 118 Seiten, 16,–M
Bestell-Nr. 7547927 (2001/87/4/W)
Nr. 6 Gesellschaftliches Arbeitsvermögen und umfassende Intensivierung
1987, 142 Seiten, 18,–M
Bestell-Nr. 7548882 (2001/87/6/W)
Nr. 7 Wissenschaftlich-technische Leistungen und effektive Absatzbeziehungen
1987, 88 Seiten, 12,–M
Bestell-Nr. 7549009 (2001/87/7/W)

Jahrgang 1988
Nr. 2 Verflechtungsbeziehungen zwischen Industrie und Landwirtschaft
1988, 103 Seiten, 13,–M
Bestell-Nr. 7549375 (2001/88/2/W)
Nr. 3 Sozialistische Betriebswirtschaft und moderne Informations- und Rechentechnik
1988, 184 Seiten, 24,–M
Bestell-Nr. 7550499 (2001/88/3/W)

FSC
www.fsc.org
MIX
Papier | Fördert gute Waldnutzung
FSC® C083411

Kolibri 360 GmbH
Ferdinand-Jühlke-Straße 7
99095 Erfurt, Deutschland
produktsicherheit@kolibri360.de